Jens-Olaf Lindermann (Hg.)

Hygini liber gromaticvs de limitibvs constitvendis

Jens-Olaf Lindermann (Hg.)

Hygini liber gromaticus de limitibus constituendis

Historisch-kritische Edition und Erläuterungen

wbg Academic

Die Deutsche Nationalbibliothek verzeichnet diese Publikation
in der Deutschen Nationalbibliografie; detaillierte bibliografische
Daten sind im Internet über www.dnb.de abrufbar.

wbg Academic ist ein Imprint der der Verlag Herder GmbH

Umschlagsabbildung: akg-images / De Agostini Picture Lib. – Vaticano (C.d.), Biblioteca Apostolica Vaticana, Pal. lat. 1564 (9. Jh.), fol. 89r, Abbildung von Terracina (Anxur) mit Landparzellen und mit der Via Appia als Hauptachse.
Satz: Jens-Olaf Lindermann
Gedruckt auf säurefreiem und
alterungsbeständigem Papier
Printed in Germany

Besuchen Sie uns im Internet: www.wbg-wissenverbindet.de

ISBN 978-3-534-45040-4

Elektronisch ist folgende Ausgabe erhältlich:
eBook (PDF): 978-3-534-45041-1

Inhaltsverzeichnis

Vorwort 7

I. Einleitung

1. Hyginus: Die Gromatici Latini 11
1.1. Die Gromatici Latini als Gebrauchstexte 11
1.2. Der liber gromaticus de limitibus constituendis 15
1.3. Die Rezeption des liber gromaticus 21

2. Hyginus: Sprache und Stil 27
2.1. Stellung des Prädikats 29
2.2. Präpositionen 32
2.3. Gebrauch der Partikeln 37
2.3.1. Kopulative und disjunktive Partikeln 37
2.3.2. Adversative Partikeln 39
2.3.3. Kausale Partikeln 41
2.3.4. Konklusive Partikeln 43
2.3.5. Parataktische und hypotaktische Satzgefüge . . 43
2.3.6. Andere Gliederungselemente 47
2.4. Darstellung des Geländes – der duodecimanus limes . . 48
2.5. Optimus mensor und ratio pulcherrima 61

3. Stand der Forschung 66
3.1. Überlieferungsgeschichte – die Handschriften 66
3.2. Die Editionen 75

3.3. Londinensis Addit. 47679 – der Codex *S* 79
3.3.1. Varianten der Mss. *E* und *S* 81

4. Hygins Nebenüberlieferung im Pseudo-Frontin 87

5. Unterschiede dieser Edition zum Text Thulins 107
5.1. De limitibus constituendis 108
5.2. Incertum fragmentum 123

6. Siglen und Verzeichnisse 125
6.1. Siglen für Lexika und Sammelwerke 125
6.2. Verzeichnis der Mss.-Digitalisate 126

II. Hygini liber gromaticus de limitibus constituendis

Testimonia antiqua 129

Praefatio 130
De codicibus 130
De editionibus 134

Conspectus notarum 137

Hygini liber gromaticus de limitibus constituendis 141

Incertum fragmentum ex Hygino seclusum 179

Indizes 182

Bibliographie 196

Vorwort

In der hier vorgelegten Edition wird nach der 2018 erschienenen lateinisch-deutschen Ausgabe des «Feldmesserbuchs» nun der lateinische Text mit textkritischem Apparat präsentiert. Obwohl er schon vor der Publikation von 2018 vorlag, hätte die synoptische Darstellung von lateinischem und deutschem Text, flankiert durch die dem Text möglichst an ihrer Stelle beigegebenen Illustrationen, durch den Apparat gelitten und wäre unübersichtlicher geworden: Auf einer Einzelseite hätte teilweise nur ein einzelner Paragraph Platz gefunden. Aus Gründen der Konzentration auf den Text verzichtet nun diese Ausgabe vollständig auf Abbildungen[1].

Die Textkonstitution von 2018 wurde nochmals kritisch geprüft. Der Text weicht deswegen von demjenigen der zweisprachigen Ausgabe an wenigen Stellen ab. In der Einleitung zum lateinischen Text gehe ich auf einige philologische Einzelprobleme ein. Sie betreffen sprachlich-stilistische Untersuchungen zur Stellung des Prädikats, zum Gebrauch der Partikeln und Präpositionen, eine Untersuchung zu Parataxe und Hypotaxe und zu weiteren Gliederungselementen im Werk Hygins. Auch die Entwicklung des *duodecimanus* zum *decimanus maximus* wurde eingehender untersucht, ebenso zentrale Begriffe des Werks wie der *optimus mensor* und die *ratio pulcherrima*.

Die Bedeutung des vollständig berücksichtigten Codex *S* und seine Sonderstellung innerhalb der *codices mixti* machte eine genauere Ana-

[1] Im Text verweise ich (mit gleicher Nummerierung) auf die entsprechenden großformatigen Reprographien der Abbildungen im Feldmesserbuch 2018. Gleichzeitig sind die meisten Mss. als hervorragende Digitalisate im Internet zugänglich. Eine Übersicht findet der Leser auf S. 126. Wo von den Bibliotheken bereitgestellt, sind die Permalinks angegeben.

lyse dieses Ms., vor allem seines Verhältnisses zum zweiten Codex der Mischklasse, notwendig: Miteinander verglichen wurden die Varianten von *S* und dem Erfurter Ms. *E*. Neben Bemerkungen zum Autor, zum Inhalt, zur Forschungslage und zu den Editionen – Passagen, in denen ich auch auf die philologischen Erläuterungen des «Feldmesserbuchs» zurückgreife – findet sich in dieser Edition ein Vergleich mit dem bisher Frontinus zugeschriebenen Textstück ⟨DE LIMITIBVS⟩: Es geht sicher auf eine mit dem Hyginustext gemeinsame Vorlage zurück. Mit aller gebotenen Vorsicht kann als Ergebnis der Untersuchung auch formuliert werden, daß Hyginus vor Iulius Frontinus datiert werden muß, und daß es sich dabei, wie sprachliche Beobachtungen nahelegen, um einen griechischen *libertus* gehandelt haben könnte.

A. E. Housmans (Manilius, Bd. 5, XXXIII) selbstkritische Einschätzung dessen, was der Herausgeber einer Edition seinen Lesern eigentlich zumute, kann bis heute Gültigkeit beanspruchen und wird tatsächlich viel zu selten beachtet[2]: «Criticism apart from interpretation does not exist; and ‹critical edition› is the most inappropriate of all names for the thing to which custom applies it, an edition in which the editor is allowed to fling his opinions in the reader's face without being called to account and asked for his reasons.» Deswegen habe ich nach den Erläuterungen der ‹großen› Textänderungen im «Feldmesserbuch» auch die vielen kleineren textkritischen Änderungen gegenüber der Edition Thulins aufgelistet und, wie ich hoffe nachvollziehbar, kurz begründet. Am Ende der Edition findet der Leser neben der Bibliographie und einem Verzeichnis der antiken Quellen auch ein Namens- und Sachverzeichnis und einen Index ausgewählter lateinischer Wörter. Letztere erheben keinen Anspruch auf Vollständigkeit.

Bedanken möchte ich mich bei der Gerda-Henkel-Stiftung für ein großzügig gewährtes, zweijähriges Forschungsstipendium zu den gromatischen Traktaten des Iulius Frontinus; in diese Zeit fällt auch das Ende der Arbeit an dieser Hygin-Edition. Ebenso danke ich der Freien Uni-

[2] So zutreffend Holford-Strevens 2020, ix in den *Prolegomena* seiner Gelliana.

versität Berlin, dem Fachbereich Rechtswissenschaft und besonders Cosima Möller (Berlin) für eine wissenschaftliche Heimstatt während dieses Stipendium. Herzlich danken möchte ich Wolfgang Kaiser (Freiburg i. Br.) für viele wertvolle Hinweise, ebenso Uta Kleine (Hagen) dafür, daß sie mir das Druckexemplar ihrer Habilitationsschrift vorab überlassen hat, aus der ich wichtige Einsichten und Ergebnisse gewinnen und einarbeiten konnte. Geduldig hat Eberhard Knobloch (Berlin) alle meine an ihn herangetragenen Fragen beantwortet; seine Hinweise halfen mir, viele Aussagen zu präzisieren. Für seine Hilfe und seinen Rat kann ich ihm nicht genug danken; die Zusammenarbeit mit ihm gehört zu den wertvollen Erfahrungen meines Lebens. Besonders danken möchte ich meinem akademischen Lehrer Widu-Wolfgang Ehlers (Berlin), mit dem ich jederzeit Fragen der Textkritik diskutieren konnte; meiner Ausbildung durch ihn habe ich es zu verdanken, daß ich mich in diesem «Großtrümmerfeld» der Überlieferung zu orientieren vermochte. Ihm sei diese Ausgabe in tiefempfundener und herzlicher Dankbarkeit gewidmet.

Danken möchte ich Maïeul Rouquette für das von ihm betreute LaTeX-Paket ‹reledmac› und meinem Lektor Jan-Pieter Forßmann und der Wissenschaftlichen Buchgesellschaft Darmstadt, die auch diese Edition wieder kompetent betreut haben.

Jens-Olaf Lindermann
Berlin, im Oktober 2022

Kontakt zum Autor: j.lindermann@fu-berlin.de

Teil I.

Einleitung

1. Hyginus: Die Gromatici Latini

1.1. Die Gromatici Latini als Gebrauchstexte

Die uns überlieferten Texte der römischen Agrimensoren waren seit ihrer ersten Sammlung in den beiden als Arceriani bekannten Wolfenbüttler Handschriften (*A*, *B*) vor allem von mathematischem und juristischem Interesse[1]. Sowohl die Anzahl an Texten als auch diejenige der sie überliefernden Manuskripte nahm im Laufe der Jahrhunderte beständig zu: Dies lag daran, daß vermessungstechnische und juristische Anforderungen ständig wuchsen und damit auch die Anzahl der Schriften, die sich mit den entsprechenden Themen beschäftigten; ein weiterer Grund wird darin liegen, daß die Nähe der als rein «gromatisch» zu bezeichnenden Werke zu geometrischen, metrologischen, astronomischen und juristischen Texten das Bedürfnis einer Sammlung entsprechender Texte ebenso provozierte[2] wie das Exzerpieren als besonders wichtig empfundener Passagen aus bereits vorhandenem Material. Es trifft deswegen nicht den Kern der Sache, von einem *Corpus Agrimensorum Romanorum* zu sprechen, da die Texte zu keinem Zeitpunkt als Sammlung in einem ‹Corpus› vorlagen[3]. Jeder Zeitpunkt wäre nur eine willkürliche Zäsur und die Vollständigkeit, die ein Corpus voraussetzt, wäre nicht gegeben; rezeptionsgeschichtlich betrachtet

[1] Die Siglen der Manuskripte werden im CONSPECTVS NOTARVM des Editionsteils auf S. 137 aufgelöst. Lateinische Autoren werden nach dem ThlL, griechische nach dem LSJ abgekürzt. Die *folia* der Arceriani werden nach Heinemann 1898, der Londinensis *S* nach Toneatto 1994–1995 gezählt; ebenso nach Toneatto werden die Sigla der Mss. verwendet.

[2] Schindel 2006, 42, spricht mit einigem Recht von einer «Rettungssammlung».

[3] Vgl dazu Folkerts 2014, 131; Lindermann 2014, 199.

führt dieser Begriff nicht zu einer präziseren Vorstellung der Texte und sollte aufgegeben werden[4].

Die gromatischen Werke, die uns überliefert worden sind, behandeln eine Vielzahl von Themen: Unterscheidungen von Feldtypen (*qualitates*), Arten der Grenzziehungen (*limitatio*) und damit verbundenen Grenzstreitigkeiten (*controversiae*), Flußbreitenmessung (*varatio*), Versteinungen (*terminatio*), Messarten, astronomisch exakte Bestimmungen der Nord-Süd-Linie und anderes mehr. Teilweise sind die Themen sehr speziell: Bei den spät entstandenen CASAE LITTERARVM beispielsweise handelt es sich – wahrscheinlich – um ein Lehrbuch für römische Mensoren, um mit alphabetischen ‹Kürzeln› (*litterae*) Grundstücks- bzw. Gehöfttypen (*casae*) leichter kategorisieren und so platzsparend in der Katasterurkunde oder auf dem Feldriß eintragen zu können.

Wie schon an anderer Stelle geschrieben[5] waren die Traktate lange Zeit für das Mittelalter und teilweise noch in der Renaissance die nahezu einzigen Quellen zur antiken Mathematik neben der pseudoboethischen ELEMENTA-Übersetzung[6]. Sie blieben es bis zum Einsetzen der griechisch-arabischen Euklid-Tradition. Die Vielzahl der erhaltenen kompletten Abschriften und auch ihre Häufigkeit in den Exzerptmanuskripten verdeutlichen diese Bedeutung ebenso, wie die schon am Ausgang der Spätantike einsetzende Kommentarproduktion. Leider ist diese Kommentierung auch der Grund für die komplizierte Überlieferungslage der Texte insgesamt, da schon in den Handschriften der

[4] In der Edition habe ich die Texte mit *Scripta Gromaticorum Latinorum* und der Sigle *SGL* beschrieben; ebenfalls deutlich ablehnend gegenüber dem Corpus-Begriff, der «weder in der Antike noch im Mittelalter» bestanden hat, sondern ein «Forschungskonstrukt» bezeichnet, jetzt Uta Kleine [2018] in ihrer Habilitations-Schrift. Für sie ist die Entstehung des Corpus ein «Ergebnis von ‹Sedimentierungen›».

[5] Reeve 1983, 4; Lindermann, Feldmesserbuch 2018, 27 und n. 150.

[6] Folkerts 2014, 140: «Abgesehen von den Columella-Exzerpten, den Auszügen aus Euklid und von *De iugeribus metiundis* werden alle mathematischen Schriften der Agrimensoren im Arcerianus oder in den Humanistenhandschriften, die auf den Arcerianus zurückgehen, überliefert. Sie spiegeln also das mathematische Wissen der Römer, das spätestens im 5. Jahrhundert aufgezeichnet wurde.»

Arceriani erkennbar nicht der ursprüngliche Textzustand dokumentiert ist, sondern eine von dieser Kommentierung weitgehend durchsetzte Textfassung: Gerade die Erläuterungen eines historisch kaum greifbaren Agenus zum Pseudo-Frontin und ein anonymes COMMENTVM, das diesem Agenus ebenfalls zugeschrieben wurde, haben die Texte teils irreparabel kontaminiert[7]. Dazu tritt eine stellenweise deutlich durchscheinende juristische Glossierung, und schließlich auch der Schaden, den die Texte durch die Überlieferung selbst nahmen. Das Latein der Agrimensoren ist nicht wegen seines Stils oder der Schönheit des Ausdrucks überlieferungswürdig gewesen, sondern allein aufgrund seines Inhalts. Es sind Gebrauchs- und Unterrichtstexte, weswegen gerade die älteren Traktate von den Kopisten oft exzerptartig bearbeitet wurden. Große Lücken klaffen in den Schriften Pseudo-Frontins, von denen wir nicht einmal die *tituli* kennen; beim mit dieser textkritischen Edition vorgelegten Hyginus ist durch einen früh erfolgten Fehlbezug des Schreibers aus dem LIBER HYGINI GROMATICVS der LIBER HYGINI GROMATICI geworden – als solcher firmiert der Autor eines Feldmesserbuchs über die Festlegung von Grenzlinien in der Forschungsliteratur teilweise noch heute. Es würde die Sache erleichtern, wenn dieser Hyginus der einzige seines Namens in den gromatischen Texten geblieben wäre: Doch neben ihm wurden auch die Werke eines ‹*Hyginus maior*›[8]

[7] Der Autorenname «Agennius», der bis heute meistenteils in der Sekundärliteratur verwendet wird (und den auch ich noch im Feldmesserbuch 2018 verwendet habe), beruht nicht auf den in den Mss. belegten Formen *Agenus*, *Aggenus* (*Urbicus*), sondern wie schon bei Iulius Frontinus auf Analogieschlüssen zu den über das CIL historisch greifbaren Namensformen *Adgennius*, *Adgennus*, vgl. z. B. CIL 12,3175, 3369, und zur in Lyon gefundenen Inskription eines Q. ADGINNIVS VRBICI FILIVS MARTINVS SEQVANVS SACERDOS ROMAE ET AVGVSTI (CIL 13,1674+1675). Beim Namenszusatz *Urbicus* liegt, vergleichbar dem *gromaticus* bei Hyginus als Berufsattribuierung, eine Herkunftsbezeichnung «aus Rom» vor. Vgl dazu ThlL I 1281,84-1282,6 s.v. *Urbicus*. Unreflektiert zum Namen *Agennius* erst jüngst Guillaumin 2021, 10–11. Dagegen verwendet Kleine [2018] in ihrer Habilitations-Schrift die überlieferte Lesart des Namens.

[8] In der Forschungsliteratur wird der Autor auch «Hyginus 1» genannt.

und eines dritten unbekannten Autors, dessen unvollständig überlieferte Schrift über die Befestigung und Anlage eines Militärlagers DE MVNITIONIBVS CASTRORVM in den Mss. ebenfalls Hyginus ‹gromaticus› zugeschrieben wird, überliefert[9]. *Hyginus maior* schreibt in einem Traktat DE LIMITIBVS thematisch so parallel zum hier edierten Hyginus, daß in der Forschung bis heute darüber diskutiert wird, ob es sich überhaupt um zwei Autoren handelt[10]. Die beiden anderen Traktate dieses Hyginus 1, ⟨DE CONDICIONIBVS AGRORVM⟩ und ⟨DE GENERIBVS CONTROVERSIARUM⟩, haben ihre *tituli* durch den Herausgeber der Teubner-Ausgabe von 1913, Carl Olof Thulin erhalten, die dieser aber auch nur aus Verständnisgründen hinzufügte[11]. Darüberhinaus ist seine Textkonstitution aus zurückzuweisenden Gründen[12] um Stellen aus dem späten COMMENTVM und um ein beträchtliches Stück aus dem Agenus vermehrt.

Die konjizierten *tituli* verdeutlichen ein Problem, das Herausgebern dieser Texte allgemein begegnet: Es handelt sich dabei zumeist nie um die echten Buch- oder Werktitel, sondern um spätere Behelfsetiketten, die diese Texte wenigstens ansatzweise einordnen sollen. Dem Leser gromatischer Texte fällt schnell auf, daß ihm in der einen oder anderen Form immer wieder Untersuchungen von Feldformen (DE QVALITATE; DE CONDICIONIBVS AGRORVM), solche der damit verbundenen oder aus ihnen entstehenden Rechtsstreitigkeiten (DE CONTROVERSIIS AGRORVM; DE GENERIBVS CONTROVERSIARVM) oder schließlich Untersuchungen praktischer Art (z.B. DE LIMITIBVS) begegnen[13].

---

[9] Vgl. Chouquer und Favory 2001, 24–26.

[10] Vgl. Lindermann, Feldmesserbuch 2018, 10 und nn. 10–14, darin auch der Verweis auf die Literatur zum Thema. Nachgetragen werden muß Guillaumin 1998.

[11] Thulin 1913, app. crit. zu 74, *l.* 1 bzw. zu 86, *l.* 19: *perspicuitatis causa addidi.*

[12] Vgl. Lindermann 2013b, 122–128.

[13] Tatsächlich wirkt allein der *titulus* des hier edierten Werks, LIBER GROMATICVS DE LIMITIBVS CONSTITVENDIS ‹echt› – in jedem Fall hebt er sich von den anderen Werktiteln ab.

1.2. Der liber gromaticus de limitibus constituendis

Der hier edierte Text gehört zur ältesten Schicht der Sammlung. Er ist wahrscheinlich sogar vor einem Autor zu datieren, der in der Sekundärliteratur des öfteren, jedoch zu Unrecht, mit Sextus Iulius Frontinus gleichgesetzt wird[14]. Im Text nachweisbare historische oder rechtshistorische[15] Bezüge lassen die sichere Vermutung zu, daß Hyginus in der zweiten Hälfte des 1. Jahrhundert n. Chr. gelebt hat. Deutlich ist, daß er die lateinische und wohl auch griechische geometrisch-mathematische und astronomische Fachliteratur zu seinem Thema kannte[16]. Auch die griechische Fachterminologie läßt er in latinisierter Form in seinen Traktat mit einfließen[17]; einige sprachliche Eigenarten seines Werks legen nahe, daß der Autor ein griechischer *libertus* gewesen ist[18]; über eine Vermutung kann diese Einschätzung jedoch nicht hinausgehen. Hyginus schreibt nicht für ein breites Publikum, sondern für die Leute seines *métier*. Dies wird einmal aus Passagen seines Werks deutlich (§§ 20–28), in denen er die Nord-Süd-Bestimmung mithilfe des Gnomon als die einzig korrekte Methode beschreibt (die Wendung *advocandum est nobis gnomonices ... artis elementum* ist eindeutig als Appell an seine Fachkollegen zu begreifen), ein anderes Mal (§§ 12–14)

[14] Diesen Fehler habe auch ich 2013 begangen; vgl. aber Lindermann 2016. Ich revidiere hier außerdem meine noch 2018 aufgrund sprachlicher Indizien getroffene Datierung Pseudofrontins als des sicher älteren Autors. Vgl. Lindermann, Feldmesserbuch 2018, besonders 22 und n. 124 und schließe mich, wenn auch aus anderen Gründen, der Datierung Rattis und Clavel-Lévêques an; vgl. Ratti und Clavel-Lévêque 1996 und Ratti 1998.

[15] Vgl. Lindermann, Philologische Erläuterungen Feldmesserbuch 2018, 11–12 mit n. 26 und Möller, Juristische Erläuterungen, 94.

[16] Guillaumin 2009, bes. 7–8 und 12–14; wenig schmeichelhaft ist das Urteil von Schulten 1898, bes. 536: «...zu dem Tractat des sog. jüngeren Hygin *de limitibus constituendis*, einem spateren Stück des Corpus, dessen Autor nicht ganz sein vortreffliches Material hat verderben können».

[17] Knobloch, Feldmesserbuch 2018, 64; vgl. unter diesem Aspekt auch die Untersuchungen zur Terminologie des Pseudo-Balbus Bohlin 2013, bes. 6–26.

[18] Vgl. dazu in dieser Edition die Seiten 33, 35, 45–47 und 112.

aus seiner in der Sekundärliteratur häufig verkannten genauen Distinktion zwischen dem *limes quintus* und dem *limes quintarius*. Schließlich ist in diesem Kontext auch die Ermittlung einer Parallellinie zu einer nicht zugänglichen Geraden zu nennen (§§ 31–32)[19]: Die geometrische Konstruktionsbeschreibung in Zusammenhang mit den beigefügten geometrischen Schemata ist von Hyginus selbst besser verstanden worden als von so manchem späteren Kopisten oder den Miniatoren[20]; dies zeigen die Verschreibungen bzw. Begriffsverwechslungen, die in den astronomischen Partien des Texts festgestellt werden können und die teilweise unrichtig kopierten Zeichnungen, mit denen die jeweiligen Abschnitte auch bildlich erklärt werden sollten[21].

Diese Illustrationen bildeten mit dem Text eine Einheit[22]; sie sind also keine späte Zutat, wie fälschlicherweise vermutet wurde[23], doch sind sie teilweise mitverantwortlich für den schlechten Überlieferungszustand[24]. Da der Kopist immer auch Raum für diese Illustrationen lassen mußte, war der Text schon dadurch häufig ‹unterbrochen› und damit die Möglichkeit von Verwechslungen gegeben[25]. Ebenso konnte beim insgesamt kompilatorischen Charakter der Sammlung fremdes Material

[19] Knobloch, Feldmesserbuch 2018, 81–82.

[20] Knobloch, Feldmesserbuch 2018, 73–79.

[21] Meißner 1999, 256, n. 518 verkennt die Intention des Werks, wenn er schreibt, daß sich der Autor «nicht mit den geometrischen Details der Vermessung» befaßt.

[22] Lindermann, Feldmesserbuch 2018, 30–38, bes. 31 nn. 183 u. 184. Die illustrierten Lehrbücher der *SGL* geben damit vermutlich ein «Layout» aus Text und Bild vor, das auch in späterer Zeit weitergeführt wurde, beispielsweise in der *Geometria Culmensis* (um 1400), vgl. zu diesem Lehrbuch Lechtermann 2017.

[23] Stückelberger 1994, 114; Brodersen 1995, bes. 220 und n. 4.

[24] Vgl. Toneatto 1994–1995, Bd. 1, 3–4 «Un secondo aspetto della tradizione si presenta suscettibile di soluzioni diverse, a seconda dei casi, e comunque sempre ricco di problemi difficili: intendo l'esistenza delle numerose illustrazioni che accompagnano alcuni testi.»

[25] Vgl. Peterson 2006, 161: «The illustrations in the works of the agrimensores should be interpreted with an allowance for the limitations imposed by the conventions they used. Perhaps some day we will have a comparative and critical edition of the illustrations, with translations into diagrams conforming to modern map conventions.»

in den eigentlichen Text geraten: Im Hyginus sind dies, teilweise wohl auch durch Bildversatz erklärbar, das große, in dieser Edition erstmal als Fremdtext hinter dem LIBER abgedruckte *Incertum fragmentum* und die *laus Archimedis* am Ende von § 21. Aber auch insgesamt scheint der Inhalt der gromatischen Texte in späterer Zeit nicht ohne ergänzende Kommentierungen verständlich gewesen zu sein[26]. Der Autor des anonymen COMMENTVM sieht sich beispielsweise deswegen zur Erläuterung der pseudofrontinischen Schriften veranlaßt, weil er am Latein die *obscuritas*, also Unklarheit oder Undeutlichkeit, bemängelt (*Comm.* p. 51,8–10 *et volumus ut ea, quae a veteribus obscuro sermone conscripta sunt, apertius et intellegibilius exponere*)[27]. Auch Hyginus ist dieser Vorwurf von einem Glossator gemacht worden, der in § 10 seinen Unverstand der Versteinungsmethode durch die Anmerkung *sic quoque haec inscriptio obscura est* dokumentiert hat.

Die oben angesprochene, immer gleiche Etikettierung der Texte und die Glossierung sind, neben der engen Verzahnung von Text und Bild, auch für den LIBER nicht folgenlos geblieben. Das Werk ist stellenweise, besonders zu Beginn, von kommentierenden Glossen durchsetzt und unvollständig überliefert. Gegen Ende ist die Gliederung, soweit man dies beim Erhaltungszustand feststellen kann, stark gestört. Der Traktat bricht in der Schilderung eines nach *strigae* und *scamna* zu unterteilenden Felds ab. Nach dem LIBER überliefern die Mss. den Text

[26] Kleine [2018] weist in diesem Zusammenhang in der Einleitung ihrer Habilitations-Schrift zurecht darauf hin, daß die Kopisten «auch als eigenständig wirkende Redaktoren» vorzustellen sind, die «selbst Einfluss auf die Gestaltung der Codizes und ihrer Inhalte nehmen konnten.»

[27] Ebenso *Grom.* p. 276,10–11 *amovendae veteris obscuritatis gratia*. In der oben zitierten Stelle stört das *ut* den A.c.I. Lachmann athetiert *ut*, Thulin hält es mit Verweis auf die sprachliche Untersuchungen von Löfstedt 1911, 250 im Apparat. Die Stelle könnte wohl mit *exponere⟨mus⟩* geheilt werden; andererseits weist Löfstedt *l. c.* auf die Möglichkeit *ut* mit Inf. im Vulgärlatein hin: *Act. Apost.* 14, 15 *et nos mortales similes sumus vobis homines. Adnuntiantes vobis* u t *ab his vanis* c o n v e r t i *ad deum vivum, qui fecit caelum et terram.*

einer LEX MAMILIA ROSCIA PEDVCAEA ALLIENA FABIA[28]. In der palatinschen Redaktion hat sich außerdem wohl ein Hinweis auf einen zweiten, nicht überlieferten Traktat erhalten, der sich nach der Festlegung der *limites* den dadurch begrenzten Landtypen und juristischen Belangen zugewandt haben könnte. Auch hier stellt sich die Frage, ob dieser zweite Traktat tatsächlich von Hyginus gewesen ist oder ihm in der weiteren Überlieferung nur zugeschrieben wurde; im Text des LIBER findet sich keine Passage, die man als Hinweis auf eine Fortführung interpretieren kann. Nicht einmal der LIBER selber enthält Gliederungshinweise, die den Rezipienten durch den Text leiten. Textverweise erschöpfen sich in einem lapidaren *sicut* oder *quemadmodum supra diximus* (§§ 20; 49), so daß die Frage, ob Hyginus einen zweiten Teil geschrieben hat, unbeantwortet bleiben muß. Für andere gromatische Autoren läßt sich eine solche Aussage ebensowenig treffen: Das von Lachmann für Pseudofrontinus aus Agenus konstruierte zweite Buch bleibt, wie schon Thulin feststellte, ein Wagnis, das kein zweiter Herausgeber eingehen wird[29]. Zwar ist durch die namentlichen Zitationen früherer Autoren durchaus erkennbar, daß Agenus aus früheren Quellen geschöpft hat, doch die von Thulin gegen Mommsen verteidigte Vermutung Bubnovs[30], im Agenus habe sich eine weitere Bearbeitung von DE CONTROVERSIIS Frontins erhalten, ist genauso hypothetisch, da man dann für Pseudofrontin eine Doppelbearbeitung von DE CONTROVERSIIS annehmen muß, die sich inhaltlich und stilistisch vom bisher unter dem Namen Frontinus laufenden Text absetzt. Zu welchen Durchmischungen der Texte es im Laufe der Überlieferung gekommen ist, kann man leicht daran erkennen, daß der bisher Frontin zugeschriebenen Abschnitt ⟨DE LIMITIBVS⟩ aus Exzerpten des LIBER besteht, die auf eine gemeinsame Vorlage zurückgehen

[28] Unter diesem Titel sind drei Kapitel der LEX IVLIA AGRARIA des Jahrs 59 v. Chr. zusammengefaßt. In den *codices mixti* fehlen sie, vgl. Kaiser 2013, 281 u. n. 53

[29] Vgl. Thulin 1911c, 132: «...wenn auch kein zweiter Herausgeber es wagen wird, mit der Selbstsicherheit Lachmanns die eigenen Zusätze des Agennius weg zu operieren.»

[30] Vgl. Bubnov 1899, 465.

müssen[31]. Das verdeutlichen die in dieser Edition erstmals athetierten, der Methode Hygins zuwiderlaufenden etymologischen Erklärungen des *decimanus maximus* aus *duocimanus* unter Zuhilfenahme etymologischer Kunstwörter und ebenso die unlogischen und an ihrer Stelle deplazierten Erklärungsversuche der *limites transversi* und insgesamt die inhaltliche Parallelität des ganzen Abschnitts.
Auch wenn die Struktur des LIBER gegen Ende hin immer stärker zerfällt und Merkmale einer gestörten Überlieferung zeigt, haben wir mit dem Satz *Inter omnes mensurarum ritus eminentissima traditur limitum constitutio* wohl den wirklichen Anfang des Werks und seinen echten *titulus* vor uns[32]. Da schon an anderer Stelle Inhalt und Aufbau des Werks ausreichend gewürdigt worden sind[33], biete ich hier nur eine stichwortartige Übersicht:

- §§ 1–6 *praefatio*, Darstellung des Themas, Betonung der Wichtigkeit des astronomischen Hintergrunds, Einführung der gromatischen Hauptbegriffe wie *decimanus* und *kardo*, der *limites prorsi* und *tranversi* und des *l. actuarius*
- §§ 7-8 Unterschiede der Flächeninhalte (*modi*) nach *iugera* der *centuriae* in unterschiedlichen Reichsgebieten
- §§ 9–11 Darstellung des Koordinatensystems nach *limites* und beschrifteten Grenzsteinen (*termini*)
- §§ 12–14 mögliche rechtliche Problematik bei ungenügendem Verständnis des Versteinungs- und Beschriftungssystems
- §§ 15–19 Rückkehr zum eigentlichen Thema der CONSTITVTIO; Darstellung der idealen Musterkolonie nach Art eines Militärlagers (*in morem castrorum*); Beschränkung dieser Idealanlage durch das Geländeprofil (*natura loci*)

[31] Siehe dazu Kap. 4, S. 87.
[32] von Cranach folgt dem in seiner Kürze apodiktisch geratenen Verdikt von Fuhrmann 1960, 103 und bemängelt zu Unrecht das Fehlen eines einleitenden Absatzes zur Disposition; vgl. Cranach 1996, 104. Ebenfalls kritisch zu Fuhrmann Hinrichs 1974, 163 n. 30.
[33] Lindermann, Feldmesserbuch 2018, 12–19.

- §§ 20–28 Grundlage der Methodik; Ermittlung der West–Ost- und Nord-Süd-Linie; Bezugnahme auf astronomische Gegebenheiten; Darstellung der Planetenabstände und des Sechs-Zonen-Modells der Erde; Konstruktionsanleitung nach zwei Methoden unter Zuhilfenahme der Gnomonik
- §§ 29–34 Anlage einer nicht-idealen *colonia* (Inkonzinnität des Aufbaus!); verschiedene nicht-ideale Fallbeispiele und Darstellung der dann durchzuführenden Vermessung und des Visieraufbaus; *limes*-Breite nach der dafür vorgesehenen *lex* des *divus Augustus*
- §§ 35–39 Rückgriff auf die Thematik der §§ 10–11: Entwicklung einer Systematik von Versteinung und entsprechender Beschriftung; Darstellung des astronomischen Bezugs durch den *umbilicus*, den Schnittpunkt von *decimanus maximus* und *kardo maximus*
- §§ 40–43 rechtliche Bedingungen der Grundstücke; Beschriftung der *formae* (Flurkarten oder Feldrisse); Markierungen der Außenlinien (der abrupte Übergang zu diesem Thema ist durch die gestörte Überlieferung des LIBER spätestens ab dieser Stelle verursacht)
- §§ 44–45 Darstellung und Ablauf einer Dreierlosung (*conternatio*) von Parzellen auf je drei *coloni* in einem Wahlgang
- §§ 46 Adsignation nach der *lex* QVA FALX ET ARATER
- §§ 47–48 Forderung eines zu archivierenden Katalogs der *subsiciva* während der Vermessung und Bestimmung des *tabularium Caesaris* (kaiserlichen Archivs) als «Katasteramt» für diese Liegenschaften
- §§ 49–52 ungeordnete Darstellung verschiedener Themata: Exegese der *lex* aus § 46; Betrachtung unterschiedlicher Provinzialfelder (*agri rudes provinciales*) oder abgabepflichtiger Felder (*agri arcifinii vectigales, agri vectigales*); Unterscheidung der Vermessung von *ager immunis* und *vectigalis*

- §§ 53–55 unvollständige Entwicklung eines Unterteilungssystem nach *strigae* und *scamna*; Abbruch des Werks

1.3. Die Rezeption des liber gromaticus

Hyginus wird, ganz im Gegensatz zum früh mit seinem prominenten Namensvetter verwechselten Iulius Frontinus, bei den späteren Autoren bis Agenus namentlich nicht erwähnt. Einzig das COMMENTVM (5.–6. Jh.) nennt den Autor[34] zweimal im Zusammenhang mit der eben angesprochenen Ausrichtung von *decimanus* und *kardo* nach Ost-West- bzw. Nord-Süd-Richtung (*Comm.* p. 54,5–14 Th):

> «Ager ergo limitatus hac similitudine decimanis et cardinibus continetur». Ergo hic ager, quem in hac similitudine asserit contineri decimanis atque cardinibus, in re praesenti considerari poterit. Nam decumanum limitem traxerunt, sicut *Higenus* describit, ab occidente in orientem, cardinem vero a meridiano in septentrione⟨m⟩ duxerunt. Quidam vero ex adverso eos asserunt constitutos. Nam et alibi limites facti sunt ab his, qui solis ortum et occasum secuti sunt; quos fefellit ratio geometriae. mihi tamen, sicut *Higenus* constitui decrevit limites, ita rationabile videtur, ut decumanus maximus in orientem crescat et cardo maximus in meridianum.

Die Namensschreibung «Higenus» beim Autor des COMMENTVM zeigt, daß ihm der Text Hygins in einem Exemplar vorgelegen haben muß, das stemmatisch der *P*-Redaktion zuzuordnen ist[35], da nur dort der Autor unter diese Schreibweise firmiert. Der Abschnitt behandelt (nach ebenfalls namentlicher Nennung) eine Äußerung Pseudofrontins aus DE AGRORVM QVALITATE. Der Schreiber des COMMENTVM diskutiert recht

[34] Daß es sich beim ‹Higenus› des COMMENTVM tatsächlich um den Autor der CONSTITVTIO gehandelt hat, geht aus den inhaltlichen Übereinstimmungen hervor.

[35] Thulin im app. crit. 54 zur Stelle: *ex libro Hygini Gromatici (qui in cod. P Hygenus, non Hyginus, vocatur)...*

umständlich die Konstruktion des Achsenkreuzes nach den Himmelsrichtungen. Er verwendet dabei leicht umformulierte Passagen Hygins. Sein *quos fefellit ratio geometriae* entspricht im LIBER § 20 *hos, qui ad limites constituendos hac ratione sunt usi, fefellit mundi magnitudo.* Auffällig ist auch sein inkonsistentes Wechseln in der Reihenfolge der Himmelsrichtungen, nach denen die Hauptachsen verlaufen; teils werden sie bei ihm in West-Ost-Richtung gezogen – beachtenswert ist das schon volkssprachliche *trahere* statt *ducere* –, teilweise von Ost nach West; dies ist die in den Texten übliche Richtung des *decimanus.* Auch der *kardo* verläuft nicht mehr von Süd nach Nord, sondern von Nord nach Süd[36].

Das ist der einzige Beleg für die Rezeption des Buchs und seines Autors innerhalb der *SGL*; sonst finden sich nur Hinweise auf seinen Text im für die Überlieferung der *Gromatici Latini* allgegenwärtigen Pseudo-Boethius und seiner Euklid-Übersetzung. Doch auch hier ist auffällig, daß nach dem *apparatus fontium* Thulins die Zahl der Parallelbelege rapide abnimmt, während sie ansonsten recht konstant bei anderen Autoren (Frontinus, Agenus, Siculus Flaccus, Balbus) ist. Für Hyginus läßt sich feststellen, daß die für die Textkonstitution wichtigen Boethiusbelege überhaupt nur an zwei Stellen zu finden sind: Sie betreffen einmal das *fragmentum incertum*, einen historischen Exkurs über die Siedlungspolitik Caesars und Octavians, das in die hyginische Überlieferung geraten ist[37]. Das zweite Textstück betrifft die letzten Abschnitte ab etwa § 53 des LIBER zu den *limites actuarii* und den *strigae* und *scamna*, beides Passagen, in denen die Überlieferung des Werks erkennbar gestört ist und thematisch inkohärent zu werden beginnt. Es

[36] Ob die Tatsache, daß der Autor des COMMENTVM für Frontin als Gewährsmann heranzieht, so interpretiert werden kann, daß er den jüngeren Autor mit dem älteren Hyginus erklärt, muß unentschieden bleiben. Als sicher kann angenommen werden, daß auch er eine illustrierte Textfassung vor sich hatte. Dafür spricht einerseits der Ausdruck *in hac similitudine* (= «in dieser Abbildung»), als auch, daß die palatinische Tradition meist die Illustrationen mit überliefert.

[37] Lindermann, Feldmesserbuch 2018, 43–49.

läßt sich nicht beantworten, warum der Hyginustext trotz seiner insgesamt guten und zusammenhängenden Tradition innerhalb der *SGL* weniger herangezogen wurde, als der Text Pseudo-Frontins. Unter fachlichen Gesichtspunkten gehört die darin entwickelte Methodik der Achsenkonstruktion, seine Fallbeispiele von Koloniegründungen unter der Berücksichtigung unterschiedlicher Gelände und schließlich seine mathematisch-geometrischen Ausführungen zur Parallelenkonstruktion zum Wichtigsten und Grundlegendsten der Geodätenausbildung[38]. Eine mögliche Erklärung mag vielleicht genau in dieser Restriktion auf das Kerngeschäft eines Feldmessers gelegen haben: Die im LIBER vermittelte Methode und ihre Anwendung auf alle möglichen Fälle etablierte ein Vorgehen, daß zur Standardpraxis (*ratio pulcherrima*) im Römischen Reich werden konnte. Die Anlage von Musterkolonien galt auch bei der Anlage römischer Garnisonen in den Provinzen, eine Tatsache, die auch Hyginus in § 17 hervorhebt: *Incolis quoque iter erat ex omni parte aequali. Sic et in castris groma ponitur in tetrantem, qua velut ad forum conveniatur.* Dieses standardisierte Verfahren war ab dann nur in solchen Fällen anzuwenden, in denen es wegen der Rechtsstellung des Bodens beurteilt werden mußte oder die Grenzziehung zu Rechtsstreitigkeiten führte, da das Bedürfnis nach Differenzierung und genauer Definition rechtlicher Bedingungen (*condiciones*) der Bodeneigenschaften (*qualitates*) und der Behandlung von Rechtsstreitigkeiten (*controversiae*) von den anderen Autoren allgemein stärker in den Blickpunkt gerückt wurde. Unter diesem Aspekt gibt die *constitutio limitum* wenig Auskunft. Erst am Ende des Traktats scheint der Autor sich diesem Thema zuwenden zu wollen, mit dem ein Landmesser sich als von Privatleuten oder staatlich bestellter Gutachter zu beschäftigen hatte. Hier wie dort deutet der Quellenapparat Thulins darauf, daß der Hyginus-Text selbst nur dort Anklänge an andere Autoren besitzt, wo diese ihn wörtlich oder in Auszügen rezipieren oder wo sie auf ein von Hyginus nur am Rande behandeltes Thema ausführlicher eingehen:

[38] Allgemein zur Feldmesserausbildung in der Zeit der Republik Classen 1994.

Erstes betrifft die in den Pseudo-Frontintext geratenen Exzerpte zur Konstruktion des Achsenkreuzes und die parallelen Ausführung des *Hyginus maior* zu den *limites*. Das zweite betrifft z. B. Siculus Flaccus und seine Ausführung zu den Inskriptionen der Grenzversteinung. Der Quellenapparat Thulins weist bei Hygin bemerkenswerterweise kaum Bezüge zu andere Autoren nach, Hyginus dagegen wird bei eben diesen Autoren als Parallelreferenz notiert. Hier nachlassende Genauigkeit Thulins zu konstatieren, geht am Kern der Beobachtung vorbei, da alle Autoren, ausgenommen vielleicht Pseudo-Frontin, erst nach dem LIBER zu datieren sind.

Außerhalb der *SGL* läßt sich in der Folge eine verstärkte Rezeption Hygins beobachten, obwohl die Textabschnitte nicht namentlich als Zitate gekennzeichnet werden: Das COMMENTVM bildet in dieser Hinsicht den Übergang zu einer von den *Gromatici* sich lösenden, eigenständigen Tradition. Während die CONSTITVTIO als Gesamttext weiterhin dem Verständnis ihrer jeweiligen Kopisten überlassen bleibt, zeigt sich in der stärker werdenden Exzerpttradition eine vorwiegend an mathematisch-geometrischen und astronomischen Problemen interessierte Rezeption, die natürlich mit dem Mangel an entsprechenden Quellen im Westteil des Reichs einhergeht. Sie speist sich aus verschiedenen Fachtexten und antiquarischen Sammlungen und bedient das Interesse an entsprechender Literatur. Für Hyginus läßt sich diese Rezeption unter anderem auch an den für diese Edition zur Bewertung herangezogenen Mss. y und μ festmachen, in die neben der Euklid-Übersetzung und der GEOMETRIA INCERTI AVCTORIS Passagen des LIBER aufgenommen wurden[39]. Im Fall von Ms. μ finden sich im LIBELLVS DE MENSVRA Hermanns von Reichenau (1013–1054) die §§ 27–28 und § 32, in denen die astronomische Ermittlung der wahren Mittagslinie und der Visieraufbau zur Ermittlung der Parallele zu einer nicht zugänglichen Geraden beschrieben werden. Diese und zusätzliche Textabschnitte mit mathematisch-astronomischem Hintergrund finden sich

[39] Vgl. zu den Kollationen Manitius 1906.

auch in Ms. *y* aus dem 9. Jh. Sie stehen hier zwischen einer ARS GEOMETRICA und inhaltlich verwandten Exzerpten aus Macrobius' DE MENSVRA ET MAGNITVDINE TERRAE ET CIRCVLI PER QVEM SOLIS ITER EST, aus Martianus Cappellas DE MENSVRA LVNAE und aus dem Hyginus astronomus, mit dem der Autor des LIBER in den entsprechenden Abschnitten durchaus verwechselt worden sein könnte. Hinzu kommt, daß z.B. in Ms. *y* die entsprechenden Abschnitte eigene *tituli* erhalten haben[40]; diese rubrizierten Überschriften tun ein übriges, den eigentlich zusammenhängenden Text auch optisch als Exzerptschnipsel voneinander zu trennen[41]. Da diese Passagen jeweils ohne den Namen ihres Verfassers Hyginus überliefert wurden, ist es ebenfalls nicht verwunderlich, wenn sie schon in den mathematischen Schriften Gerberts von Aurillac (wohl 950–1003) wieder auftauchen, dort nun eingearbeitet in die GEOMETRIA INCERTI AVCTORIS. Für die Verbreitung spricht auch die Verwendung Hygins in einer GEOMETRIA GISEMVNDI, die ebenfalls die ersten Paragraphen zum historischen Ursprung der *limites*, das hier ausgeschlossene historische Fragment unter der Überschrift *Epistola Iulii Caesaris* und die Ermittlung der wahren Mittagslinie aus § 26 nach der *optima ratio* enthält. Gerade anhand der ARS GISEMVNDI kann man sehen, wie wichtig der LIBER in die sakrale Architekturlehre gewirkt haben muß, gab er doch innerhalb der *Gromatici* als einziger Text eine methodische Anleitung für die in christlicher Zeit dann wichtige Orientierung (Ostung) von Sakralbauten[42]. Die ARS GROMATICA SIVE GEOMETRIA

[40] Näheres dazu bei Lindermann, Feldmesserbuch 2018, 26–28.

[41] Dadurch entgingen sie wohl der Aufmerksamkeit früherer Editoren.

[42] In neuerer Zeit überprüft wurde die Genauigkeit dieser Methode anhand von Kirchenbauten im Val d'Aran, dessen Berglage eine Beobachtung des Sonnenauf- oder Untergangs nicht zuläßt: Die römische Methode ergab eine Abweichung von nur 1 ° Grad vom wahren Mittag; die Abweichung lag damit nur unwesentlich höher als bei der auf den *Gromatici* aufbauende Methode der GEOMETRIA GISEMVNDI (um 800) und beweist die Exaktheit der Methode. Die christliche Glosse in § 5 zeigt, wie wichtig die Gnomon-Methode in späterer Zeit für die Ausrichtung von Sakralgebäuden war. Vgl dazu Ginovart, Ugalde-Blázquez und Lluis-Tervel 2021 Einen guten Überblick über die mathematischen und astronomischen Aspekte bietet allerdings

GISEMVNDI machte, nach Untersuchungen Toneattos[43] regen Gebrauch, nicht nur von Hyginus, sondern von den Gromatikern allgemein, was die Frage nach dem Kursieren der Texte in dieser Zeit aufwirft. In Rahmen dieser Edition kann darauf keine Antwort gegeben werden; sie ist auch nicht leicht zu beantworten, so daß eine Gesamtdarstellung in bezug auf die *SGL*, trotz der intensiven Vorarbeiten und Untersuchungen gerade Toneattos auf diesem Gebiet, bis heute ein Desiderat der Forschung ist.

schon der grundlegende Artikel von Guzsik 1978, leider ohne Bezug auf mögliche antike Vorbilder.

[43] Dazu ausführlich Toneatto 1982, 1, 27–45, zu Gisemundus 34–38.

2. Hyginus: Sprache und Stil

Sprache und Stil Hygins sind nur teilweise und hauptsächlich unter dem Aspekt der Verwendung von Fachterminologie behandelt worden. Auffällig ist der belehrende Anspruch, der sich im Werk manifestiert[1]; hier spricht ein Fachmann, der nicht nur Kenntnisse vermitteln, sondern auch deutlich machen möchte, daß er selbst sie in hohem Maß besitzt. Hygins Sätze sind recht knapp und verzichten vordergründig auf rhetorischen *aplomb*. Die Schnörkellosigkeit der Prosa ist selbstverständlich auch den behandelten Themata geschuldet. Hyginus zeichnet z. B. in einem ‹historiographischen› Teil die Entwicklung der Meßtechnik nach oder behandelt astronomische und geometrische Probleme[2]. Deutlich ist, daß es sich um eine geradezu naturwissenschaftlich ausgerichtete Fachprosa handelt, bei der der Inhalt im Vordergrund steht. Das bedeutet jedoch nicht, daß Hyginus überhaupt keinen Ehrgeiz in seine Prosa gelegt hätte. Beispielhaft soll dafür die kurze *praefatio* analysiert werden:

> [1] (α) Inter omnes mensurarum ritus {sive actus} eminentissima traditur limitum *constitutio.* (β) Est enim illi origo caelestis et perpetua continuatio. (γ) Cum quadam latitudine{m} recturae dividentibus ratio tractabilis, formarum pulcher habitus, ipsorum etiam agrorum speciosa designatio. (δ) *Constituti* enim limites non sine mundi ratione, quoniam decumani secundum solis {de}cursum diriguntur, kardines a poli axe. (ε) Unde primum haec ratio mensurae *constituta* ab Etruscorum haruspicum {vel

[1] Guillaumin 2005, 62: «Le ton est impérieux.» Ich habe diesen Stil (Feldmesserbuch 2018, 44) als «autoritativ» bezeichnet.

[2] Vgl. Guillaumin 2009, 7: «Mais l'astronomie est présente chez Frontin de façon sommaire et chez Hygin le Gromatique de façon beaucoup plus développée».

> auctorum habet, quorum artificium} disciplina. {(ε1) *Quod illi orbem terrarum in duas partes secundum solis cursum diviserunt, dextram appellaverunt, quae septentrioni subiacebat, sinistram, quae ad meridianum terrae esset, occasum, quod eo sol et luna spectaret.* (ε2) *Alteram lineam duxerunt a meridiano ad septentrionem, et a media ultra anticam, citra posticam nominaverunt.*} (ζ) Ex quo haec *constitutio* limitibus templorum adscribitur.

In den ersten drei Sätzen wird die auch im überlieferten Erhaltungszustand erkennbare Gliederung des Traktats jeweils durch die Endstellung der Subjekte (*constitutio*=Konstruktion; *origo caelestis/continuatio*=Gnomonik; *designatio*=Feldformen) präludiert. Dabei entspricht die Wortanzahl der ersten beiden Sätze (jeweils 8 Wörter) zusammen beinahe der Wortanzahl des dritten Satzes (15 Wörter). In Satz (α) wird das Thema des Buchs, die *limitum constitutio* nicht nur an exponierte Stelle gesetzt, auf die der gesamte erste Satz zuläuft, sondern ihre herausragende Bedeutung durch die Zentralstellung des Prädikatsnomens *eminentissima* noch verstärkt. Satz (β) begründet diese Behauptung durch Voranstellung des Prädikats mit affirmativem *enim*[3], genauso wie Satz (γ) in gleicher Weise durch Satz (δ) unterstrichen wird. In Satz (γ) wird die Dreiteilung des Buchs auf den Anwender, die *dividentes*, übertragen. In strengem Parallelismus und in asyndetischer Reihung werden die drei Vorteile der hier vorgestellten Methodik aufgezählt: sie ist, wie man heute sagen würde, «anwenderfreundlich» (*tractabilis*) und äußer- wie innerlich schön. Während der *pulcher habitus* die als ästhetisch wahrgenommene äußere Form der Gestaltung der Flurkarten bezeichnet, ist mit der *speciosa designatio* auch die ideale Abbildung eines mit der Wirklichkeit übereinstimmenden σχῆμα ausgedrückt[4]. Auch dieser Satz wird syntaktisch parallel begründet

[3] Zur Stellung des Prädikats vgl. S. 29–31. Die kausale Nuance der Partikel tritt hier zugunsten eines «Sie besitzt ja...» zurück. In beiden Sätzen (α)+(β) wird Zustimmung zu etwas als gültig Vorausgesetzem angenommen

[4] ThlL V 1, 713, 76–80. Ob das Wort auch Hinweis auf die Abbildungen zum Text ist, kann nicht entgültig entschieden werden; Vitruv 3, 1, 3 *non minus quemadmodum*

(Voranstellung des Prädikats, affirmatives *enim*). Bemerkenswert ist auch die Kreiskomposition, in der Hyginus mit dem Thema seines Buchs spielt. Ausgehend von der programmatisch im ersten Satz an den Schluß gestellten *constitutio limitum* wird sie mit *constituti enim* (Satz 4) und *ratio mensurae constituta* (Satz ε) wiederaufgenommen und am Schluß von § 1 mit Satz (ζ) *ex quo haec constitutio limitibus* an den Anfang zurückgeführt[5]. All dies läßt nicht nur rhetorische Durchformung erkennen, sondern macht es auch stilistisch wahrscheinlich, den originalen Anfang des Buchs vor sich zu haben.

2.1. Stellung des Prädikats

Normal ist für Hyginus die vorrangig unter den Fachschriftstellern übliche Endstellung (ESt.) des Prädikats. In 67% der Sätze steht das Prädikat am Ende des Satzes, zu 19% in Zwischenstellung (ZSt.) und in 14% in Anfangsstellung[6]. Trotz dieser im Normalbereich liegenden Verteilung werden gerade bei der Anfangsstellung (ASt.) des Verbs einige Besonderheiten deutlich. Sie ist bei Hyginus wohl Folge seines sonstigen asyndetisch reihenden, autoritativen Stils, der Konjunktionen verhindert und den Satz insgesamt kurz hält. Mit ASt. führt Hyginus im Nachsatz eine Behauptung meist mit begründender Partikel weiter. ASt. steht § 1 *Est enim... Constituti enim...* § 3 *nec interest quicquam* § 4 *habent enim...* § 10 *Voluerunt autem... Est ergo...* § 11 *Comparemus nunc... et intueamur... Inspiciamus a maximo... Inscribitur enim...* § 12 *Volunt esse quidam...* § 13 *Forte diceretur...* § 14 *Erat sa-*

---

schema rotundationis in corpore efficitur, item quadrata designatio in eo invenietur macht eine solche Deutung aber wahrscheinlich. Zu σχῆμα vgl. LSJ 1745 s.v., bes. Nr. 6 u. 8.

[5] Diese Komposition ist eine weitere, stilistische Begründung für die in dieser Edition vorgenommene Athetese der Sätze (ε1) und (ε2) *Quod illi orbem ... posticam nominaverunt*, hier *kursive* gesetzt.

[6] Bei den Nebensätzen ist das Ergebnis noch deutlicher: ASt. 13%, ZSt. 15%, ESt. 72%. Insgesamt zur Stellung des Verbs vgl. LHSz II § 214, 402–403.

ne... Tractemus nunc... § 19 *Habebit tamen inter professores... Constat illis ratio...*[7] *et potest dici ... nulla est ratio. Licet exitum...* § 20 *Quaerenda est ergo... Sit illi forte... Necesse est...* § 21 *Quaerendum est primum... Advocandum nobis est... Explicare enim...*[8] *Ortum enim...* § 25 *Dubium fortasse esset...* § 26 *Optimum est ergo... Sequitur deinde... Certius est enim... Adtendemus, quem...* § 27 *Est et alia ratio...* § 28 *Sit ergo gnomon... Tollamus umbram... Eiciamus hypotenusas... Eiciemus deinde...* § 32 *Sit ergo forma...* § 35 *Incipiamus ergo...* § 36 *Applicemus nunc... Sequitur, ut...* § 40 *Inscribemus ergo...* § 44 *Solent enim...* § 51 *debet interesse inter...*

In den Nebensätzen scheint sich die ASt. auf Relativ-, Temporal- und Finalsätze zu beschränken. Niemals steht sie bei *quoniam* oder *cum causale* (z.B. § 21 oder 24). Mit *cum* § 12 *et cum exierunt* § 13 *Deinde cum ... venerunt* § 18 *et cum sit colonia*; bei *dum* § 13 *dum volunt esse*; mit *ut* § 8 *ut habeant* § 15 *ut haberent coloni* § 17 *et est colentibus vicina undique.* § 26 *ut sint semper* § 28 *ut sint in pari*. Am häufigsten findet sich ASt. bei den Relativsätzen mit *esse*, bei denen die eigentliche Aussage dann ans Ende des Satzes tritt. Hier ist die Inversion zweifelsfrei beabsichtigt: § 3 *qui spectabant* § 4 *qui sunt per viam ... acti* § 6 *qui est circa Capuam.* § 11 *est optima ad liquidum.* § 12 *qui est secundus.* § 13 *qui est maximus... qui est sextus* § 14 *quorum esset summus latior.* § 20 *qui est omni tempore mobilis* § 21 *quae sit mundi magnitudo* § 24 *qui est aequinoctiali proximus... quae videtur eisdem horis* § 25 *quae sunt ab Aegypti fine* § 28 *quae erit ortus* § 31 *quae sit duorum signorum* § 32 *quae est inter..., quod est in* A. § 37 *quae erit ultra primum* § 40 *et essent in solo populi Romani.*

Bemerkenswert ist die Zunahme der ASt. an den Stellen, an denen Hyginus die Festlegung der Nord-Süd-Linie mithilfe der Gnomonik darlegt (§§ 20–27); das betrifft die Stellung des Prädikats im Hauptsatz wie im Nebensatz. Eine ähnliche Häufung ist so nur noch in den §§ 10–13

[7] ASt. hier vielleicht wegen Chiasmus § 6 *secuti et ... fecerunt d.* gewählt?

[8] Der Infinitiv und betont am Ende stehendes *non potest* bilden eine prädikative Einheit, dessen Hauptaussage in ASt. steht.

zu beobachten, dem Abschnitt, in dem Hyginus seine Methodik der Versteinung und den Unterschied von *quintus limes* und *quintarius limes* erläutert. Die Ausführungen erscheinen dadurch komprimiert und auf das Wesentliche beschränkt; die konklusiv-begründenden Partikel dieser Stellen dienen damit wohl weniger dem Verständnis, sondern der beabsichtigten Leserlenkung. Gerade in § 11 wirkt die adhortative Reihung *Comparemus nunc ... et intueamur ... Inspiciamus ... Inscribitur enim...* wie die belehrenden Ausführungen des Fachmanns gegenüber seinen Schülern.

Ebenfalls stilistisch bedingt ist die Ellipse des Prädikats; dies betrifft hauptsächlich die flektierten Formen von *esse*, doch ebenso opfert Hyginus auch andere Verben oder aus dem Vorhergehenden zu erschließende Aussagen seinem kurzen, knappen Stil. Beispielhaft für *esse* ist die überdies rhetorisch durchgeformte *praefatio* § 1 *Cum quadam latitudine{m} recturae dividentibus ratio tractabilis, formarum pulcher habitus, ipsorum etiam agrorum speciosa designatio* und *Unde primum haec ratio mensurae constituta ab Etruscorum haruspicum disciplina*[9]. Teilweise dient die Ellipse auch der *variatio*, so in §§ 22–23: *caeli autem punctum terram esse sic describunt* gegenüber *solem autem ampliorem aliquot partibus quam terram describunt*. Ellipse liegt vor in § 13 *Deinde primum ponunt quem et maximum* (*esse*); § 14 *A decimano maximo quintum quemque latiorem* (*esse oportere*). Ein Sonderfall ist die elliptische Aufzählung der Planetenabstände in § 22. Ausfall von *esse* liegt ferner vor § 43 *Extraclusa regio ideo, quod...*

Ellipse einer Aussage im Vordersatz, dessen Verbalgedanke hinzugedacht werden muß, steht in § 2 *Alterum a meridiano ad septentrionem, quem kardinem nominaverunt a mundi kardine*, wo der Satz *Primum duos limites constituerunt* das Prädikat enthält; so noch § 5 *In orientem sicut aedes sacrae* (sc. *mensura spectat*); § 15 *sicut in Campania finibus Minturnensium* (sc. *antiquae mensurae abolentur*);

[9] Im zweiten Satz ist der Wegfall wegen der Dichte der Synaloiphen, die auch bei Schreibung von *est* griffe (*constituta-st ab*), bemerkenswert.

§ 19 *Sin autem, proximum rationi nostrae* (sc. *loci natura permittit*); § 28 *Itemque ex* CD *finibus umbrarum* (sc. *lineam eiciemus*); § 29 *item si colonia ab solo constituetur* (sc. *ex ipsa civitate maximum decimanum et kardinem incipiemus*); § 43 *Sic et in locis montuosis* (sc. *aras ponemus*); § 46 *Ex eo interiores perticae partes* (sc. *adsignare oportet*); § 53 *itemque prorsis limitibus ... octonos* (sc. *latitudines dabimus*). Starke Verkürzung des Gedankens liegt vor in der Beschreibung der weiteren Dreierlosungen (*conternatio*) in § 45; das elliptische *Sic et ceteri* enthält komprimiert die Beschreibung fast des gesamten vorangehenden Paragraphen. In direkter Parallele wird auch die Einzelbeschreibung des § 45 in dem abschließenden *Eodem exemplo et ceteras sortes* gebündelt. Ebenfalls nur aus dem Vorangehenden zu erschließen ist die Ellipse in § 55 *Et hoc in lateribus lapidum, in fronte autem regionis indicium* D.D. V. K. (sc. *significatione comprehendemus*)[10].

Einen Sonderfall bilden Sätze wie § 3 *et qui ad mare spectant, maritimi appellantur, qui ad montem, montani* oder § 27 *si ante meridie constituemus, prima umbra erit longissima, si post meridie, erit novissima*[11]. Die Prädikatsaussage der parallel konstruierten Satzglieder erstreckt sich in den zweiten Teil. Hyginus verwendet sie vornehmlich in Relativsätzen wie § 8 *praefecturae, quarum decimani aeque in orientem diriguntur, kardines in meridianum* u. *decimani habent actus* XX, *kardines actus* XL, ebenso § 19 *factum erit, quod kardines loco decimanorum observantur, decimani loco kardinum.*

2.2. Präpositionen

ab bezeichnet in der Mehrzahl der Fälle den Ausgangspunkt von etwas, so in § 4 *actuarius limes est, qui primus actus est, et ab eo* (= «von diesem aus») *quintus quisque*. Reinen abl. separativus ersetzt *ab*

[10] Nach KSt. II 1, § 26 Anm. 2, 95 wird eine solche Verkürzung des Gedankens mit dem 1. Jh. n. Chr. häufiger.

[11] Zum erstarrten Lokativ *antemeridie postmeridie* vgl. 5.1, S. 116 (§ 27).

in § 10 *portio clusaris vacat ab inscriptione*. Ebenfalls liegt älterer Gebrauch vor bei der Wendung *ab solo* (§ 29) *si colonia ab solo constituetur*. Dies ahmt die altlateinische Fachprosa eines Cato, *villam aedificandam si locabis novam ab solo* (*Agr*. 14, 1), *ab solo foramen primum* (*Agr*. 18, 2) und die inschriftliche Praxis nach (CIL 1, 1523): FVNDAMENTA MVROSQVE AF SOLO FACIVNDA COERAVERE. Bedingt durch den vermessungstechnischen Inhalt stehen häufig die Präpositionen *ab* und *ad* (selter *in*) zusammen in Ausdrücken, die eine Strecke zwischen zwei Punkten beschreiben § 26 *rectam lineam a signo ad signum ducemus*. Gräzismus liegt vor bei § 15 *a foris* nach gr. ἔξωθεν, was seit Plin. *nat*. 17, 227 belegt ist[12].

ad steht mit einer recht begrenzten Anzahl von Begriffen entsprechend der Tätigkeit des Feldmessers. Überproportional häufig schreibt Hyginus deswegen *ad meridianum*, *ad septentrionem*, *ad montem*, *ad mare*. Auffällig ist, daß allein *ad* mit *meridianus* und *septentrio* verbunden wird, ebenso wie nur *ab* mit den Begriffen *ortus* und *occasus* zu finden ist. Neben dem allgemeinen Gebrauch steht *ad* in zusammenfassender Nuance, so § 9 *ad parem posuere* u. *in adsignationibus ad numerum limitum* vergleichbar gr. κατά wie auch in Wendungen wie *ad singula* (§ 29) oder *ad pretium* (§ 44).

Ebenfalls in der Nuance von gr. κατά steht bei Hyginus *secundum* (= «gemäß») in Wendungen wie *secundum cursum* (= «gemäß dem Lauf»), *secundum legem* (= «gemäß dem Gesetz»), z.B. §§ 33 u. 34), und *secundum decumanum*. Weitere Junkturen: mit *amplitudo* § 7 mit *cursus* §§ 1, 20, 25; mit *decumanus/cardo* § 38; mit *determinatio* § 48; mit *lex* §§ 4, 30, 33, 34, 46, 49 (elliptisch mit Onomastikon); mit *meritum/militia* § 40; mit *postulatio* §§ 10 und 49.

de findet sich im LIBER praktisch nur in der Umschreibung eines gen. forensis in Wendungen wie *de quo agitur* § 13 oder *de finibus queritur* § 19[13]; vulgärsprachlich ist wohl substantivisches § 25 *dubium*

[12] Ebenso Hyg. *grom*. p. 90, 21 Th; vgl. LHSz II 257, § 142 b.
[13] LHSz II 75 § 58 b.

fortasse esset de parallelo für gewöhnlicheres *dubitare de*; umgangssprachliche Vorausnahme des Subjekts eines A.c.I. liegt vor in § 13 *et de limitibus quintariis quintum quemque quintarium volunt*[14].

ex steht außer in § 26 *umbram e circulo adtendemus* nur volkssprachlich als *ex* bei Hyginus. Gewöhnlich bezeichnet es den Ausgangspunkt und bildet damit den Gegensatz zu *in*. Auch bei *ex* überwiegt der fachspezifische Gebrauch der Präposition als Ausgangspunkt einer Vermessung oder einer geometrischen Konstruktion selbst dort, wo dieser Gebrauch allgemeiner bleibt, z. B. § 5 *ex qua parte caeli terra inluminabitur* (Aufgangspunkt der Sonne), § 15 *ex ipsa colonia inchoari* (sc. *limites*), § 17 *ex omni parte aequale* (sc. *iter ad forum*), § 33 *ex proximo decimanum maximum et kardinem incipiemus*. Weitaus häufiger ist die Verwendung jedoch im fachspezifischen Kontext, so z. B. § 28 *eiciamus hypotenusas ex* C *in* A und dort *passim*, § 31 *ex quo* (sc. *signo*) ... *rectam lineam iniungamus* und *paucas dictabimus metas ex signo* E oder als Ein- bzw. Ausgangspunkt einer Geraden § 24 *ut meridianum circulum ex utraque parte medium secet*. Dieser exakte Gebrauch von *ex* im Sinne eines «Ausgangspunkts» steht häufig in Kombination mit der Präpositionalkonstruktion *in* + *acc.* zur Bezeichnung des «Zielpunkts». – Gleichzeitig den Ein- und Ausgangspunkt bezeichnet *ex* § 24 *ut meridianum circulum ex utraque parte medium secet*. Hyginus unterscheidet bei dieser Verwendung deutlich zwischen *ex* und *ab* § 26 *Per quam kardinem dirigemus, et ab ea normaliter in rectum decimanum emittemus et ex quacumque eius lineae parte normaliter invenerimus*. Zuweilen steht *ex* statt ebenfalls möglichem gen. partitivus § 4 *Quidam ex his latiores sunt*, § 35 *Inscribendi nobis una sit ratio. Hanc itaque ex omni opere certissimam eligamus*, § 46 *nisi ex hoc conditor aliquid immutaverit* und § 50 *Has centurias et quantum ex accepta habeant*. An wenigen Stellen ersetzt *ex* einen abl. materiae, so § 34 *lapides ex saxo silice*. Schon spätlateinisch ist die instrumentale Verwendung wie § 1 *ex quo haec constitutio limitibus*

---

[14] LHSz II 363 § 198 c.

templorum adscribitur oder Wendungen wie § 25 *ex quo apparet* (nach gr. ἀφ' οὗ?), § 42 *ex hoc apparebit* oder § 43 *inscriptio ex uno latere demonstret*, jedoch immer noch mit der Nuance des Ausgangspunkts[15].

in[16] wird von Hyginus mit Vorliebe mit einem substantivierten Adjektiv ntr. verbunden. Dies entspricht dem nachkl. Gebrauch: § 6 *in totum* (auch § 40) – erst seit Celsus belegt, § 11 *in unum*, § 34 *polito in rotundum*, § 46 *in commune*, § 51 *in perpetuum*. Als Gräzismus gehört in diese Kategorie auch *in semel* (§ 6) nach gr. εἰς ἅπαξ. Vertauschung von Akkusativ und Ablativ liegt vor § 17 *in morem castrorum*[17].

inter wird beinahe ausschließlich ohne Abweichungen gebraucht, meist als Antwort auf die Frage wo? wie § 8 *inter limitem novum et veterem* oder § 13 *inter decimanum maximum et primum*; Ansätze für nachklassischen Ersatz von *in* findet man § 19 *habebit inter professores existimationem.*

per steht 31-mal, meist als Angabe einer Bewegung wie in § 3 *limitibus, per eos agrorum itinera serventur* (die instrumentale Nuance kann hier vernachlässigt werden) oder § 4 *per eos iter populo ... debetur* (sc. *actuarii limites*). Überhaupt ist die Angabe dieser Bewegung, «entlang», meist mit entspechenden Substantiven wie *iter*, *via* oder, in der Bedeutung «durch hindurch» mit *porta* § 17 *per quatuor portas*, verbunden. Die Verwendung von *per* kennzeichnet dabei Bewegungen entlang einer bestimmten Bahn oder Linie, z. B. in § 24 *per hunc* (sc. *circulum meridianum*) *sol ... ire fertur* oder § 26 *per quem locum recta linea exire debebit* und *per quam lineam kardinem dirigemus*. Als Beschreibung des recht- bzw. gradlinigen Visierens begegnet *per* § 30 *lineam per metas extendemus et per eam ... cultellabimus*. Auch die schrittweise Bewegung von Punkt zu Punkt auf einer Linie wird von Hyginus durch *per* ausgedrückt: § 32 *Prolato exiguum per rigorem ferramento*, § 38 *per successionem singulis centuriis quartus lapis deerit*,

[15] LHSz II 581 § 313 c.

[16] Zum Gegensatz *ex–in* s. *ex*.

[17] Vgl. LHSz II 273–278 § 156, bes. Zusätze ε u. ζ.

§ 39 *extremitatem per omnes angulos terminabimus*, § 43 *per singulas petras finitimas notas inponemus*, § 53 *mensuras per strigas et scamna agemus*. In einigen Fällen ersetzt *per* einen abl. instrumentalis, so § 4 *centuriae per senos limites cluduntur* und *per eos iter populo... debetur*, § 16 *per demonstrationes et per locorum vocabula*, § 21 *per umbrarum momenta ... per incrementa umbrarum*, § 22 *nam et artes musicas per haec diastemata constare fertur*, § 24 *per umbrarum motus ostenditur* und *circulus zodiacus ... per diagonum ostenditur*, § 30 *ex hac deverti nisi per neglegentiam non potest*; § 50 *per tres centurias separabitur*, § 52 *per soli aestimationem ... usurpatio per falsas professiones fiat*.

post findet kaum Verwendung; interessant ist neben dem üblichen Gebrauch einmal die Kombination mit Ablativ statt Akkusativ in der erstarrten Adverbialwendung *ante/post meridie*[18] § 27 und statt abl. absolutus § 29 *quod post amplum actum emendare* u. § 33 *si limites post urbem constitutam*[19].

propter steht an den wenigen Belegstellen meist mit finaler Nebenbedeutung, so § 18 *propter portum colonia ad mare ponitur* (dort auch *propter aquae commodum*). Statt *propter* verwendet Hyginus in § 4 Genitiv mit nachgestelltem *causa*: *limites ... disterminandae causa sunt constituti*, *fructus exportandi causa publicaverunt* (wohl kein Gerund. mit Akk.) u. *publici itineris causa latitudines acceperunt*.

Zur erstarrten Adverbialkonstruktion *ante* mit Ablativ siehe *post*; *apud* wird umgangssprachlich verwendet: *apud quosdam* (§ 3) wird erst mit Livius häufig, ebenso *apud hos* (§ 25) ; mit *circa* findet man auch bei Hyginus die neuere, seit Livius immer gebräuchlicher werdende Form statt älterem *circum* (dieses nur im Vergilzitat): § 7 *circa Capuam* (was die Hand von *A* noch in *circum* verbessert) und § 46 *circa extremitatem*; nachkl. bis spätlat. Gebrauch liegt auch vor bei *iuxta* (= «gemäß») § 52 *iuxta ubertatem dari*; *trans* ist nur in Junkturen wie *trans montem* oder *trans fluvium* gebraucht; *intra* und

[18] Dazu Usener 1912, 260.

[19] Dieser Gebrauch nach LHSz II 243 § 131 schon bei Livius.

infra werden häufig miteinander verwechselt[20] und stehen bei Hyginus nur adverbial, *supra* nur einmal als Präposition *supra terram sesquipedem* wie Cato *agr.* 45, 3 *supra terram ne plus* IV *digitos* und sonst nur in der Junktur *ut supra diximus. pro* (= «anstelle von») ist bei Hyginus juristisch konnotiert: § 48 *commutata pro suo.* Ebenfalls juristisch konnotiert und in der Prosa in diesem Gebrauch seit Livius belegt ist die Verwendung von *sub* § 4 *sub appellatione*, § 50 *sub hoc exemplo* u. § 55 *sub hac inscriptione.*

2.3. Gebrauch der Partikeln

2.3.1. Kopulative und disjunktive Partikeln

Hygins asyndetischer Darstellungsstil hat Auswirkungen auf die Verwendung von Konjunktionen. Sehr selten gebraucht wird enklitisches *-que*: § 26 *orientis occidentisque* soll wohl die enge Zusammengehörigkeit beider Begriffe verdeutlicht werden und § 33 *eisque* soll wohl hiatisches *et eis* vermieden werden. Erstarrt ist *-que* in § 4 und § 15 *ideoque*, wo jeweils die Begründung der vorangehenden Behauptung nachgeschoben wird. Eine solche Bedeutungsschwächung läßt sich auch für *itemque* (§§ 28 u. 53) feststellen[21] Genau einmal findet sich *atque* § 4 *Alii limites sunt actuarii atque alii linearii*[22]. An die Stelle von *atque* tritt bei Hyginus *ac*, was in den Mss. häufig zu *hac* verschrieben (oder korrigiert) wurde. *Ac* wird nur mit steigernder *nuance* verwendet: § 21 *gnomonices summae ac divinae artis* und § 53 *conprehendi oportet ac singula terminis fundari.*

---

[20] Schulten und mit ihm Thulin z. B. in § 24. – Trotz allen Bemühungen ist es mir nicht gelungen, die Emendation einer Publikation Schultens zuzuordnen. Auch in Schultens Lemma, RE VII 2 s.v. *Gromatici*, findet sich kein Hinweis.

[21] Eingerechnet *ideoque* und *itemque* finden sich *et* 187-mal und enklitisches *-que* 9-mal bei Hyinus, bilden also nur ca. 4% der Wortmenge ab.

[22] Hier bewahrt die Hand von Ms. *B* mit der Schreibweise *ad que* sogar die ursprüngliche Bedeutung «und dazu»; vielleicht liegt aber auch bloße Verwechslung mit *ad quae* vor?

et tritt am häufigsten auf, jedoch nie als korrespondierendes *et ... et*, sondern nur als Konjunktion zweier zusammengehöriger Begriffe. Polysyndetische Reihung findet sich nicht bei Hyginus. Öfter ersetzt jedoch *et*, dies schon nachklassisch, entweder *etiam* oder *quoque*[23], allein in § 11 *et quomodocumque*, § 13 *et centuria aliter appellaretur*, § 16 *fines ... et limites acceperunt* u. §§ 27 *est et alia ratio*, 32 *eadem ratione et* und dann v.a. in Verbindung mit *nam et* am Anfang eines neuen Kolon § 8 *nam et in alia praefectura*, § 13 *nam et legum lationibus* und sonst §§ 43, 22, 24, 25 u. 46. Ebenso findet sich *sic et* am Satzanfang, wie § 10 *Sic et ulteriores*, § 14 *Sic et ab eo quintario* und sonst §§ 17, 20, 28, 38, 39, 43, 43 u. 45. Weniger häufig sind Junkturen wie *sed et* (§ 13), *deinde et* (§ 28), *idem et* u. *et hic* (beides § 29). Explikatives *et* liegt wohl vor in § 20 *sit illi forte ... mons ex altera et proprior* (= «und zwar näher») *ferramento.*

aut, vel, -ve[24] als disjunktive Partikeln sind selten; bei *aut* und *vel* ist dabei eine im Spätlatein häufige Abschwächung[25] des Gegensatzes zu beobachten, so daß *aut* die Bedeutung von «beziehungsweise» annimmt[26]: § 19 *mensura urbis alterius aut certe sinistra*, § 20 *pervidere crediderunt aut forte scire*; ebenfalls nur mit schwachem Gegensatz § 21 *ratio oriundi aut occidendi* u. *ortum enim aut occasum*, § 24 *nam increscendi aut descrescendi*, § 34 *ex saxo silice aut molari aut ne deteriore*, § 49 *secundum datam legem aut ... secundum divi Augusti.* Ähnliches gilt für *vel*, das wie *aut* nur einen schwachen Gegensatz ausdrückt, so § 53 *inter quos scamna quattuor vel strigae cluduntur.*

sive[27] steht bei Hyginus selbst in der Junktur *si ... sive* wie *aut* (häufig bei den Fachschriftstellern) eher nachklassisch: § 20 *si kardo ... sive decimanus*, § 38

[23] *Etiam* und *quoque* schreibt Hyginus dagegen ausgesprochen selten.

[24] *-ve* dabei nur in der Reihung § 50 *duas, tres pluresve centurias. Aut ... aut* § 15, § 29, § 42.

[25] LHSz II 269–500 § 269 bes. 499 und 500, β.

[26] Man kann diese Angleichung an et an den Stellen besonders gut nachvollziehen, wo die Mss. *aut* zu *et* verschrieben haben.

[27] Vgl. LHSz II 503–504 § 272.

aut si decumanum sive cardinem; auch *sive* ... *sive* steht wie nachkl. *aut* ... *aut*: § 39 *silvas sive pascua publica sive utrumque*. § 48 *sive in proximo sive inter alias civitates*. Gleiches gilt für einzelnes *sive* § 36 *maximo decimano sive kardini*, § 38 *terminabimus fundos exceptos sive concessos*, § 54 *longiorem sive latiorem facere* («beziehungsweise» =*aut*).

2.3.2. Adversative Partikeln

Die adversative Konjunktion *sed*[28] findet sich selten: nach negativem Vorderglied in der Bedeutung «sondern», so § 15 *limites accipere ... non potuit, sed relicta est*; § 18 *non potest dividi, sed in alteram partem ... servetur*; nach positivem Vorderglied in der Bedeutung «aber» §§ 13 und 25 *sed quoniam*, § 46 *sed ut* – beide Male jeweils mit einer weiteren Partikel und nicht allein. Ergänzend findet es sich in der Kombination *non solum ... sed et* (nie *sed etiam*) §§ 4 und 48. Beinahe verschwunden ist die adversative Nuance in § 8 *Sed in praefecturis...*, wo *sed* die Aufzählung der geographischen Eigenarten von *decimani* und *kardines* einfach weiterführt; gleiches gilt in noch stärkerem Maß für § 13 *Sed et de limitibus...* Angedeutet wird damit die nur leichte Verschiebung des Gedankens vom *limes primus* zum *limes quintarius*[29].

autem wird häufiger verwendet. Warum es von Lachmann[30] oft athetiert wird, ist unverständlich. Der fließende Übergang «zwischen adversativer, explikativer und rein fortführender Bedeutung (=δέ)»[31] ist auch für Hyginus festzustellen; die Nuancierung wechselt. Eher adversativ verwendet wird *autem* in §§ 13 *porro autem*[32], 29 *decimanum autem et kardinem*, 43 *linea autem finitima*, 55 *in fronte*

[28] In den Mss. wird *sed* öfter mit *sic* verwechselt oder aus *et* verschrieben.

[29] Im Feldmesserbuch wird in den §§ 8 und 13 *sed* noch mit «aber» wiedergegeben; besser wäre «doch» bzw. «doch auch».

[30] Vgl. dazu in der Teubneredition Thulins 157, 11, 167 5, 168, 3 und 10.

[31] LHSz II 489–491 § 262.

[32] *Porro* findet sich nur an dieser Stelle.

autem regionis; explikative Nuance liegt vor in §§ 10 *voluerunt autem*, 11 *latera autem*; bloß fortgeführt wird der Gedanke §§ 4 *decimanus autem primus*, *actuarii autem*, 10 *lapis autem*, 22 *caeli autem*, 23 *solem autem*, 24 *circulus autem zodiacus*[33], 30 *lineam autem per metas*.

tamen behält an manchen Stellen die im Altlatein neben *tam* noch auftretende demonstrativ-adversative Färbung, die dt. mit «auch so» wiedergegeben werden kann[34], so § 19 *habebit tamen inter professores existimationem* = «auch so wird sie unter Fachleuten geschätzt sein»)[35]; stärker adversativ etwas später *habet tamen rationem* (= «auch so (dennoch) hat er (*sc.* der *decimanus*) Methode»); rein adversativ § 29 *hoc tamen aeque diligenter agere oportet* (= «trotzdem sollte ebenso sorgfältig vermessen werden»); § 30 *praesentem tamen in conspectu ... agemus* (= «die vorhandene (*sc.* Grenze) werden wir trotzdem durch Visieren ... ziehen»); § 43 *certis tamen locis*; § 49 *ubi tamen aliquid concessum est*.

verum findet sich nur an zwei Stellen in der Junktur *non solum – verum etiam* statt sonst verwendetem *sed et* §§ 9 u. 15; beide Male hebt *verum* die Steigerung des Zusatzes hervor (= «nicht nur ... ja fürwahr auch»); *vero* dagegen hat die beteuernd adversative Nuance bei Hyginus fast völlig verloren. Es wird an seinen Belegstellen wie *autem* verwendet: § 6 *proximum vero ortum*; §§ 31 u. 49 *si vero* und dort auch *qui vero* statt *qui autem*. *immo* wird § 15 *immo, si fieri potest, ex* von Hyginus so gebraucht, wie es – hauptsächlich – von Cicero und danach sehr häufig von Quintilian, Plinius und den beiden Seneca verwendet wird[36]. Ebenfalls einmal findet sich *sane* enklitisch § 14 *erat sane interpretatio*, jedoch wohl noch in affirmativ-adversativer Bedeutung «allerdings». Eine eher umgangssprachliche Verwendung ist bei *nisi* dort festzustellen, wo es keinen Konditionalsatz einleitet, sondern wie eine adver-

[33] Gerade in diesen drei Paragraphen handelt Hyginus die astronomischen Voraussetzungen der Reihe nach ab.

[34] LHSz II 495–497, bes. 496 § 267.

[35] Vgl. auch Guillaumin 2009, bes. 6 und n. 15.

[36] Sehr häufig ist *immo, si* dann in den Digesten Iustinians.

sative Partikel gebraucht wird, wie § 15 *limites primos nisi a foris accipere non possunt* (sc. *municipia*); § 19 *nihil operi deerit nisi ratio*; § 21 *nisi per umbrarum momenta*; § 30 *nisi ad interversuram, nisi per neglegentiam*[37].

2.3.3. Kausale Partikeln

Es ist nicht weiter verwunderlich, daß die Kausalpartikeln (darunter vor allem *nam* und *enim*) neben den konklusiven Partikeln im LIBER stärker vertreten sind. Dies liegt in der Natur der Sache, da Hyginus ein System der Vermessungslinien nicht nur herleiten, sondern dem Leser auch erklären muß. Im Gegensatz zu anderen Schriftstellern, die eine Vorliebe für eine der beiden Partikeln entwickelt haben, ist die Verteilung von *nam* 21-mal und *enim* 20-mal bei Hyginus ausgewogen. Allerdings ist neben begründendem «denn» auch adversatives *nam* («wogegen; dagegen») belegt: § 5 *In orientem sicut aedes sacrae, nam antiqui architecti in occidentem templa recte spectare scripserunt.* Hier läßt sich mit LHSz II 506[38] die Kausalfunktion nicht dadurch erhalten, daß der Gedanke umgekehrt formuliert werden könnte, sondern *nam* ist eindeutig adversativ (= «dagegen schreiben die alten Baumeister») und § 43 *nam in planis* (= «in ebenem Gelände dagegen»); vielleicht haben wir mit § 5 einen der frühesten Belege für adversatives *nam*. Ebensowenig kausal ist zuweilen *nam et* am Satzanfang, wo es teilweise die Bedeutung von *item* annimmt[39]: § 8 *Nam et in alia praefectura*; § 22 *nam et artes per haec diastemata constare fertur*, § 25 *Nam et Aegypto medio die umbra consumitur*. Rein kausales *nam* steht § 9 *nam locatione*, § 11, § 13 mit *et*, § 17 *nam nec*, § 24 an allen drei Stellen, § 25 *nam totius terrae...* und § 51 *nam quem ad modum*. Weniger stark begründend in § 15 *nam* (=δέ) *in proximo esse debet*, ebenso dort *nam et tantum veterum lapides adhuc parent* (= «es sind ja auch nur noch die Steine der alten Vermessungen sichtbar»), § 17 *nam*

---

[37] Zu *nisi* als negativem Konditionalsatz vgl. §§ 14, 20 und 46.

[38] LHSz II 504–507 § 274.

[39] Diese Verwendung tritt bei Ps.-Frontinus noch deutlicher hervor.

coloniae omnes und § 46 *nam et vectigal quamvis exiguum praestant* (= «sie gewährleisten ja eine wenn auch kleine Steuereinnahme»).

enim changiert wie auch sonst in der lateinischen Literatur[40] zwischen einer Beteuerungspartikel («wirklich, tatsächlich») und einer Kausalpartikel. Wie schon bei *nam* läßt sich aber nicht immer entscheiden, welcher Nuance der Vorzug zu geben ist. Dies gilt schon für § 1 *Est enim origo caelestis...* und *Constituti enim limites non sine mundi ratione.* Im ersten Beispiel überwiegt die kausale Färbung, im zweiten das Bekräftigen der Behauptung. Vergleichbar verwendet wird *enim* in § 4 *id enim cautum est*; *Habent latitudinem...*; *In Italia enim...* – nur beim ersten Mal überwiegt die Begründung vor dem nur rhetorischen Gebrauch[41]. Ebenso affirmativ steht *enim* an beiden Stellen in § 21. In § 43 sind ebenfalls beide Nuancierungen enthalten *adfines enim eisdem locis...* (= «da ja»); gleiches gilt für § 44 *Solent enim culti agri ad pretium emeritorum aestimari.* In § 10 *quarta enim illius lapidis portio clusaris vacat ab inscriptione.* überwiegt adversative Färbung («der vierte schließende Teil jenes Steins ist dagegen ohne Beschriftung.»)[42]. Diese Interpretation wird durch konklusives *ergo* im folgenden Satz noch einsichtiger. Verbindenden Charakter hat *enim* § 11 *Inscribitur enim...*, da der Satz nur an das begründende *nam* des Vordersatzes anknüpft[43]. Ebenfalls eine Begründung gedanklich im Folgesatz fortführend steht *enim* in § 24 *Ab hoc enim exemplo...*, das mit *nam* im Satz zuvor dargestellt worden ist. Kausal steht die Partikel § 15 *Antiqui enim...*, ebenso § 18 *Saepe enim propter portum colonia ad mare ponitur...*, § 26 *Certius est enim quam...*, wo es aus-

[40] LHSz II 507–509 § 276.

[41] Dies läßt sich an allen Stellen feststellen, an denen Hyginus *enim* gehäuft verwendet.

[42] Guillaumin 2003 sieht in der *portio clusaris* den vom Zentrum der Zenturiation am entferntesten liegenden Winkel (*angulus clusaris*), der als letzter eine Beschriftung erhält, ohne damit den Ausdruck *vacat ab inscriptione* zufriedenstellend erklären zu können. Sein Lesart *illi lapidi* beruht auf Thulins Edition.

[43] Ich habe *enim* im Text gehalten; in den Mss. *A* und *E* fehlt es, *S* schreibt *in lateribus* – vielleicht zu Recht.

nahmsweise seine Position an zweiter Stelle aufgibt, § 30 *Plurimum enim praestat...*, § 35 *Omnes enim centuriae singulos angulos habent clusares* (mit leicht affirmativer Nuance), § 38 *Quisquis enim...*, § 40 *In adsignationibus enim divi Augusti...* – auch hier an dritter Position wegen der engen Verbindung von Präposition und Beziehungswort – und dort auch *Omnium enim fundos ... adsignavit.*

2.3.4. Konklusive Partikeln

Das über die Kausalpartikeln Gesagte gilt in gleichem oder sogar noch stärkerem Maß für die konklusiven Partikeln; *ergo* wird immer dann verwendet, um eine Behauptung oder Beweisführung endgültig abzuschließen wie beispielhaft in § 3, wo die Bezeichnung *limes* mit der Beschreibung *Omnis ergo huius mensurae et recturae longitudo rationabiliter limes appellatur* den Paragraphen gedanklich abschließt. Gleiches gilt an den sonstigen Belegstellen §§ 6, 10, 15, 20, 24, 26, 28, 32 (beide Male als Junktur mit mathematischer *nuance* = «gegeben sei; es sei» *sit ergo*), 35, 40. In § 19 *Quid ergo?* schließt *ergo* zwar die vorangegangenen Sätze logisch ab, doch überwiegt hier das Affirmative der Frage im Sinne von «Was aber folgt denn nun daraus? Was nun?» *Igitur* schreibt Hyginus überhaupt nicht und auch *itaque* nur an zwei Stellen §§ 19 und 35. Folgerndes *ita* steht einmal § 51 *nam quem ad modum illis condicio diversa est, ita et actus dissimiles esse debent*[44]. Einmal belegt ist auch konklusives *inde* am Satzanfang § 45 *Inde, quae centuria primum exierit, ad primam conternationem pertinebit.* = «Folglich gehört die zuerst gezogene *centuria* zur ersten Dreierlosung.»

2.3.5. Parataktische und hypotaktische Satzgefüge

Die autoritative Sprache Hygins findet, wie schon oben geschrieben, ihre Entsprechung in seiner Vorliebe für parataktische Satzgefüge. Wo

[44] Fraglich bleibt, ob *ita et* aus *item* verschrieben ist.

ein Gedankengang durch Hauptsätze ausgedrückt werden kann, vermeidet Hyginus unterordnende Konstruktionen und verdeutlicht den Sinn durch entsprechende Partikeln. Da er Sachzusammenhänge schildert, führt dies zu einer prägnanten, auf das Wesentliche beschränkten Sprache: Die bewußte Klarheit und Deutlichkeit ist dabei gerade in den methodischen Abschnitten erkennbar. Sie soll nicht unter langen Satzkola leiden. Insgesamt wirkt Hyginus' Prosastil soldatisch kurz – ohne daß damit auf den Beruf oder die Tätigkeit des Autors geschlossen werden könnte. Dem entspricht, daß nebensatzeinleitende Konjunktionen wie *quoniam* oder *quod*, *si*, *ut* u.a. nicht sehr häufig sind. Gleiches gilt für die Relativsätze mit Konjunktiv, also Nebensätze mit subjektiver Färbung gegenüber denen mit Indikativ, deren Funktion eine rein objektive, attributive Beschreibung eines Fakts ist.

Volkssprachlich beeinflußt scheint vereinzelt gebrauchtes konsekutives *ita ut*[45], so § 10 *Voluerunt autem limites inscriptionibus claudi ita, ut, cuius centuriae essent, lapides intellegerentur* oder § 42 *Quod ordini coloniae datum fuerit, adscribemus in forma* SILVA ET PASCVA REMOTA SEMPRONIA LEGE *ita ut fuerit adsignatum* IVLIENSIBVS[46]. Final steht *ut* in § 13 *sancciverunt, ut*, § 15 *eligebant, ut illis maximum propugnaculum esset*, und verneint mit *ne* § 6 *ne ... limitibus ordinatos limites mitterent*. Kausale Nebensätze leitet Hyginus gerne mit *quoniam* ein – nicht immer läßt sich dabei entscheiden, ob neben der kausalen Verwendung auch ein temporaler Nebensinn («nachdem ja») mitgedacht werden kann, der ja in der Entwicklung der ältere gewesen ist. Zwar verschwindet der Temporalaspekt von *quoniam* in der klassischen Zeit immer mehr, so daß *quod*, *quia* und *quoniam* in ihrer Verwendung praktisch austauschbar werden und im Sinne einer *variatio* miteinander wechseln können[47], doch sollte man bei Hyginus, über dessen Herkunft wir

[45] In den Mss. wird *ita ut* gerne zu *aut* oder *et aut* verschrieben.

[46] Die Mss. schreiben *ut fuerat*; dieser Lesart folgt auch noch der Text im Feldmesserbuch 2018, 180, doch steht konsekutives *ut* ausnahmslos mit dem Konjunktiv. Die Konstruktion mit dem Indikativ ist spätlateinisch und findet sich hauptsächlich in der Juristensprache, vgl. LHSz. II § 346, 639. Sie widerspräche auch der Konstruktion in § 10

[47] Dazu und zum Gesagten LHSz II § 338 626–627. Im Palatinus *P* wird *quoniam* gerne gegen *quia* ausgetauscht.

nichts wissen, griechischen Einfluß bei *quoniam* = ἐπειδή nicht grundsätzlich ausschließen. Temporaler Nebenaspekt liegt möglicherweise vor in § 1 *quoniam decumani secundum solis {de}cursum diriguntur*, § 11 *quoniam certus est lapis, quo centuria cluditur*, § 13 *sed quoniam is ipse primus est*, § 14 *A decimano, quoniam decimanus erat*, § 15 *et quoniam vetusta municipia in ius coloniae transferuntur*, § 38 *Quoniam ab uno umbilico ... centuriarum ordo conponitur*. An seinen sonstigen Stellen steht *quoniam* wie *quod*, mit der Ausnahme, daß es nicht durch Partikeln wie *ideo* verstärkt wird. *quod* ist wegen seiner universellen Verwendungsmöglichkeit nicht immer genau zu bestimmen: Als relativ-begründendes «weswegen» steht es zusammen mit *propter* in § 18 *Multas colonias ipsi montes finiunt, propter quod quattuor regionibus aequaliter pertica non potest dividi*; hier liegt wahrscheinlich bereits die Urform der in den romanischen Sprachen häufig werdenden engen Verbinung von *propter* und *quod* vor[48]. Ebenfalls im Sinne von *propter quod* und *quoniam* verwendet wird *quare* in § 5 *secundum antiquam consuetudinem limites diriguntur, quare non omnis agrorum mensura in orientem potius quam in occidentem spectat*; dieser Gebrauch kommt ebenfalls erst mit dem 1. Jh. n. Chr. auf und kann für die Datierung des Texts herangezogen werden[49]. Konditionale Nebensätze mit *si* und *nisi* (zu *nisi* = «außer» vgl. den Abschnitt zu den adversativen Partikeln S. 39) sind neben den kausalen Hypotaxen häufiger. Dies liegt daran, daß Hyginus' Thema und auch der implizite Lehrauftrag Gedankenfolgen von «wenn – dann – weil» begünstigt. Erkennbar ist das an einer großen Anzahl von hypothetischen *si*-Sätzen, die mit dem Indikativ konstruiert werden. Das Tempus von *si*-Satz und Apodosis ist bei Hyginus meist das Futur; hierin folgt er einer Gewohnheit, die sich vor allem bei den Fachschriftstellern beobachten läßt[50]. Im einzelnen findet sich folgender Tempus–Gebrauch:

a) *si* mit Praes. – Praes.: §§ 4 *si finitimi interveniunt, latitudinem ... accipiunt*, 15 *si fieri potest, ...debet* (fast appositiver Gebrauch); 18 *...relictis locis interciditur ita, si trans montem coloniae fines perducuntur*; 19 *si loci natura permittit, rationem servare debemus*. Hier schließt unmittelbar *sin autem* in Aposiopese an: *sin autem, proximum rationi nostrae*; Einfluß von griech. εἰ δὲ μή läßt sich nicht ausschließen.

[48] Dazu LHSz II § 314 582–584.
[49] LHSz II § 295 β, 541–542.
[50] LHSz II § 360 660–661.

b) *si* mit Fut. II – Praes. §§ 29 *quod si ... vitium ... fuerit, varia contemplatio in uno quintario statim apparet.*

c) *si* mit Fut. – Fut. §§ 18 *rationem servare debebimus, si ... locorum natura suffragabitur*; 27 *si ante meridie constituemus, prima umbra erit longissima*; 29 *si locus ... cultus erit, ex ipsa civitate maximum decimanum et kardinem incipiemus*; 33 *si limites ... inchoabimus, ex proximo decimanum maximum et kardinem incipiemus*; 49 *si vero municipium in coloniae ius tranferetur, condicionem regionis excutiemus et ... adsignabimus* und *aut, si placebit, ... adsignabimus* (wie *si fieri potest* eher appositiver Einschub)

d) *si* mit Fut. II – Fut. §§ 33 *si ... limites inchoari non poterint, ...constituemus* (zur auch bei Cicero nachweisbaren Form *poterint* statt *poterunt* Neue-Wagener III 613); 38 *si ... omnes lapides positi fuerint, ... quartus lapis deerit*; 43 *si limitibus conprehensa non fuerit* (sc. *mensura*), *optimum erit* u. *si fuerit mons..., ...inponemus*; 44 *si convenerit..., ...nomen inscribemus ... dabimus*; 46 *si qua conpascua ... concessae fuerint, formis inscribemus* (so auch §§ 47 u. 48).

e) *si* mit Fut. I oder II – Fut. §§ 44 *si ... centuriam ducenum iugerum fecerimus et accipientibus dabuntur..., unam centuriam tres accipere debebunt.*

Da sich Hyginus auf die tatsächlichen Gegebenheiten konzentriert, haben *si*-Sätze rein hypothetischen Charakter; potential steht *si* in § 4 *quem si numeres cum primo, erit sextus* (sc. *limes*) = «wenn man ihn mit dem ersten zusammen zählt, wird es der sechste sein». Der Potentialis ist hier vom Irrealis kaum zu unterscheiden. Ebenso kann griechischer Einfluß vermutet werden. Gleiches gilt, mit *Praesens futurum* in der Apodosis, für § 11 *si ratione ponatur, est optima ad liquidum* u. für § 31 in der langen Klausel *si vero in longinquo sint duo signa, ... ferramento explicabimus* ebenfalls mit Fut. I; mit Konj. Praes. in der Protasis und Ind. Praes. in der Apodosis § 20 *et si kardo a monte non longe nascatur, quomodo potest cursus conprehendi* (ebenso § 42). Rein irreal gebraucht[51] ist dagegen § 13 *hoc si esset, ...aliter appellaretur* (= «wäre das der Fall, würde man es anders bezeichnen»), ebenso in § 15 *si sterilis esset, vacaret* u. § 25 *dubium fortasse esset..., si ... interveniret*;

[51] Der Irrealis der Vergangenheit fehlt vollständig.

Umgangssprachlich[52] gebraucht scheint temporales *si* mit Fut. II in § 19 *quo minus aliquid fiat..., si aliter egerimus.*

2.3.6. Andere Gliederungselemente

Der Nähe zu Verwaltungsakten und juristischen Themen geschuldet ist wahrscheinlich auch Hyginus' Ausdrucksweise dort, wo Pronominaladverbia einen einfachen Relativsatz ersetzen: so verwendet er *unde* sowohl in § 1 *Unde primum haec ratio mensurae constituta*, als auch in § 20 *unde primum sol appareat* statt gebräuchlicherem *a quo*. Dies gilt entsprechend für Hyginus' Verwendung von *ubi* = *quo* oder *in quo* (*loco*) o.ä., so § 15 *citra Lirem..., ubi iam* u. *Multi facilitatem agri secuti et ubi plurimum erant*; § 20 *occasum, ubi novissime decidat* (sc. *sol*); § 30 *ubi ferramento ... non utuntur*; § 33 *tunc in ea regione, ubi adsignaturi erimus*; § 43 *notas imponemus et, ubi potuerit, inscriptiones* u. *ubi fines angulum facient*; § 49 *ubi tamen aliquid concessum est.* Ebenso mag griechischer Einfluß (ὅπου) vorliegen oder aber, daß Hyginus eine Differenzierung zwischen lokalem *ubi* und relativischem *quo* beabsichtigt. Es gibt jedenfalls nur drei Belege, wo sich der Gebrauch von *quo*, das sonst anderen relativischen Bezügen vorbehalten ist, dem von *ubi* annähert: § 11 *quoniam certus est lapis, quo* (= «mit dem») *centuria cluditur*; § 29 *si locus, in quo* (= «auf dem») *colonia constituitur*; § 39 *quartus angulus tantum vacabit, quo* (= «auf dem») *numerus inscribatur.* In allen drei Fällen überwiegt die enge Verbindung zum übergeordneten Beziehungswort, wogegen *ubi* an seinen Stellen den Ortspunkt bezeichnet. Feststehend ist die Verwendung von *sicut* (= «so wie, zum Beispiel») im Sinne eines appositiven Vergleichs. Hier steht es, übrigens nicht nur bei Hyginus, mit besonderer Häufigkeit als angeschlossener geographischer Verweis, z. B. § 6, § 15–§ 17, § 51, und begründend beispielsweise in den § 4 *sicut per viam publicam debetur* u. § 5 *in orientem sicut aedes sacrae.*

[52] Dazu LHSz II § 363 664 α.

Als weiteres sprachliches Gliederungselement einer methodischen Darstellung seiner Schritte verwendet Hyginus Aufzählungen wie *primum ... deinde*, so § 26 oder § 50. Weitaus häufiger steht aber *deinde* allein; Hyginus verzichtet dabei auf stilistische Auflockerung durch Wechsel mit *tum*: beispielhaft ist die von Abschnitt zu Abschnitt fortschreitende räumliche Aufzählung der Planetenabstände in § 22. «Zeitliche Fixierung»[53] findet statt bei Partizipien wie in § 28 *Ordinatas deinde lineas* oder, dies der in der Klassik einzige Gebrauch, beim Abl. abs. wie § 45 *Peracta deinde conternationum sortitione.*

2.4. Darstellung des Geländes – der duodecimanus limes

Ich habe schon an anderer Stelle[54] darauf hingewiesen, daß Vokabular und Sprache der Feldmesser die Gegebenheiten des dreidimensionalen Raums auf eine zweidimensionale Ebene reduzieren. Das läßt sich auch für den hier edierten Traktat feststellen. Vergleichbar ist diese Darstellung mit den im LIBER zu findenden Illustrationen: Kolonien, Berge, Flüsse und sogar die *termini* des vermessenen Lands sind in zweidimensionaler Perspektive gezeichnet. Farblich dreidimensional abgesetzte Zeichnungen der Koloniegründungen oder von Bergen sind gleichsam über das Schema eines in Aufsicht konstruierten Vermessungsrisses gelegt[55]. Allerdings können die Zeichnungen aufgrund der Überlieferungslage für das Folgende nur unterstützend herangezogen werden, da wir nicht eindeutig entscheiden können, wie genau sie den ursprünglichen Zustand widerspiegeln[56].
Da Hyginus die Festlegung bzw. die Konstruktion von Grenz- und Vermessungslinien (*de limitibus constituendis*) behandelt, ist es bei

[53] LHSz II § 208, 385.

[54] Lindermann 2013a; Lindermann 2014.

[55] Selten ist auch diese Zenturiation mit DM und KM schräg gezeichnet und dies auch nur in der späten palatinischen Redaktion von Ms. *P*. In den Arceriani ist diese Darstellungsform nicht zu finden.

[56] Zur Überlieferungsproblematik der Abbildungen Dilke 1967, Carder 1976 und meine Ausführungen, bes. 31–32, im Feldmesserbuch 2018.

den knapp 5000 Wörtern des Traktats auf den ersten Blick erstaunlich, daß für das Thema eigentlich typische Begriffe wie *ager*, *locus* bzw. *loca*, *fines* (= «Gebiet») und *spatium* nicht sehr häufig auftauchen. Dies hängt damit zusammen, daß Hyginus die Grenzlinien und weniger die davon umschlossenen Gebiete behandelt[57].

Für die Art der Geländedarstellung können zwei Bereiche unterschieden werden: Begriffe, die als Streckenbegriffe eher linear gedacht werden (Linien, rechtwinklig zueinander verlaufende Geraden, Verbindungen zweier Punkte) und solche, die eine räumliche Ausdehung besitzen (Felder, Berge, Flüsse, Straßen usw.). Zur ersten Gruppe der linearen Begriffe zählen auch die *limites* als die Landschaft teilende und unterteilende gerade Linien – ungeachtet der Tatsache, daß ihnen als Straßen und Wegen (*iter publicum*, *via publica*, *via privata*) eine im römischen Recht festgelegte Breite zukommt[58]. Allerdings ist diese Unterscheidung eine künstliche. Sie scheint auch für den Feldmesser Hyginus keine Rolle zu spielen: Auch die Begriffe mit räumlicher Ausdehnung lassen sich nämlich auf lineare *termini* der ersten Kategorie reduzieren – und Hyginus tut dies auch in der Art und Weise, wie er sie für die Vermessung berücksichtigt: Felder sind durch die Außenränder und durch *limites*, also durch zwischen zwei Punkten verlaufende Geraden, genau definierte, umschlossene Flächen, ebenso wie Flüsse und Straßen in bestimmter Weise, von Punkt zu Punkt verlaufende messbare Geraden darstellen; Berge oder andere Hindernisse können als Begrenzungen oder Enden einer Strecke ebenso definiert werden wie die von ihnen eingenommene Fläche ebenfalls wieder einen Umfang

[57] Deswegen findet sich *AGER/AGR** 27×; *LOC** 39×; *SPAT** 4×. Ebenso zu vernachlässigen ist das praktisch nur im Plural als «Gebiet» stehende *fines* (26×). Als reine Streckenbegriffe kommen vor *LIM** 75×, LIN* 31×, RECT* 21×.

[58] Dieser juristische Aspekt bleibt im Folgenden unberücksichtigt; zu den rechtlichen Aspekten bei Hyginus Möller, Feldmesserbuch 2018, 85–107 mit weiterer Literatur und insgesamt Möller 2014.

(und damit eine Außenlinie) besitzt[59]. Diese Betrachtungsweise des zu vermessenden Naturraums macht Hyginus schon in den einleitenden Paragraphen seiner Abhandlung deutlich. Wie er in § 2 ausführt, wird die im Raum ausgedehnte Fläche grundsätzlich (und astronomisch legitimiert) durch die Konstruktion zweier rechtwinklig sich kreuzender Geraden umschlossen:

> *...antqui mensores agr{or}um normalibus longitudinibus incluserunt. Primum duos limites constituerunt: unum, qui ab oriente in occidentem dirigeret ... Alterum a meridiano ad septentrionem...*

Über diese Achsenkonstruktion läßt sich, durch die Sphärenvorstellung ab § 21 (und ebenso durch das Beispiel des Sonnenlaufs hinter einem Berg in § 20) vermittelt, eine Halbkugel denken, über die hinweg die Ekliptik verläuft. In diesem astronomischen Bezugsrahmen hat man sich die *constitutio limitum* Hygins vorzustellen: Ein horizontales Koordinatensystem, dessen Achsen durch die West-Ost-Linie und die dazu rechtwinklig konstruierte Mittags- bzw. Südlinie definiert werden. Dieser astronomische Hintergrund spielt allerdings nur insofern eine Rolle, als sich an ihm die Ausrichtung von *decimanus maximus* und *kardo maximus* als planimetrisch zu denkende Abszisse und Ordinate orientiert. Die Ausrichtung nach der Ost-West-Linie und rechtwinklig dazu nach der Mittagslinie geschieht jedoch ebenfalls nur in der Ebene durch die Messung der drei (bzw. im ersten Verfahren der zwei) Schatten in einem Kreis und ihres Ein- bzw. Austrittspunkts[60]. Die auf einer tatsächlichen Einbeziehung des Raums beruhende Beobachtung von

[59] Ebenso bilden Meere oder weite Wasserflächen natürliche Endpunkte der Vermessung, vgl. § 18 *Saepe enim propter portum colonia ad mare ponitur, cuius fines aquam non possunt excedere.* Ein Glossator hat es für nötig gehalten, die an sich schon deutliche Konsequenz durch ein unnötiges *hoc est litore terminantur* erläutern zu müssen.

[60] Zum mathematischen Hintergrund vgl. Knobloch, Feldmesserbuch 2018, 73–79 und nn. 50–80 (83) mit weiterer Literatur.

Sonnenauf- und Sonnenuntergang wird vom Autor aus nachvollziehbaren Gründen als ungenau abgelehnt. Dies ist umso bemerkenswerter, als er Erhebungen im Gelände (oder das Landende am Meer) tatsächlich als Störfaktoren begreift, so in § 20, wo er den Extremfall eines Felds konstruiert, das sich nach einer Seite auf viele Meilen hin in der Ebene erstreckt und somit die Beobachtung des Sonnenlaufs ermöglicht, doch andererseits ein Berg, von dem aus nicht weit entfernt das Visierinstrument aufgebaut wurde oder werden mußte, eine Beobachtung des Sonnenlaufs verhindert[61]. Ein anderer bemerkenswerter Satz Hygins ist folgende Feststellung: *Quod in qua parte sit, scire difficile est, quoniam in diversis orbis terrarum partibus mensurae aguntur*[62]: Nach der von Hyginus entwickelten *ratio pulcherrima* hat man sich damit ein über das Reichsgebiet gelegtes Linien-Netz mit gleichausgerichteten Nord-Süd- und West-Ost-Achsen vorzustellen. Dies wird im Idealfall nach der astronomisch exakten Bestimmung des *duodecimanus limes* ermöglicht, so daß die Koloniestädte nicht nur in ihrer Anlage, sondern auch in ihrer astronomischen Ausrichtung möglichst deckungsgleich[63] waren – daß dies nicht immer möglich gewesen

---

[61] *Et si kardo non longe a monte nascatur sive decimanus, quomodo potest cursus conprehendi recto ferramento...* Man beachte, daß es für den Autor unerheblich ist, welche der beiden Achsenkonstruktionen durch das Gelände behindert wird. Dies ist einer der Gründe, warum in der Textrezeption die darin geschilderte Methodik weiterentwickelt wurde, da sie wichtig für die fränkische Siedlungspolitik insgesamt und für die Ostung christlicher Sakralbauten im besonderen war: Dazu erst jüngst Ginovart, Ugalde-Blázquez und Lluis-Tervel 2021. Die Ausrichtung der *decimani* römischer Städte in der *Hispania* untersucht González-García, Rodríguez-Antón und Belmonte 2014. Gessner 2020 hat diese astronomische Ausrichtung an mittelalterlichen Stadtanlagen untersucht – der Artikel läßt leider neuere Literatur zum Thema unberücksichtigt und weist Editionen zu antiken Autoren ungenügend aus.

[62] «In welchem Teil dieses Messinstrument steht, ist schwierig zu erkennen, weil die Vermessungen in verschiedenen Teilen des Erdkreises durchgeführt werden.»

[63] Daß dieser Gedanke sich auch in den Namen der Toranlagen mittelalterlicher Städte fortsetzt, hat Gessner 2020, 381, am Beispiel Tournays dargestellt. – Zu ablehnend gegenüber der praktischen Anwendung aus meiner Sicht Kleine in ihrer Habilitations-Schrift.

ist, war auch Hyginus bewußt (§ 19: *Itaque, si loci natura permittit, rationem servare debebimus. Sin autem, proximum rationi nostrae...* Die astronomisch korrekte Konstruktionsmethode hing also an ihren beiden Hauptachsen, *decimanus maximus* und *kardo maximus* .

Die Ableitung des *kardo* oder *cardo* ist für alle Autoren der *SGL*, die ihren Lesern die Herkunft der Zentralachsen erklären wollen, nicht schwierig; Hyginus definiert den Ursprung des Begriffs in § 1 lapidar mit *kardines a poli axe.* Etymologisch[64] vergleicht man den *kardo* mit griech. κράδη = Türangel, κραδᾶν, κραδαίνειν = schwingen, schütteln, so Servius *Aen.* 1, 449 mit der Türangel, *kardo dictus quasi cor ianuae*[65]. Das Bild der in der Türangel drehenden Bolzen überträgt sich dann auf die Achse der Welt insgesamt, so beispielhaft bei Vitr. 9, 1, 2 *in his locis naturalis potestas ... collocavit ... kardines tamquam centra unum a terra et mari in summo mundo ac post ipsas stellas septentrionum, alterum transcontra sub terra in meridianis partibus*[66]. Der unmittelbar nachvollziehbaren Deutung des *kardo* steht diejenige des *decimanus* gegenüber, dessen Bezeichnung aus dem *duodecimanus limes* hervorgegangen und nicht so leicht einsichtig gewesen ist. Diese Tatsache hat in der Folge zu falschen Erklärungsversuchen sowohl in den *SGL* als auch in der wissenschaftlichen Sekundärliteratur geführt. Dazu trat die Änderung der beim *kardo* festen Terminologie, da der *duodecimanus* schnell zum *decimanus limes* wurde. Diese Änderung benötigte schon deswegen eine Erläuterung, weil der zeitliche (und damit astronomische) Aspekt der *limes*-Konstruktion schnell vergessen worden zu sein scheint und man sich auf die reinen Zahlbedeutung der 12 und 10 reduziert sah. Konnte man die 10 des *decimanus*

[64] Vgl. Bannier in ThlL, III 442,67–68 s.v. CARDO, Walde 1910, 130–131 und Tucker 1931, 46 Sp. 2 s.v. CARDO.

[65] Ebenso Isid. *orig.* 15, 7, 7: *kardo ... dictus* ἀπὸ τῆς καρδίας.

[66] Weitere astronomische Beispiele im ThlL III 443, 80–445, 47 s.v. CARDO – Nach Schulzkis bibliographischen Angaben im DNP s.v. CARDO scheint dem Thema noch keine Einzeluntersuchung gewidmet worden zu sein, vgl. http://dx.doi.org/10.1163/1574-9347_dnp_e227000.

noch über 10×10=100 mit der *centuria* erklären[67], war dies im Falle der 12 gar nicht möglich; sie nimmt auf ein in vieler Hinsicht praktischeres[68] Duodezimalsystem Bezug[69]. Weil die Verbindung zu diesem Stellenwertsystem, das beispielsweise für die Stundeneinteilung in 2×12 Tagesabschnitte ebenso verantwortlich ist wie für die Einteilung der Ekliptik in zwölf Tierkreiszeichen, nicht mehr unbedingt gezogen wurde, versuchte man, sich die terminologische Änderung durch die Betonung der Differenz zwischen 12 und 10, also durch die 2, zu erklären, die man mit der Zweiteilung des Felds leicht in Verbindung bringen konnte. Ansätze dazu zeigen sich auch in den §§ 1–2, wo nach dem Beispiel der *disciplina Etrusca* zwei *limites* das Achsenkreuz der *centuriatio* bildeten. Noch deutlicher wird ein mit ⟨DE LIMITIBVS⟩ betitelter und bisher Pseudo-Frontin zugewiesener Textabschnitt, der diese Zweiteilung beschreibt (Ps.-Frontin. *grom.* p. 11 13–14)[70]: *Decimanus autem dividebat agrum dextra et sinistra, cardo citra et ultra*[71]. Nach dieser Erklärung wird auch deutlich, warum die unmittelbar anschließenden Glossen den Ursprung des Worts *duodecimanus* nicht aus der 12 entwickeln, sondern von der 2 weg hin zur 10 – nur so ist das in dieser Edition erstmals als unecht athetierte *quare decimanus a*

[67] Am naheliegendsten ist wohl immer noch die Erklärung der gekreuzten Hauptachsen zur Figur des römischen Zahlzeichens X, wie es Isid. *orig.* 15, 14 abgeleitet wird: *Decumanus est qui ab oriente in occidentem per transversum dirigitur, qui pro eo quod formam X faciat decumanus est appellatus.* Allerdings werden erst mit der *P*-Redaktion *decimanus* und *kardo* häufiger schräg in X-Form gezeichnet. Im *Arcerianus A* überwiegt die +-Form; in fig. 4 (*A* fol. 44v) deutet die Kombination aus x und + Grenzlinien ohne astronomische Orientierung an. Einzig fig. 43 (*A* fol. 55v) bildet ein Achsenkreuz in X-Form ab.

[68] Die 12 besitzt im Gegensatz zur 10 nicht nur zwei (2, 5), sondern vier (2, 3, 4, 6) nicht-triviale Teiler

[69] Der Widerstreit zwischen einem älteren (etruskischen) Duodezimalsystem und einem jüngeren (römischen) Dezimalsystem wird auch in den Flächenmaßen *versus* (100 Fuß) und *acnua/actus* (120 Fuß) sichtbar; vgl. Thulin 1906, 26.

[70] Zur Neubewertung der Texte siehe S. 87–107.

[71] Genaugenommen wird damit keine Zweiteilung, sondern eine Unterteilung in vier Quadranten beschrieben.

decem potius quam a duobus zu verstehen. – Für sich betrachtet ist der *duodecimanus limes*, also die Ost-West-Achse, zu der der *kardo* der *hora sexta* rechtwinklig konstruiert wird, leicht zu begreifen: er bezeichnet die Linie der *duodecima hora*, die Zeit des wahren Sonnenuntergangs unabhängig vom Tag. Doch Thulin und alle auf seiner Textfassung beruhenden Editionen sind mit *duo{de}cimanus* der Lesart des Palatinus *P* gefolgt – ganz im Gegensatz zu Lachmann, der die ältere Lesart *duodecimanus* übernahm, leider aber die in den Text geratenen, sinnlosen etymologischen Glossierungen nicht als solche erkannte.

Verantwortlich für diese falsche Lesart ist Mommsen, dessen apodiktische Autorität nicht nur in diesem Bereich fatale Konsequenzen hatte. Für die Lesart *duocimanus* und deren Verbesserung auch in den ältesten Mss. verwies Thulin in seinem Apparat auf seine Untersuchungen zu den Handschriften[72]. Dort findet man als Begründung der Lesart *duocimanus* ein lapidares «Daß *duocimanus*, *-um* (so schrieben schon Rigaltius und Goesius) die richtige Lesart ist, hat Mommsen behauptet (Hermes 27,91 A.2), sogar ohne zu wissen, daß P hier diese Form hat. Die Angaben Lachmanns a.a.O. über P sind nämlich hier, wie oft, unrichtig.» – Mommsen kannte jedoch die Editionen von Rigault, Turnèbe und diejenige von van den Goes, die allesamt auf der palatinischen Redaktion allein (entweder auf *P* oder auf seinem Enkel, Gudianus *G*) beruhen[73]; rechnet man ein, daß auch die *codices mixti* eher aus dieser Quelle schöpfen, entwertet sich die Behauptung Thulins, Mommsen hätte *P* nicht gekannt: Mittelbar war Mommsens Urteil sogar allein von *P* abhängig. Allerdings würde man erwartet haben, daß Mommsen an der von Thulin angegebenen Stelle seine Lesart *duocimanus* begründet. Dem ist nicht so: Die Begründung erschöpft sich in einem «*...sic etiam duocimanus* (so ist zu schreiben statt *duodecima-*

[72] Zum Apparat vgl. Thulin 1913, 132 zu *l.* 13 und Thulin 1911a, 64.

[73] Eingehend gewürdigt und rezeptionsgeschichtlich eingeordnet wurde dieses Ms. von Kleine 2016.

nus) decimanus est factus. Wiederholt bei Hyginus p. 167.»[74]. Dieser Klammersatz scheint auch in den auf Thulin folgenden Editionen für eine Akzeptanz der Lesart ausgereicht zu haben. Mit ein Grund dafür dürfte sein, daß schon den späteren Agrimensoren nicht mehr deutlich war, was der Bezeichnung *decimanus* oder *decumanus* zugrunde lag. Besonders Siculus Flaccus hat mit seiner Deutung der *decimani limites* aus der Landzuweisung von Parzellen von 50 *iugera* zu je 10×10 *actus* in seinem Traktat DE CONDICIONIBVS AGRORVM und dort im Abschnitt DE QVAESTORIIS AGRIS bis in die jüngere Forschung gewirkt[75]. Siculus' Deutung zeigt, wie schnell das Wissen um das mit der Feldmessung verbundene astronomische Bezugssystem in Vergessenheit geriet. Sie zeigt außerdem ein in dieser Zeit immer stärker werdendes Bedürfnis für nicht immer richtige etymologische und archivarische Erklärungen. Der Ableitung des *decimanus* aus den *decem actus* der Parzelle entspricht ein in dieser Edition als Fragment behandelter Text, in dem der unbekannte Autor neben der etymologischen Herleitung des Worts *colonia* aus *cultura* (fr. § 2) auch den Ursprung der *centuria* aus der hundertsten Feindberührung entwickeln möchte (fr. § 4)[76].

Wie wenig einsichtig die Begründung für die Herkunft des *decimanus* aus *decem* oder *duo* ist, kann man daran sehen, daß die Größe der *iugera* und damit auch die der *actus* keineswegs festgelegt war. Die für eine Herleitung aus *decem actus* gültige Größe galt, wie Dilke festgestellt hat, nur für bestimmte italische Regionen zur Zeit des zweiten Triumvirats[77]. Dilke schlug vor, als Herkunftsbezeichnung des *decimanus maximus* die altlateinische Bedeutung *decem* = «groß»

---

[74] Mommsen 1892, 91.

[75] So Campbell 2000; Dilke 1971. Sic. Flacc. *grom.* p. 116,22–24 Th *quem modum decem actus in quadratum per limites demensi efficiunt; unde etiam limites decumani sunt dicti.*

[76] Vgl. Lindermann, Feldmesserbuch 2018, 48 u. n. 281. Diese Etymologie findet sich auch im Anschluß an die hier besprochene Stelle bei Sic. Flacc. *grom.* p. 117, 26–118, 3.

[77] Dilke 1971, 231–233, bes. 232.

anzunehmen[78]. Der *decumanus* oder *decimanus* wäre demnach die große Grenzlinie (oder «Hauptgrenzlinie») gewesen – dieser Ursprung würde aber den Zusatz «*maximus*» beim *decimanus* überflüssig machen. Die Unterteilung verläuft jedoch immer nach *decimani* in Ost-West- und nach *kardines* in Nord-Süd-Richtung, so daß Dilkes Argumentation ins Leere läuft.

Weniger Aufmerksamkeit wurde einer Stelle bei Siculus Flaccus zuteil, in der sich die Idee einer Bezeichung nach dem Sonnenstand bewahrt zu haben scheint[79].

Sic. Flacc. *grom.* p. 117,9–16 Th.
Cum ergo omnes limites a mensura denum actuum decimani dicti sint, hi qui orientem occidentemque intuentur, qui⟨que⟩ meridianum et septen-

Hyg. *lim. grom.* §§2–3
Primum duos limites constituerunt: unum, qui ab oriente in occidentem dirigeret. Hunc appellaverunt duodecimanum. Alterum a meridiano in

[78] Ihm folgt Campbell, der auch die Lesart Thulins übernimmt; Campbell 2000, 326 n. 62 und 384 n. 3. Dilkes Idee ist nicht neu: Schon im Lexikon von Kirsch 1774, 806 s.v. wurde mit (übrigens falschem) Verweis auf Plinius die *porta decimana* als «das größte Thor des Feldlagers» bezeichnet. Die widersprüchlichen Stellen bei Hyginus *mun. castr.* 18, 4 *quod est supra praetorium in rigore portae quae* ⟨a⟩ *cohortibus decimis ibi tendentibus decimana est appellata.* und 56, 4 *in qua positione porta decimana eminentissimo loco constituitur, ut regiones castris subiaceant; porta praetoria semper hostem spectare debet.* sprechen nicht unbedingt für die Bedeutung «groß».

[79] Im Siculus habe ich die Konjekturen Thulins, Mommsens und Lachmanns rückgängig gemacht: Unnötig ist die Änderung von in *P* stehendem *decumanum* in *decumani*; die chiastische Stellung *decumanum — cardinem* ist deutlich erkennbar. Was zum Eingriff geführt hat, ist das scheinbare Fehlen eines zweiten Akkusativobjekts. Hinzugedacht werden muß ein *limites*, von dem die Genitivattribute *matutini*, *vespertini*, *meridiani* und *septentrionis* abhängen; damit wird auch Mommsens Eingriff *nuncupabantur* statt *nuncupabant* mit seiner Entsprechung *appellaverunt* im Folgesatz unnötig. Ebenfalls überflüssig ist danach Thulins Änderung von *septentrionis* in *P* zu *septentrionales*. Die Athetese von *cardinem* durch Lachmann kann dadurch ebenfalls zurückgenommen werden: Daß *limites* als Objekt gedacht werden muß, wird aus dem *alii vero*-Satz deutlich. Die Verwirrung hat ihren Ursprung wahrscheinlich in der auffälligen Redundanz der Stelle, die z.B. das *hi qui orientem occidentemque intuentur* wörtlich wiederholt.

trionem tenent, unum vocabulum illis erat: decumanum nucupabant matutini et vespertini et meridiani et septentrionis cardinem. alii vero ob regionum positionem et naturam appellaverunt maritimos et montanos. Postea vero cum agri dividerentur et assignarentur, decimani quidem vocabulum permansit, ut hi qui orientem occidentemque intuentur decimani dicerentur: hi vero qui meridianum et septentrionem, quoniam cardinem mundi tenerent, cardines sunt appellati.

septentrionem, quem kardinem nominaverunt a mundi kardine. Duodecimanum postea decimanum appellaverunt. ... Postea apud quosdam a loci natura nomen acceperunt, et qui ad mare spectant maritimi appellantur, qui ad montem montani.

Der Siculustext steht unmittelbar nach der ersten Stelle p. 116, 22–24 Th, mit der er die Bezeichnung *decimanus* oder *decumanus* abzuleiten und zu begründen sucht. In der Forschung wurde er bisher als erweiterte Wiederholung dieser Ableitung verstanden; sie enthält aber noch letzte Spuren der tatsächlichen Begriffsherkunft, die Hyginus noch so bekannt waren, daß er sie nicht erklären mußte, sondern bei seinem Fachpublikum als bekannt voraussetzen konnte. Auffällig am Text bei Siculus ist, daß man, sobald die Kausalbegründung *Cum ergo limites ... dicti sint* wegfällt, einen weitgehend parallelen, wenn auch redundanten Text zu Hyginus liest. Dies betrifft die Ausrichtung nach Himmelsrichtungen und auch die Regionalbezeichnungen *montani* und *maritimi*[80]. Da Hyginus ab § 26 mit *Optimum est ergo umbram hora sexta deprehendere* seine Konstruktionsmethode nach dem wahren Sonnenlauf entwickeln möchte, reicht ihm hier die Feststellung, daß der *decimanus* früher als *duodecimanus* bezeichnet wurde. Diese zeitliche Begrifflichkeit versteckt sich auch bei Siculus in den *limites matutini et vespertini* bzw. den *limites meridiani et septentrionis*. Während die *car-*

[80] Vgl. auch Guillaumin 2007, bes. 137–156.

dines auch bei Siculus mit der Weltachse, dem *cardo mundi* verbunden sind und damit die Nord-Süd-Richtung angeben, werden mit den *limites matutini et vespertini* eigentlich nur zwei Punkte bezeichnet, durch die die Ost-West-Achsengerade verläuft. Plinius *nat.* 2, 59 beschreibt mit diesen Begriffen die Gradeinteilung des sichtbaren Himmels in bezug auf die Planetenstände, den Frühstand (*statio matutina*) bei 120° Grad, den Abendaufgang (*exortus vespertinus*) bei 180° Grad und den Abenduntergang bei 12° Grad (*vespertinus occasus*)[81]. Dem entspricht die Tages- und Nachteinteilung der Römer in je 4 Teile von je 3 Stunden, so daß eine *hora* 1/12 der Tag- oder der Nachthälfte darstellte[82]. Mittag war zur *hora sexta*, Abend und damit Westen erstreckte sich jedoch von der *hora decima*, dem 10/12 bis zur *hora duodecima* (12/12). Das bedeutet, daß auch im Siculustext die ältere Begründung weiter durchscheint und man zwei Schichten unterscheiden kann[83]. – Siculus' Text ist redundant. Dies betrifft wörtliche Iterationen und parallele Konstruktionen[84]. Merkwürdig ist dabei besonders die Wendung *postea vero ... decimani quidem vocabulum permansit*, weil im gesamten Text die Begrifflichkeit überhaupt nicht gewechselt hat. Da die Bezeichnung des *decimanus* bestehen blieb (*permansit*), «als man Felder unterteilte und zuwies», würde man einen Begriffswechsel zwingend voraussetzen

[81] Auch sonst spricht Plinius gerne vom *matutinus ortus* und vom *vespertinus occasus* – die Worte stehen teilweise synonym zu wahrem Osten und Westen: Plin. *nat.* 2, 68 *Convenit stellas in occasu vespertino proximas esse terrae et altitudine et latitudine, exortusque matutinos in initio cuiusque fieri, stationes in mediis latitudinum articulis, quae vocant ecliptica.*

[82] Zum etruskischen Hintergrund mit weiteren Quellen vgl. Biedl 1931, 201.

[83] Siculus' Darstellung ist insofern verkürzt, als seine Darstellung mit der Feststellung der Ost-West-Linie nach Sonnenauf- bzw. -untergang allein arbeitet und damit das Wandern der Sonne im Jahreslauf unberücksichtigt läßt. Diesen Fehler hat Hyginus explizit benannt und in den von ihm erläuterten zwei Methoden zu vermeiden gesucht. Vgl. §§ 6 und 20 und zur Methodik Hygins Knobloch, Feldmesserbuch 2018, 73–79.

[84] Vgl. *hi qui orientem occidentemque intuentur* u. *unum vocabulum illis erat* bzw. *decimani quidem vocabulum permansit.*

müssen[85]. Man kann deswegen annehmen, daß Siculus (oder ein späterer Bearbeiter?) an dieser Stelle eine Quelle benutzt hat, die noch mit dem astronomischen Hintergrund der Bezeichnung von *decimanus* und *kardo* vertraut war.

Daß dieses Wissen auch in späterer Zeit nicht völlig in Vergessenheit geraten ist, wird durch Stellen aus einem recht merkwürdigen, alphabetisch geordneten Verzeichnis innerhalb der *SGL* erhärtet, den CASAE LITTERARVM. In diesen wohl aus dem 3. Jh. n. Chr. stammenden Verzeichnissen werden für die Einträge in den Feldrissen und Katasterbüchern die Buchstaben (*litterae*) des lateinischen und griechischen Alphabets dafür verwendet, ihnen Grundstückstypen mit bestimmten Boden- oder Geländeprofilen zuweisen zu können. Wie Josephson in seiner Teilausgabe der CASAE festgestellt hat[86], finden sich in den Verzeichnissen und Gehöftbeschreibungen, die von einem *limes sextaneus* oder *limes duodecimanus* sprechen. Dazu treten nach Josephson verschiedene Varianten wie *a sextaneo*, *a sextanea parte* und ebenso *a duodecima parte* und anderes. Auch für die CASAE LITTERARVM sind es die ältesten und die jüngsten Mss., die eine Information und ein Wissen bewahrt haben, das in der *P*-Redaktion und ihrer Lesart *duocimanus* offenbar vollkommen verloren gegangen ist. So weist Josephson für die Mss. Ripoll. 106 (=Z, s. x) und BN Par. lat. 8812 (=z, s. ix–x) darauf hin, daß in ihnen jeweils *contra partem meridianum id est ad sextaneo* (*sic!*) überliefert wird[87]. Ebenso werden nach Josephson die Himmelsrichtungen in den Digestenexzerpten *Grom.* p. 342, 25–28 La. definiert: *Ab oriente per convallia limitem ostendunt. A sextanea parte termini inveniuntur, et ad occidentem per ped.* CCCCL *excurrunt. A septentrione per convallia limitem ostendunt.* Daß andererseits auch in den CASAE die Bedeutungsgleichheit von *sextaneus* und *meridies* nicht

---

[85] Für eine spätere Siculus-Edition schlage ich Athetese von *hi qui orientem* bis zum zweiten *decimani dicerentur* und Fortsetzung des Texts mit *hi vero qui* vor.

[86] Josephson 1950, 60–65.

[87] In diesem Fall werte ich das *id est* nicht als späteren Einschub, sondern als notwendige Erklärung einer seit Hygin in Vergessenheit geratenden früheren Bezeichnung.

durchgehend bewahrt wurde, zeigt Josephson an verschiedenen Stellen (z. B. 318, 22–23 u. 319, 31–32 La.) – an diesen Stellen war die Parallelität von *hora sexta*, *limes sextaneus* und dem *meridies* aufgehoben. Nimmt man zum *limes sextaneus* den nicht nur in den CASAE, sondern ebenso in den LIBRI COLONIARVM vorkommenden *limes duodecumanus* hinzu, so liegt es nahe, darin Synonyme für die sonst verwendeten Begriffe *decimanus maximus* und *kardo maximus* zu erkennen[88]. Das bedeutet auch, daß die etymologischen Herleitungen des *decimanus* neu untersucht werden müssen, da Hyginus mit seiner Konstruktionsmethode der *limites* nach *hora sexta* (Süden) und *hora duodecima* (Westen) genau diese Kenntnisse voraussetzte. Damit sind zusätzlich alle Lesarten neu zu überdenken, deren Herleitungen genau dieses Faktum ignorieren. Fest steht, daß Hyginus' Methode einer astronomisch legitimierten Konstruktion diejenige gewesen ist, die eine Ausrichtung von *decimanus maximus* und *kardo maximus* nach den Himmelsrichtungen weitgehend exakt ermöglichte, wenn man unberücksichtigt läßt, daß sie von der von Mercator (1512–1594) zurecht kritisierten Annahme ausgeht, Tag- und Nachthälfte wären gleich lang[89]. Dies wäre ein Widerspruch zur historischen Gepflogenheit, teilweise eben nicht nach den tatsächlichen Himmelsrichtungen, sondern nach Geländeprofil oder nach den Auf- und Untergangspunkten der Sonne am Tag der Vermessung zu zenturieren. Vor diesem evidenten Widerspruch wäre erneut die Frage zu diskutieren, ob das Achsenkreuz tatsächlich «unabhängig von den Haupthimmelsrichtungen, nach topographischen

[88] Leider hat Josephson trotz seinen scharfsinnigen Beobachtungen nur mit Bedenken die Lesart *duodecimanus*, die von den ältesten Mss., der Nebentradition der *Ars Gisemundi* und durch das wichtige Berliner Fragment C gestützt wird, im Text gehalten und sich ansonsten dem Urteil Mommsens und Thulins angeschlossen, die der Lesart des Palatinus *P* gefolgt waren; vgl. Josephson 1950, 62, n. 1. Neuere Untersuchung bei Roth Congès 2006 und Kleine [2018], im Abschnitt über die spätantiken Zeugnisse.

[89] Vgl. Mercators Brief an Melanchthon vom 23.8.1554 in Voigt 1841, 70–71; eine deutsche Übersetzung des Briefs bei Knobloch 1998, 271–272, dem ich für den Hinweis auf diesen Briefwechsel herzlich danken möchte.

Gegebenheiten, nach bestehenden Straßengrundlinien oder dort gelegt, wo das Gebiet die größte Ausdehnung hatte» gezogen wurde, wie noch Schulzki im *Neuen Pauly* behauptet hat[90]. Die von Hyginus vorgestellte standardisierte Methode hatte den Vorteil, daß sie, auf das gesamte Reichsgebiet angewandt, die *decimani* als Parallellinien von jedem Punkt der Nordhalbkugel entwickelten, also tatsächlich eine *ratio pulcherrima* darstellte. Für dieses Idealziel waren aber Feldmesser nötig, die Hygins Methode verstanden und die auch das dafür erforderliche Fachwissen mitbrachten.

2.5. Optimus mensor und ratio pulcherrima

Vor diesem Hintergrund ist auch die Wortwahl des Traktats zu bewerten: Hyginus neigt als nüchterner Fachmann nicht zu Superlativen und hat sie sparsam und wohl mit Bedacht eingesetzt. Neben der Beschreibung seiner Methodik als *ratio pulcherrima* wertet Hygins mit *optimus -a -um/ -e*: Methodisch am besten (*optimum*) ist die Erfassung der Mittagslinie zur sechsten Stunde (§ 26), eine von Grund auf neu zu konstruierende Ansiedlung ist nur durch die fachlich besten Feldmesser (*optimi mensores* § 29) zu leisten, auf Wirtschaftsflächen läßt sich ein *limes* am besten (*optime*) durch ihre Pflugrinnen bewahren (§ 30, und ebenso wird aus fachlicher Sicht am besten (*optimum erit*) eine Grenzlinie durch rechtwinklige Konstruktion mithilfe des Visiergeräts verbindlich gemacht (§ 43). Auch Flächeninhalte von Nutzflächen werden nach dem Gesetz am besten (*optime secundum legem*) mit einem Forststück aufgefüllt (§ 49) und auch die von Hyginus präferierte Beschriftungsmethodik von Grenzsteinen ist eindeutig die beste (*optima ad liquidum* § 11). Gemeinsam ist allen diesen Textstellen, daß die von Hyginus entwickelte oder wenigstens favorisierte Methode im Bereich der Vermessungstechnik und der Versteinung und Beschriftung der vermessenen Felder ein unanfechtbares Ordnungsschema über die Welt

[90] DNP S.V. DECUMANUS

legt[91] *Optimus -a -um* besitzt in diesen Fällen eine ähnlich bewertende Konnotation wie griech. ἄριστος, κάλλιστος, wogegen die teils durchaus mitschwingende moralische Nuance bei Hyginus in den Hintergrund tritt.

Optimus bezeichnete schon in früher Zeit die fachliche oder methodische Perfektion, z.B. schon lange vor Cicero bei Plautus, *Bacch.* 981 *optumus sum orator* und vor diesem Hintergrund ist der *optimus mensor* Hygins ein auf höchstem Niveau geschulter und arbeitender Fachmann. Gleiches gilt für die anderen seltenen Fälle, in denen Hyginus überhaupt einen Superlativ *optim** verwendet. Für diese Verwendung von *bonus -a -um* und seinen Steigerungen sind schon die frühen Fachschriftsteller wie Cato Vorbild[92]. Diese Deutung von *bonus -a -um* bestätigt sich, wenn man den sonstigen Wortgebrauch des Adjektivs in den *SGL* insgesamt untersucht. Die Konnotation der fachmännischen, technisch versierten Ausbildung wird am deutlichsten wohl bei Agenus Urbicus, einem der spätesten gromatischen Schriftsteller: Nach einer halb ins Philosophische abgleitenden Betrachtung über die einer Wesenheit (*natura*) besonders zuträgliche Gestalt (*forma*), die er anhand des Eisens erklärt, das erst durch das Schärfen seiner eigentlichen Bestimmung zugeführt wird, stellt er zu Anfang seines Frontin-Kommentars zu den *controversiae* neben einer Liebe zur dieser Tätigkeit auch einen guten, also ausgebildeten Verstand als unabdingbare Voraussetzung dar[93]. Diese Forderung wiederholt er am Ende (p. 50, 9–10) mit seinem *in iudicando autem mensorem bonum virum et iustum agere debet* – hier mit dem doppelten Anspruch an den *mensor*, nicht nur fachlich gut ausgebildet zu sein, sondern ebenso

[91] Die ist unabhängig von einer superlativischen (= «am besten») oder elativischen (= «sehr gut») Übersetzung.

[92] Zu den Belegen vgl. ThlL II Spp. 2079, 21–2127, 11 s.v. *bonus*, bes. 2087, 82–2089, 3.

[93] Agenn. *grom.* p. 21, 28–30 *Quam ob rem inter praecipua honestarum amore artium conpun⟨g⟩ere animum et bonae mentis instrumentis fundare debemus. Bonae mentis instrumentis* ist keine Enallage!

auf der Grundlage und nach Maßgabe des Rechts zu handeln[94]. Diese Forderungen wiederholt auch der anonyme COMMENTVM-Schreiber, diese Aufgabe erfordere einen *homo bonus, iustus, sobrius, castus, modestus*[95].

Auch die von Hyginus in § 17 als zentral herausgestellte *ratio pulcherrima*, mit der Übersetzung «die schönste Methode» nur unzureichend wiedergegeben, ist in einem größeren Kontext zu sehen, der hier ebenfalls nur kurz angerissen werden kann: *pulch** tritt in den gesamten *SGL* nur zweimal und nur bei Hyginus auf. Einmal beschreibt er damit den *formarum pulcher habitus* (§ 1), also das «schöne Aussehen der Flurkarten», und dann überhaupt die Methodik insgesamt mit dem Superlativ als *pulcherrima ratio*. Sowohl in der Darstellungsart der Flurkarte (*forma*) oder des Feldrisses als auch bei der Idealkonstruktion des Achsenkreuzes ist für die Wahl von *pulcher* als Beschreibung wohl platonischer Hintergrund zu vermuten, umso mehr, da die griechischsprachige (oder über lateinische Übersetzungen vermittelte?) Literatur astronomisches und mathematisch-geometrisches Fachwissen transportierte, in dem natürlich platonisches Gedankengut mitschwingt. Schon Cicero verbindet, eben weil die gesamte Welt, κόσμος, ein Ordnungsgefüge und eine schöne Verfaßtheit widerspiegelt, in seiner Rezeption platonischer Philosophie *pulcher* mit dem *mundus*, so im *Timaios* 6 *si pulcher est hic mundus...*[96] Dieses Attribut verwendet er auch in den

[94] Die Forderung, der Feldmesser müsse ein *vir bonus et iustus* sein, ist, so Wolfgang Kaiser brieflich mit Verweis auf das Lemma *iustus* im Handlexikon zu den Quellen des römischen Rechts von Heumann-Seckel, tautologisch, da vor dem Hintergrund der rechtlichen Quellen der *vir bonus* einen schon unparteiischen, objektiv nach Sachlage entscheidenden Dritten impliziert. Vielleicht ist *et iustus* explikativ zu interpretieren?

[95] Agenn. *comm. grom.* p. 70, 28–29 *totum autem hoc iudicandi officium hominem bonum iustum sobrium castum modestum et artificem egregium exigit*. Das zeitlich spätere COMMENTVM kennt die *nuance* von *bonus -a -um* offensichtlich nicht mehr und setzt deswegen das völlig unnötige *artificem egregium* hinzu. Auffällig ist, daß mit *egregius* der Superlativ *optimus* nachgeahmt wird.

[96] Ebenso Cic. *nat. deor.* 2, 93 *ornatissimum et pulcherrimum*.

platonischen Diskussionen über die Schönheit geometrischer Figuren wie Kegel, Zylinder und Kugel[97]. Die Schönheit, weit entfernt von der reinen Praktikabilität, spielt auch in § 17 des LIBER eine große Rolle, da es sich dabei um eine Beschreibung der Idealkolonie handelt: *Haec est constituendorum limitum ratio pulcherrima. Nam coloniae omnes quattuor perticae regiones continent et est colentibus vicina undique. Incolis quoque iter erat ex omni parte aequale.* Die Schönheit der Methode wird von Hyginus erst durch den *nam*-Satz definiert; mit der Idealanlage eines Achsenkreuzes und den vier gleich großen Quadranten, in denen von einem beliebigen Punkt P aus der Abstand zum entsprechenden Nachbarpunkt P^1, P^2 und P^3 und ebenso zum Zentrum immer derselbe ist, wird nicht einfach nur eine Praktikabilität formuliert, sondern ein Gedanke, der in der Moderne zum Algorithmus für Mobilität und verkehrlicher Erreichbarkeit geführt hat, also zentrale Kritierien einer effizienten Stadtplanung in den Blick nimmt.

Gleichzeitig berührt Hyginus damit das Thema der harmonischen Proportionen, die ihre astronomische Entsprechung in seinem Referat der Planetenabstände (§§ 22–25) finden. *Pulcher* ist demnach keine reine Beschreibung einer nur subjektiv praktikablen oder schönen Methodik, sondern die methodische Schönheit definiert sich, vergleichbar dem *pulcher habitus formarum*, über die das Quadrat unterteilende Spiegelachsen aus *decimanus maximus* und *kardo maximus* (Ordinate und Abszisse) mit ihren vier genau gleichgroßen Quadranten – also aus der Mathematik selbst. Diese Konstruktionsmethodik wiederholt gleichzeitig die Schönheit und kosmische Ordnung der gesamten Welt

[97] Cic. *nat. deor.* 2, 47 *conum tibi ais et cylindrum pulchriorem quam sphaeram videri.* Vgl. auch *nat. deor.* 1, 47 *nam cum praestantissumam naturam, vel quia beata est vel quia sempiterna, convenire videatur eandem esse pulcherrimam, quae conpositio membrorum, quae conformatio liniamentorum, quae figura, quae species humana potest esse pulchrior?* In den stoisches Gedankengut rezipierenden Quellen ist das Wort als *Epitheton ornans* ein Kriterium des «idealen Weisen»; vgl. Cic. *fin.* 3, 75 *sapiens recte etiam pulcher appellabitur, animi enim liniamenta sunt pulchriora quam corporis.* Vgl. auch Hor. *epist.* 1, 1, 107 *sapiens est liber, honoratus, pulcher.*

(§ 28): *et intuebimur quattuor caeli partes, quibus limitum ordinatio hac ratione constituta erit et omni tempore conveniet*. Hyginus versteht also seine Methode als möglichst genaue Entsprechung der Weltordnung, worauf er schon in der *praefatio* mit *est enim illi origo caelestis et perpetua continuatio* hinweist und durch *constituti enim limites non sine mundi ratione*[98] näher eingrenzt. Bemerkenswert ist, daß neben dem Zentralbegriff der *constitutio* als Thema der Abhandlung auch andere Schlüsselbegriffe Hygins, also der *pulcher habitus*, vor allem aber die *ratio* (als *r. tractabilis, r. mundi, r. mensurae*) bereits eingeführt werden. Die *pulcherrima ratio* umfaßt ein weitaus komplexeres Bedeutungsfeld als einfach nur eine irgendwie geartete ästhetische Schönheit. Adäquat müßte der Satz *Haec est constituendorum limitum ratio pulcherrima* genauer umschrieben werden mit «Diese Methode, die Grenzlinien festzulegen, bildet die kosmische Weltordnung und ihre damit verbundenen harmonischen Proportionalitäten adäquat ab..»

[98]Vgl. § 1; der *mundus* wird von Hyginus also wie κόσμος =Weltordnung, definiert. Für Alexandratos 2007, 124 ist *mundi ratio* gleichgesetzt mit dem Begriff der ‹Kosmologie›: «Mundi ratio viene inteso come ‹cosmologia› nel senso di ordine universale, cosmico». Hinrichs (1974, 79, n. 19) versucht ohne stichhaltige Gründe eine Rezeption von Varro *ling.* 7, 8 zu konstruieren.

3. Stand der Forschung

3.1. Überlieferungsgeschichte – die Handschriften

Die Arceriani (Mss. *A* und *B*) bilden den Ausgangspunkt einer komplizierten Überlieferung[1]. Es ist daher nicht verwunderlich, daß sich in den Editionen kaum Versuche finden, die Überlieferung des Texts stemmatisch einzuordnen[2]. Dies läßt sich jedoch nur im Verhältnis einzelner Handschriften zueinander erreichen. Grund dafür ist die ständig sich erweiternde Natur der Schriften (siehe S.11–13). Die darin zusammengefaßten Autoren stellen den Editor eines Texts dann vor die praktisch unlösbare Frage, ob der vorliegende Textzustand als Sammlung der ursprüngliche war: Letztendlich muß man zugeben, sich nur einem (oder mehreren) Hyparchetypen nähern zu können; diese müssen dann allerdings schon so kontaminiert gewesen sein, wie es die arcerianischen Handschriften sichtbar werden lassen[3]. Dies macht nach meinem Dafürhalten eine endgültige Textkonstituierung unmög-

[1] Auf den folgenden Seiten greife ich in stärkerem Maß auch auf meine «Philologischen Erläuterungen», Lindermann, Feldmesserbuch 2018, 10–63, besonders 23–30, zurück. Da «Getretner Quark wird breit nicht stark.» eine sehr zutreffende Warnung in Goethes' west-östlichem Divan (*Hikmet Nameh*, Buch der Sprüche), vv. 49–50 Bd. 2 Hamburger Ausgabe, vor Weitschweifigkeit und Wiederholungssucht ist, ist dieser Teil so kurz wie möglich; für den Stand der Forschung sei der Leser deswegen auf die wbg-Edition des Feldmesserbuchs von 2018 verwiesen.

[2] Thulin hat in seiner *editio critica*, aber auch in seinen Untersuchungen der Mss. auf die Darstellung eines Stemma verzichtet. Gleiches gilt für Reeve 1983 in *Texts and transmission* und für die Ausgaben von Campbell und Guillaumin. Einzig Folkerts 1969, 53 und zum Bezug der *codices mixti* 62 und Toneatto 1994–1995, Bd. 1, 13–17 haben diese Aufgabe unternommen.

[3] Wenn Thulin 1911a, 5–6 von einem einzelnen Archetypus der *SGL* spricht, so gilt diese Bezeichnung ja nur für die erste gemeinsame Fixierung Ende des 5. Jhs. Wie

lich[4]. Zur in sich schon kontaminierten Überlieferungslage tritt ein weiterer Punkt: Gerade weil mit den arcerianischen Mss. erstmals die Texte mehrerer Autoren vereint sind, die teils aus dem 1. Jh., teils aus dem 4. oder gar 5. Jh. stammen, muß man sich als Editor eingestehen, daß man nicht einmal weiß, ob die Vorlage ebenfalls eine sukkzessive erweiterte (und erweiterbare) Sammlung gewesen ist, oder ob einzelne Autoren mit einer bis dahin eigenständigen Texttradition in den Arceriani aufgegangen sind. Schließlich kann es auch sein, daß alle Texte der *SGL* in Einzeltraditionen vorlagen, die dann mit ihrer Sammlung und gleichzeitig einsetzenden Kommentierung in den Mss. *A* und *B* komplett abbrachen[5]. Diese Problematik entfällt bei der später einsetzenden Überlieferung der durch den Palatinus *P* repräsentierten Mss. und denen der *codices mixti*[6].

Die Manuskripte mit gromatischem Inhalt wurden seit ihrer ersten Zusammenstellung in den Mss. *A* und *B* im Mittelalter aus mathematisch-geometrischem Interesse häufig kopiert; aber auch die Zahl der humanistischen Abschriften ist beträchtlich[7], wobei gerade diese Abschriften sich in der Hauptsache auf die zweite Klasse der Handschriften stützten: Der *Palatinus latinus* 1564 (*P*) als Ausgangspunkt der darauf aufbauenden Redaktion und weiteren Verbreitung war schon durch seinen wahrscheinlichen Entstehungsort im Umfeld der Aachener Kaiserpfalz eher prädestiniert, für die weitere Tradition, die in diesem

jedoch die Texte der Autoren bis dahin überliefert wurden, beantwortet auch die Feststellung nicht, daß alle Mss. von einem Archetypen abstammen.

[4] Auch paläographisch hält sich die gromatische Überlieferung nicht an die sonst übliche Reihenfolge Unziale–Halbunziale–Minuskel. Die Vorlage von *A* und *B* ist, wie Beeson bewiesen hat, eine kursive Minuskelschrift gewesen; vgl. Beeson 1928. Allgemein Lindsay 1922–1929, 7–61.

[5] In diesem Zusammenhang ist die schon oben (S. 11) genannte Einordnung von Schindel 2006 als «Rettungssammlung» zu sehen.

[6] Als Sonderfall werte ich den Londoner Codex *S* .

[7] Vgl. Thulin 1911b, 419; für die Zeit 500–900 wird mit der Habilitations-Schrift von Kleine [2018] wohl im nächsten Jahr endlich eine kulturhistorische, rezeptionswissenschaftliche Einordnung in größerem Rahmen vorliegen.

Fall auch mit einer verstärkten Rezeption der Texte gleichgesetzt werden kann, von größerer Bedeutung zu sein[8]. Das beweisen auch die Handschriften der *codices mixti*, die in ihren Varianten eher an die zweite als an die durch die Arceriani vertretene erste Klasse anschließen und damit die Migration der weiteren Manuskripttradition[9] aus dem italischen Kernland nach Norden und Nordwesten, in die sich ausbreitenden Reichsgebiete der Merowinger und Karolinger, vorgeben. Hauptsächlich wird der Einfluß, den *P* für die weitere Entwicklung hatte, in seinem ‹Enkel›, dem in Corbie entstandenen Gudianus latinus 105 (*G*) deutlich. Corbie galt als geometrisch-mathematisches Zentrum, das sich auf die Abschrift und Verbreitung entsprechender Schriften spezialisiert hatte[10]. Für die Bedeutung der palatinischen Redaktion spricht auch die Geschwindigkeit, mit der *G* in Corbie kopiert worden zu sein scheint. Zwischen der Herstellung von *P* Mitte des 9. Jahrhunderts und *G* im Ausgang des 9. Jahrhunderts scheinen weniger als 40 Jahre vergangen zu sein – *G* wurde (über eine nicht mehr verifizierbare Kopie des Palatinus) damit rund dreihundert Jahre vor dem für die Textkritik bei anderen Autoren der *SGL* wichtigeren Codex p[11] aus dem 12. Jahrhundert geschrieben, der im Kloster Saint Bertin entstanden ist. Doch auch die Abtei Saint Bertin war wie Corbie über ihre Entstehung eng an den fränkischen Adel und damit an das Königshaus gebunden. Gleichzeitig bestanden über ihren Abt Bertinus (um 615–709), der später Namensgeber des Klosters war,

[8] Dazu jetzt ausführlich in ihrer Habiliations-Schrift Kleine [2018].

[9] Auch diese Manuskriptmigration ist bis jetzt, auch in ihrer Verflechtung mit den Rechtstexten des Römischen Reichs, unerforscht.

[10] Vgl. Folkerts 2014, 144: «Eine besondere Rolle spielte hier das Kloster Corbie ... B. L. Ullman hat nachgewiesen, dass dort im 8. Jahrhundert Schriften der Agrimensoren und andere vorwiegend geometrische Texte gesammelt und aus dem Bekannten neue Kompendien zusammengestellt wurden. Auf diese Weise wurde Corbie für eine Zeitlang zum Mittelpunkt der mathematischen – vielleicht besser: der geometrischen – Welt.»; vgl. auch Ullman 1964.

[11] Bruxelles, Bibliothèque Royale de Belgique 10615-729; p geht im Gegensatz zu *G* auf *P* selbst zurück.

Verbindungen zu Luxeuil, dessen Gründer Columbanus (540–615) auch der Gründer des Klosters Bobbio gewesen war, in dessen Mauern die Doppelhandschrift der Arceriani (*AB*) gefunden wurden. Weitgehend ungeklärt ist der Wert des von Johann Sichard (1499–1552) für seine Basler Ausgabe des *Codex Theodosianus* 1528[12] verwendeten codex Fuldensis, der kurze Zeit danach als Einbandmakulatur verwendet wurde. Dieser Codex enthielt neben den theodosianischen Rechtsquellen auch gromatische Stücke des Balbus und des Agenus, die Sichard in seine Edition aufnahm. Ein *folium* r/v (Basel Univ.Bibl. N I 6:69) aus diesem Ms. ist erhalten geblieben[13], doch durch den kläglichen Zustand läßt sich nicht mehr unmittelbar nachweisen, ob dieser Fuldensis, dessen Entstehungsort, die Reichsabtei Fulda (gegr. 744), ein weiteres bedeutendes wissenschaftliches Zentrum der Karolingerzeit repräsentiert, ein von *P* abhängender *descriptus* oder von eigenem, vielleicht sogar höherem Wert als *P* selbst ist[14]. Dies läßt sich nur indirekt durch einen Vergleich von *P* mit der Basler Ausgabe erreichen[15].

Die älteste Überlieferung der *SGL* geht, wie schon oben gesagt, auf zwei in Bobbio gefundene und am Kaiserhof von Ravenna oder in Rom entstandene Handschriften (*A* und *B*) zurück, die kurz nach ihrer Her-

[12] *Codicis Theodosiani Libri XVI: Quibus Svnt Ipsorvm Principvm Avtoritate Adiectae Novellae. Theodosij. Valentiniani. Martiani. Maioriani. Seueri. Caij Institutionum lib. II. Iulij Pauli Receptarum sententiarum lib. V. Gregoriani Codicis lib. V. Hermogeniani lib. I. Papiniani Tit. I*, Basel 1528.

[13] Vgl. Steinmann 1992. Unter http://www.e-codices.unifr.ch/de/list/one/ubb/N-I-0006-69 kann das einzige erhaltene *folium* betrachtet werden.

[14] Steinmann 1992, 352: «Ob unser Fragment vom Palatinus abgeschrieben sei oder ob beide Handschriften auf eine gemeinsame Vorlage zurückgehen, kann ich nicht feststellen: Beide Handschriften scheinen etwa gleich alt zu sein.»

[15] Doch selbst wenn der Fuldensis höher zu bewerten wäre als der Palatinus, so erfolgt diese Bewertung immer nur mittelbar über einen späteren Druck; für die stemmatische Beurteilung ist sie wertlos.

stellung zusammengebunden wurden[16]. Schon dies ist ein unüblicher Fall, da die Tradition dadurch mit einer ‹Doppelhandschrift› beginnt. Der in der Forschung als *B*-Teil bezeichnete Teil enthält Korrekturen von der Hand des *A*-Schreibers und ist damit der ältere. Ebenfalls besonders ist, daß die Vorlage dieser Mss. in einer Minuskelkursive und nicht in einer Unziale vorgelegen haben muß, wie die Verschreibungen von cl zu d, ebenso von d zu ol oder zu el nahelegen[17] oder ganze Wörter unverständlich werden ließen: Im hier edierten Hyginus ist beispielsweise die Anmerkung des Schreibers in den Text geraten, die sicher auf eine Unleserlichkeit der kursiven Vorlage zurückzuführen ist: Im ersten Satz § 1 *Inter omnes mensurarum ritus sive actus* ist *sive actus* eine durch Abschrift in den Text geratene Konjektur. Das Schriftbild von *rit-* bzw. *act-* in kursiver Minuskelschrift ist praktisch nicht voneinander zu unterscheiden[18].

Daraus läßt sich Folgendes konstatieren und ableiten: 1. In *B* (und auch in *A*) steht *sive actus* nicht *in margine*. 2. Die Schreiber der beiden Arceriani übernahmen den Ausdruck *ritus sive actus* ohne weitere Überlegung als den Text ihrer Vorlage. 3. Auch in der Minuskelvorlage kann *sive actus* schon im Text und nicht am Rand gestanden haben; 4. auch die Minuskelvorlage kann auf eine Abschrift zurückgehen. – Die Worte *ritus* und *actus* bedeuten im Kontext dasselbe; die unnötige Verdoppelung kann nur damit erklärt werden, daß ein Schreiber in Wirklichkeit eine *in margine* oder interlinear geschrieben Frage *sive actus?* formulierte, weil er seine Vorlage nicht richtig deuten konnte[19].

---

[16] Die aktuellste Übersicht bietet die Habilitationsschrift von Uta Kleine [2018]. Zur aktuellsten und detailliertesten Beschreibung der Arceriani vgl. online Westphal 2020.

[17] Ausführlich dazu die Untersuchung von Beeson 1928.

[18] Zum ähnlichen Schriftbild sowohl in älterer als auch in jüngerer römischer Kursive vgl. Bischoff 1979 und dort die tabellarische Übersicht auf S. 82.

[19] Tatsächlich ist nur *ritus* die beste Wahl, da die Elision von *mensurarum* mit folgendem *actus* prosarhythmisch und klanglich als unschön empfunden worden sein dürfte.

Für den LIBER GROMATICVS sind folgende Mss. für die Textkonstitution wichtig; sie werden in drei Klassen unterteilt. In allen ist der Text mehr oder weniger vollständig überliefert. Erstmals habe ich auch zwei Exzerptenhandschriften der «Geometrien» hinzugezogen, die Textstücke des LIBER in einer von den Haupthandschriften abweichenden Überlieferung enthalten[20].

A Wolfenbüttel, Herzog-August-Bibliothek, Guelf. 36.23 Aug. 2°, s. v *ex.*–vi *in.* [*Arcerianus*. Foll. 41^{v}–65^{r}.

B Wolfenbüttel, Herzog-August-Bibliothek, Guelf. 36.23 Aug. 2°, s. v *ex.*–vi *in.* [*Arcerianus* (*pars vetustior*)]. Foll. 136^{v}–155^{v}.

P Vaticano (C.d.), Biblioteca Apostolica Vaticana, Pal. lat. 1564, s. ix 2/10 – 3/10. Foll. 82^{v}–108^{v} (u. 149^{rv}).

E Erfurt, Wissenschaftliche Allgemeinbibliothek, Amplon. 4° 362, s. xi–xii. Foll. 90^{r}–92^{v}, 93^{r}–96^{v}.

S London, British Library, Addit. 47679, s. xii. Foll. 58^{v}–62^{r}, 63^{r}–75^{v}.

y München, Bayerische Staatsbibliothek, Clm 13084, s. ix.

μ München, Bayerische Staatsbibliothek, Clm 14836, s. xi [*Hermanni Contracti libellus de mensura astrolabii*].

Klasse I (*A*, *B*): Der ältere Teil (*B* überliefert den Text auf den Blättern 136v–155v; der jüngere (*A*), mit einigen Lücken, auf den Blättern 41v–65r[21]. In Ms. *A* fehlt durch Blattverlust nach fol. 48v der Text der §§ 15–18 und der Text des in dieser Edition als Fragment behandelten Stücks (ab § 5 *numeraret*). Der Text setzt erst fol. 49r mit *Itaque si loci*

[20] Für das Folgende grundlegend Toneatto 1994–1995; Reeve 1983. Die Datierung der Handschriften orientiert sich an Toneatto 1994–1995.

[21] Zur Geschichte der Handschrift vgl. u.a. Molhuysen (1902).

natura permittit in § 19 wieder ein. Eine weitere Lücke findet sich in *A* am Ende von § 40 (*permaneant*; foll. 58v und 59r); überliefert wird der Text erst wieder ab *si fuerit mons* (in § 43). Die dritte Lücke geht auf eine Verstümmelung des Codex durch einen Sammler von Illustrationen (Gerard Mortaigne?) zurück: Diesem Sammler ist wahrscheinlich der Text von § 48 (*coloniae— ostendat*) (fol. 62, obere Hälfte) zum Opfer gefallen. Dieselbe Ursache hat der vierte Textausfall: In fol. 64rv (untere Hälfte bis unteres Drittel) ist eine Zeichnung ähnlich großzügig ausgeschnitten worden. Von § 52 fehlt deswegen Text (*dari— per falsas*) auf der Recto- und von § 53–54 (*leneariis— dimidio*) auf der Verso-Seite; es handelt sich um jeweils etwa 8–9 Wörter[22]. Ms. *B* überliefert den Text vollständig. Nur durch ein Versehen des Schreibers fehlt in § 6 der Satz *Et quidam — longitudo constaret.*

Klasse II (*P*): Aus dem frühen 9. Jh. (Niederrhein, Aachen?); Text auf foll. 82v–108v. Die *descripti* von *P* (*G* und p[23]) können unberücksichtigt bleiben. Auch *P* überliefert den Text bis auf den Anfang vollständig: § 1 der CONSTITVTIO (*inter omnes — adscribitur*) fehlt; der Text beginnt in § 2 mit den Worten *Ab hoc exemplo* ... Text der §§ 2–3 (*A voce exemplo — transversos appelaverunt*) findet sich, mit vielen Fehlern geschrieben, auch noch einmal in einer ersten (?) Redaktion P_1 auf fol. 149^{rv}; dort schließt sich ein unvollständiges Stück aus § 54 (*omnem mensurae — scamna cludemus*) in ähnlicher ‹Qualität› an.

Klasse III (*E* , *S*): verbindet Lesarten der Klassen I und II; Repräsentanten sind ein Erfurter Ms. (*E*) (Ende des 11./Anfang des 12. Jhs.)[24] und ein aus dem 12. Jh. im westdeutschen/französischen Raum[25] ge-

---

[22] Über das Aussehen der verlorenen Abbildungen informiert eine humanistische Abschrift des Arcerianus aus dem 16. Jahrhundert; dieser Jenensis ist online abrufbar unter https://archive.thulb.uni-jena.de/hisbest/receive/HisBest_cbu_00031149.

[23] Bruxelles, Bibliothèque Royale de Belgique, 10615-729 (s. xii); vgl. Toneatto 1994–1995, Bd. 1, 410–436.

[24] Erfurt, Wissenschaftliche Allgemeinbibliothek, Amplon. 4° 362.

[25] Folkerts 1969, 54; Toneatto 1994–1995, Bd. 1, 466.

schriebenes Ms. (*S*), heute in der British Library[26]. Während *E* eher geringeren Wert hat, hat *S* von der restlichen Tradition vollständig abweichende Lesarten. Ms. *E* enthält den Text ab fol. 90r = § 3 *Limites autem appellati a limo* bis fol. 92v = Ende § 14 *servari placuit*. Foll. 92v–93r überliefern einen Abschnitt aus den LIBRI COLONIARVM. Danach setzt *E* den Text mit fol. 93r = Fr. 1 dieser Edition und mit *Multis ergo generibus* = § 15 fort, bis zum Textabbruch fol. 96v = § 28 (*ex* F *in* G *et*). Ms. *S* überliefert den Text foll. 58v–62v und 63r-75v; wie *E* setzt der Text des LIBER GROMATICVS erst mit § 3 (*Limites autem appellati a limo*) ein; es findet sich auch das eingeschobene Textstück aus dem LIBER COLONIARVM (*titulus*: *In libro Balbi provintia Piceni*). Mit fol. 63r wird die Überlieferung mit den Fragment bzw. dem Text von § 15· *Multis ergo generibus* fortgesetzt. Der Text von *S* ist bis auf den Anfang vollständig.

Für diese Edition werden zum ersten Mal die Mss. *y* und *μ* mit der sogenannten GEOMETRICA ARS ANONYMI und der GEOMETRIA INCERTI AVCTORIS verwendet. Ebenfalls wurden (ohne Autopsie) die Lesarten in der Edition der mathematischen Werke Gerberts von Aurillac durch Bubnov (1899) verwendeten Mss. bewertet[27]. Die Mss. gehören zu den Exzerpthandschriften mit gromatischem und geometrischem Material (Euklid-Übersetzung des Pseudo-Boethius, GEOMETRIA INCERTI AUCTORIS etc.)[28]. Für die Textkonstitution sind sie wegen ihrer Nebenüberlieferung interessant; ihre Entstehung fällt zeitlich an den Beginn der Redaktion von *P*; mit ihr stimmen sie weitgehend überein[29]. Die Exzerpthandschriften in Bubnovs Edition und der LIBELLUS DE MENSURA

[26] London, BL Additional 47679.

[27] Zu den von Bubnov benutzten Mss. siehe seine Einleitung zur Appendix IV 310–317. Grundlegend für die Textgeschichte der pseudo-boethischen Geometrien ist Folkerts 1970.

[28] Manitius 1906, bes. 279 u. 286–287.

[29] In § 27 überliefert *P* den Text *ad multipedam in tabula describimus*; hier bieten die nach Thulin von *P* abhängigen Exzerpthandschriften jedoch den richtigen Text *ad multiplicationem i.t.d.*

Hermanns von Reichenau (1013–1054) überliefern den Text der geometrischen Diskussion (§ 27 *Optimum est ergo*) bis § 28 (*circulum scribamus*).

Ms. *y* überliefert (ab fol. 65v) als Kapitel 27 und 28 der GEOMETRICA ARS ANONYMI die Worte von § 6 *Multi ignorantes — convenerit* unter der Überschrift DE LIMITIBVS CONSTITVENDIS SECVNDVM RATIONES SOLIS und nimmt damit auch im *titulus* deutlich Bezug auf den LIBER GROMATICVS. Daran schließt sich mit vielleicht für eine Illustration freigelassenem Raum der Text der §§ 20–22 *Hos qui ad limites — resplendeat — diastemata constare fertur* an (foll. 65v–66r); vor den Anfang des § 21 (*Quaerendum est primum quae sit mundi magnitudo*) hat der Schreiber von *y* die Überschrift DE MVNDI MAGNITVDINE ET CIRCVLIS PLANETARVM eingefügt. Er behandelt danach die Weltgröße, die Intervallehre und die Erd- bzw. Himmelszonen (§§ 22–25). Zwischen die §§ 22 und 23 hat der Exzerptor fol. 66v ein unbekanntes Textstück gestellt, das genau genommen die in § 22 beschriebenen Intervalle zwischen Fixsternhimmel und Erde nun von der Erde aus wiederholt. Das Textstück hat inhaltlich einige Nähe zu DE DIE NATALI 13, 3–4 des Censorinus, stammt aber aus einer anonymen Kompilation verschiedener Quellen. Erst im Anschluß daran folgt § 23 der CONSTITVTIO, versehen mit dem *titulus* DE QVINQVE ZONIS CAELESTIBVS ET ZODIACO CIRCVLO: Der *Monacensis* überliefert hier als einziges Ms. mit *quinque circulis dividunt in sex partes terrae* das Wort *terrae*, das in den anderen *codices* fehlt – es drückt genauer aus, daß Hyginus im Folgenden zwischen Erd- und Himmelssphäre unterscheidet und beide Modelle übereinanderlegt[30]. In § 25 läßt der Text nach *ex hoc ibidem* die Worte *mediam terrae esse conprehendimus* aus und beginnt, ebenfalls nach einem leer gelassenen Raum (wieder für eine Illustration?) die §§ 26–28 (fol. 67rv und 68r)

[30] Vgl. die Abbildung 1.1 bei Lindermann, Feldmesserbuch 2018, 37 und dort auch die Erläuterungen von Knobloch, 70–72 und 71 die Abbildung 2.5 aus dem Londinensis *S* fol. 67r.

Optimum ergo — convenit und das Stück *Est et alia ratio* (§ 27–28) mit dem *titulus* DE GNOMONICA INSTITVTIONE ET VMBRARVM DISCVRSV[31].

3.2. Die Editionen

Nach den humanistischen Apographa der Arceriani im codex Jenensis oder dem den Arceriani vorgebundenen Exemplar, erschien im 16. Jahrhundert mit der Pariser *editio princeps* Adrien de Turnèbes (und Pierre Gallands) erstmals eine mit kritischen Adnoten versehene Edition der *SGL*[32]. Turnèbe verwendete für seine Edition ausschließlich den Gudianus, einen Enkel des Palatinus lat. 1564 *P*[33]. Auch

[31] Daß man neben der Hauptüberlieferung vor allem astronomische und geometrisch-mathematische Stücke aus dem Hyginus auch in diesen Exzerpthandschriften finden kann, zeugt von einem starken Interesse an diesem Text; allerdings zeigen die falschen Autorenzuweisungen in diesen Mss., so sie überhaupt mit einem Autor aus den *SGL* in Zusammenhang gebracht wurden, daß Hyginus selbst recht schnell in Vergessenheit geraten ist. Schon im COMMENTVM gibt es nur zwei Verweise auf einen Higenus, der mit dem hier edierten Verfasser identisch ist: In § 54, 7–14 exzerpiert der anonyme Verfasser einige Abschnitte der CONSTITVTIO; Lachmann hat diese Abschnitte aus dem COMMENTVM herausgelöst und dem anderen Autor gleichen Namens zugewiesen. Das zweite Textstück (§ 55, 25) beschäftigt sich mit der Unterscheidung von *limes quintus* und *quintarius* ; die Anmerkungen im COMMENTVM dazu sind aber allgemeiner Natur und werden als bekannte Unterscheidungen überhaupt nicht diskutiert.

[32] *De agrorum conditionibus & constitutionibus limitum, Siculi Flacci, lib. I. Ivlii Frontini lib. I. Aggeni Vrbici lib. II. Hygeni Gromatici lib. II. Variorvm Avctorvm Ordines finitionum. De iugeribus metiundis. Finium regundorum. Lex Mamilia. Coloniarum pop. Romani descriptio. Terminorum inscriptiones & formae. De generibus lineamentorum. De mensuris & ponderibus. Omnia figuris illustrata.*

[33] Die Editionen-Geschichte der *SGL* ist nur schwer von den Texten der pseudoboethischen Geometrien zu trennen, in denen teilweise das ältere gromatische Material verwendet wurde, wie schon die Referenzbezüge im *apparatus fontium* bei Thulin zeigen. Zu den hier nicht weiter zu erörternden Verflechtungen vgl. Toneatto 1994–1995, Bd. 1, 55–75 und 119–121.

die Editionen von Pieter Schrijver (1607)[34], Rigault (1614)[35] und van der Goes (1674)[36] sind «wesentlich nur kritiklose Abdrucke von einzelnen Handschriften mit einigen Korrekturen und eventuellen Notizen über abweichende Lesarten»[37]. Die alleinige Verwendung des Gudianus bedeutete für die ersten Editionen eine Restriktion auf die Lesart der zweiten Handschriftenklasse; die Haupthandschriften der palatinischen Redaktion liegen zeitlich im 9. Jh., also rund dreihundert Jahre nach den Mss. der durch die Arceriani repräsentierten ersten Handschriftenklasse, was gerade für die älteste Autorenschicht wie den hier edierten Hyginus teils fatale Konsequenzen haben konnte; die Lesart des *duodecimanus* als *duocimanus* wurde durch diese Mss. faktisch zementiert. Eine andere Konsequenz hatte die Benutzung der palatinischen Redaktion auch auf die Überlieferung der Abbildungen: Der grundsätzliche Unterschied[38] zwischen der sparsamen, oft unverständlichen Illustration der Arceriani und den reichen, oft durch eigene geographische Kenntnisse erweiterten Illustrationen des Ms. *P* (und in stilisierender Form von *G*) ließ Raum für weitere phantasievolle Ausschmückungen in den späteren Drucken. Orientierten sich die Abbildungen in der Edition Turnèbes und Rigaults noch an den tatsächlichen Abbildungen des Gudianus, so ist mit der Amsterdamer Edition durch van den Goes eine Entwicklung erreicht, in der freie Zutaten oder der Gestaltungswille der Kupferstecher die Aussagekraft der Originale immer stärker in den Hintergrund rücken oder sie modernisieren. Am

[34] *V. Inl. Fl. Vegetii Renati comitis aliorvmqve aliqvot veterum De re militari libri. Accedunt Frontini Strategematibus eiusdem auctoris alia opuscula. Omnia emendatiùs, quaedam nunc primùm edita à Petro Scriverio. Cum Commentariis aut Notis God. Stewechii & Fr. Modii.*

[35] *Auctores Finium regundorum. Nicolai Rigaltii observationes et notae, item glossae agrimensoriae.*

[36] *Rei agrariae. Auctores legesque variae. Quaedam nunc primum, caetera emendatiora prodeunt cura Wilelmi Goessii cuius accedunt Indices, Antiquitates agrariae & Notae; una cum Nicolai Rigaltii notis & observationibus nec non glossario ejusdem.*

[37] Thulin 1911a, 3.

[38] Carder 1976, 122–124.

Ende dieser Vorgehensweise stehen die interpretierenden, teils auch Bildelemente frei dazusetzende Kupfer in der Ausgabe Lachmanns[39], die auch auf die Darstellung der arcerianischen Illustrationen übergreift; erst mit den s/w Reprographien der Teubner-Ausgabe Thulins finden sich erste Ansätze, den originalen Zustand der Abbildungen zu dokumentieren[40]. – Immerhin läßt sich feststellen, daß bis in die Moderne hinein die Editoren die Zeichnungen der Handschriften als mit dem Text verbundene Einheit interpretiert haben und zusammen mit dem Text abdruckten.

Zum ersten Mal kritisch ediert wurden die *SGL* von Karl Lachmann, Friedrich Bluhme und Adolf Rudorff in der zweibändigen Berliner Edition von 1848–1852 (erster Band Text, zweiter Band Kommentare und Studien). Die Herausgabe des zweiten Bands erlebte Karl Lachmann (gest. 13. März 1851) nicht mehr. Die Berliner Ausgabe hat ihre Mängel hauptsächlich in der Textkonstitution durch die textkritische Gewichtung der Mss. Wieder wurde der leichter erreichbare Gudianus komplett auch dort herangezogen, wo er nun durch den Palatinus hätte ersetzt werden müssen. In der Beurteilung der arcerianischen Handschriften überwog immer noch Skepis und die Bevorzugung der zweiten Handschriftenklasse, flankiert durch den Gebrauch der *codices mixti*, die sogenannten «Trümmerhandschriften» und einer Klasse von Mss. zu den Geometrien des Pseudo-Boethius. Der größte Kritikpunkt beim Umgang mit den Texten durch Lachmann, Bluhme und Rudorff und in der Folge auch durch Mommsen liegt jedoch in der damals über Gebühr geübten «Quellenkritik», vor der auch die *Gromatici Latini* nicht verschont geblieben sind. Hyginus ist davon glücklicherweise weniger betroffen gewesen als Frontinus, der in der Forschung schnell mit seinem berühmten Namensvetter Sextus Iulius Frontinus gleichgesetzt wurde[41] und wohl auch deswegen dem philologischen Eifer besonders

[39] Knobloch, Feldmesserbuch 2018, 67.

[40] Die Abbildungen Lachmanns mit ihren Fehlern finden sich teils auch in modernen Ausgaben noch, so in Campbells Edition der *SGL*.

[41] Zur Ablehnung dieser falschen Zuweisung siehe Lindermann 2016.

ausgesetzt war, mit dem Lachmann ihm möglichst viel aus dem Werk des «jämmerlichen Schulmeisters» Agenus[42] wiederzugeben versuchte. Nach der Edition von Bluhme, Rudorff und Lachmann im 19. Jahrhundert erschienen im 20. Jahrhundert die notwendige, vieles korrigierende, größer angelegte, aber leider nicht zu Ende geführte Teubner-Ausgabe Thulins der Opuscula agrimensorum veterum Leipzig 1913 und danach die unter der Ägide von Clavel-Lévêque und Conso erschienene cost-Ausgabe Neapel 1996 ohne textkritischen Apparat, die englische Gesamtedtion, -kommentierung und -übersetzung durch Brian Campbell London 2000, ebenfalls ohne Apparat; 2005 wurde in Paris die kritische Budé-Edition Guillaumins herausgegeben. Eine kommentierte lateinisch-deutsche Übersetzung, herausgegeben von Jens-Olaf Lindermann, Eberhard Knobloch und Cosima Möller, erschien als Frucht der interdisziplinären Forschungsarbeit des dfg Cluster of Excellence 264 topoi – «The formation and transformation of space and knowledge in ancient civilizations» im Jahr 2018 bei der Wissenschaftlichen Buchgesellschaft Darmstadt. Sie beruht auf einer komplett neuen *recensio* der Mss., besaß aber keinen textkritischen Apparat[43]. – Bis zu dieser Ausgabe ist allen Editionen, hier insbesondere den Gesamteditionen, aber auch den Einzeleditionen Guillaumins zu den verschiedenen Autoren der *SGL*, die dieser in schneller Folge herausgab, gemeinsam, daß sie praktisch den *status quo* der Textkonstitution Thulins festschreiben und keine wirkliche Neubewertung der Überlieferung vorgenommen haben. Bei den Gesamteditionen ist diese Vorgehensweise insofern verständlich, als die oben angesprochene Schwierigkeit einer

[42] Lachmann 1848–1852, Bd. 2, 104, wobei er zu allem Überfluß den anonymen Autor des commentvm mit Agenus Urbicus gleichgesetzt.

[43] Der Vollständigkeit halber sei ferner eine auf dem gemeinfreien Lachmanntext beruhende «Edition» mit italienischer Übersetzung der *Gromatici veteres* durch Giacinto Libertini erwähnt: Vgl. Istituto di Studi Atellani, Frattamaggiore 2018. Diese Ausgabe kann durch ihren Rückgriff auf eine veraltete Textkonstitution philologisch nicht berücksichtigt werden, bietet aber durch satellitengestützte Luftbildaufnahmen interessante Einblicke in die *centuriatio* von Städten des italischen Kernlands.

Neubewertung auch durch Toneattos Arbeit nur insofern erleichtert wird, als diese einen Überblick des vorhandenen Materials bieten kann, ohne daß einem Bearbeiter dadurch die Autopsie und die Bewertung der Mss. abgenommen wird. Auch wenn bereits Campbell in seiner kurzen Übersicht der Mss. auf den durch Folkerts erneut gefundenen Londoner Codex *S* (bei Campbell *H*) verwiesen hatte[44], bleibt es das Verdienst von Guillaumin, diese Handschrift der Textkonstitution wiedergegeben zu haben; die Bedeutung dieses *codex recentior non deterior* insgesamt hat er jedoch nicht erkannt und nicht in vollem Umfang für den Text genutzt[45].

3.3. Londinensis Addit. 47679 – der Codex *S*

Die hier vorgelegte Edition macht in ihrer Textkonstitution, ebenso wie die auf ihr beruhende lateinisch-deutsche kommentierte Übersetzung, zum ersten Mal vollständig Gebrauch von dem überlieferungsgeschichtlich bedeutsamen Codex *S*[46]. Wie schon in den «philologischen Erläuterungen» der wbg-Edition (25–26)[47] angedeutet, zeigt *S* über seine Abweichungen von der hauptsächlich palatinisch beeinflußten Tradition der *codices mixti* Nähe zu einem wahrscheinlichen Hyparchetypen, der Ausgangspunkt der Tradierung gewesen sein dürfte. Die teilweise umfangreichen, sinnvollen Veränderungen von *S* gegenüber der sonstigen Überlieferung würden als Urheber einen hervorragenden Konjekturalkritiker voraussetzen. Dies kann auch deswegen ausgeschlossen werden, weil *S* eine vergleichsweise junge Handschrift ist, deren Unterschiede zur restlichen Tradition schon vorher in der Mischklasse hätten

[44] Campbell 2000, xxii, Campbell stützt sich dabei auf die Synopse von Reeve.

[45] Guillaumin verwendete für den Londoner Codex *S* die von Folkerts verwendete, jedoch schon von einem Neapolitanus besetzte Sigle *N*, dazu richtig Reeve (1983, 3 n. 14). Guillaumins kritischer Apparat ist durch die überflüssige Verwendung des *descriptus G* redundant, wenig aussagekräftig und teilweise ungenau.

[46] Zur vollständigen Würdigung der Handschrift siehe Folkerts 1969.

[47] Lindermann, Feldmesserbuch 2018, 10–63.

sichtbar werden müssen. Das Londoner Ms. bewahrt jedoch als einziges Textvarianten, die in den älteren Traditionen nur in verschriebener, verkürzter (und dann meist emendierter) Form vorliegen[48].

Wie von Folkerts dargelegt, gehört *S* wie *E* zur Klasse der *codices mixti*. Zum selben Ergebnis kommt Toneatto, dessen stemmatische Einordnung[49] sich geringfügig von derjenigen Folkerts'[50] unterscheidet. Überhaupt ist der Vorsicht, mit der Toneatto das Stemma der agrimensorischen Schriften rekonstruiert, unbedingt der Vorzug zu geben. Gerade *S* zeigt, daß er auf Vorläufer (ϑ) zurückgeht, die enger der ersten Handschriftenklasse (Mss. *A*, *B*) zugeordnet werden müssen. Über die Geschichte des Codex ist von Folkerts hinreichend gesprochen worden. Auch wenn es Folkerts' Verdienst ist, *S* gebührend gewürdigt und damit auch der wissenschaftlichen Analyse zurückgegeben zu haben, hätte eigentlich schon Thulin das Ms. für seine Edition verwenden können: Bereits 1884 hatte Richard Förster in einer Miszelle («Handschriften in Holkham») zu diesem Codex, vermutlich wegen des Besitzvermerks *olim Franscisci Nansii, nunc vero Petri Scriverii* angemerkt: «...vermuthlich identisch mit dem *codex Nansianus* der Agrimensoren ..., über welchen Blume in den schriften der röm. feldmesser II p. 9 und 57 gehandelt hat. Die Scheidung zweier Nansianischer Pergamentcodices, welche letzterer (vergl. p. 39 und 69) vorgenommen hat, wird vielleicht hinfällig.»[51] Tatsächlich hätte diese naheliegende und richtige Vermutung dazu führen müssen, die Handschrift in der nächsten kritischen Edition heranzuziehen[52], doch in der Teubner-Edition verwendete Thulin für den *liber gromaticus*

[48] Beispiel dafür ist in § 11 das *optima ad liquidum* – die älteren Mss. schreiben hier *aliquid*, *P* emendiert zu *licet*. Daß *S* die bessere Lesart bewahrt hat, wird durch die Verschreibung in *A* und *B* deutlich.

[49] Siehe dazu Toneatto 1994–1995, Bd. 1, 14–17.

[50] Folkerts 1969, 53.

[51] Förster 1884, 166.

[52] Försters Miszelle ist bis zur epochalen Würdigung der Mss. durch Toneatto nicht wieder beachtet worden. Folkerts erwähnt sie nicht.

nur die Mss. *A*, *B*, *P* und *E*, also die Zeugen der beiden Hauptklassen und den Erfurter Codex *E*. Daß dieses wichtige Manuskript ein relativ unerkanntes Schattendasein führte, liegt wahrscheinlich an der recht allgemeinen Bezeichnung, mit der darauf Bezug genommen wurde, und worauf auch Toneatto in seiner Beschreibung der Handschrift hingewiesen hat[53] Da zwischen den Leidener Humanisten Pieter Schrijver und Frans Nans Handschriften zu den *Gromatici* offenbar recht häufig ausgetauscht wurden, wurde der *Nansianus* mit dem *Scriverianus* einfach verwechselt oder lief unter einer der Bezeichnungen weiter; diese Vermutung legt auch Försters Darstellung der wechselnden Besitzvermerke nahe. Von dieser Verwechslung, die sich in der Folge als überaus hartnäckig feststehendes Faktum gehalten hat, ist es dann nur ein kurzer Weg zum Ausschluß als *codex descriptus* und zu seiner Nichtberücksichtigung gegenüber dem älteren Erfurter Codex *E*, dem gegenüber er weitaus vollständiger ist und erhebliche Unterschiede aufweist.

3.3.1. Varianten der Mss. *E* und *S*

Gerade der Überlieferungszustand von *E* zum Text des Hyginus unterscheidet sich signifikant von derjenigen des Ms. *S*. Zwar setzen der Erfurter und der Londoner Codex beide erst nach der *praefatio* mit § 3 *Limites autem appellati a limo*... ein, doch überliefert ab hier *S* den Text der CONSTITVTIO vollständig, wogegen der Text von *E* mitten im § 28 einfach abbricht[54]. Im Folgenden sind die Varianten der Mss. *E* und *S* im gemeinsamen Hyginus aufgelistet; der Vergleich zeigt, daß *S* nicht nur aus einer auch von *E* genutzten Quelle geschöpft hat, sondern daß ihm auch Text vorgelegen haben muß, der *E* unbekannt gewesen ist; die Unterschiede zwischen *E* und *S* können dabei nicht allein

[53] Toneatto 1994–1995, Bd. 1, 489–490.

[54] Die Lesarten von *E* in § 32 resultieren aus der richtigen Umstellung eines Abschnitts durch Thulin.

mit bloßen Schreibfehlern oder der falschen Auflösung von Ligaturen begründet werden[55]:

§ 3 *transversi*] *quod dicunt poetae limis oculis* add. S *nam et*] *item* S *limum cinctum*] *linum cinctum* E *dicunt cinctum* S *decimanum dicamus an limitem*] *decimanus aut limitem dicamus* E *utrum decumanum an limitem dicamus* S

§ 4 *autem primus*] *primus* E *autem et primus* S *kardo*] *kardo qui* S *praecedunt*] *praecedit* E *actus*] *in actu* S *quisque*] *quinquies in* E *qui quinquies in* S *cum primo*] *cum primus* E *iter*] *item* E *cornelia*] *concordia* E *vel hi*] *quam hi* E *et quam hi* S *limitares acti*] *limites actum* E *limitum actuariorum* S *latitudinem*] *latum* ES *a quibusdam*] *quibusdam* E *mensurae*] *-is* ES *pro aestimio*] *pro aestimatione* S

§ 5 *consuetudinem*] *constitutionem* ES *non omnes*] *nostri omnes* ES *spectare faciunt*] *expectare* E *recte spectare*] *recte expectare* E *caeli*] *aedi* S *inluminabitur*] *-bunt* E *-bant* S

§ 6 *quod in*] *quotiens* ES *quidam* S] *qui* E *utramque partem*] *partem* E *et partem* S *quibus*] *quo* E *convenerit*] *conveniret* ES *mitterent*] *intermitterent* ES *qua tantum*] *quantum* ES *constaret*] *staret* E *distaret* S *longitudinem*] *longitudinem agri* S *secuti*] *secuti sunt* S *qua*] *quia* E *in*] *et* E *ad* S *et*] *in* E *in*] om. E *ad* S *orientem*] *-is* E *partem orientis* S

§ 7 *centuriis*] *in centuriis* S *iugerum* S (*bis*)] *iugera* E *aliubi*] *alii* ES *ducenum*] *vicenum* ES *longitudinis*] *longitudine* E *kardo in septentrionem* (*-e* S)] om. E

§ 8 *quibusdam*] *quidam* ES *deinde coloniis*] *de incolanis* ES *aliquae*] *aliis quae* E *quarum*] *quadrum* E *quae* S *decimani*] *decumanum* ES *diriguntur*] *dirigunt* S *kardines*] *kardinem* S *regionis* S] *regionibus* E *decimani*] *decumanum* S *actus* (*bis*)] *actos* E

§ 9 *quam et*] *quam* ES *vertices*] *vertices amphorarum* ES *inscripserunt*] *scripserunt* E *ad parem*] *et parem* E *in partem* S *quos ideo quod*]

[55] Wie Folkerts verzichte ich auf Aufzählung orthographischer Unterschiede. Ebenso sind einige Auslassungen oder Einfügungen von Partikeln nicht aufgeführt

reliquos quoque ideo quod ES *appareat*] *apparente* S *mutos*] *multos* E *omnibus centuriarum angulis*] *omnes centuriarum angulos* E *inter*] *in* ES *acceptas*] *acceptis* S *robur et*] *robur et termini* E *capitibus*] *cavis* E

§ 10 *significaverunt*] *scripserunt* ES *alii*] *alia* E *centuriarum capita* S] *centuriarum* E *inscripserunt*] *scripserunt* E *notaverunt* S *in decimano maximo*] *in decimano* ES *scribi solent*] *solent* E *numer⟨or⟩um*] *munerum* S *postulationem*] *- es* ES *inscripserunt*] *scripserunt* ES *limites*] om. E *lapis*] *lapides* ES *inscribitur*] *scribitur* E *scribuntur* S *portio clusaris*] *clusares* E *clusares portio* S *vacat*] *vocatur* ES *inscriptione*] *-ibus* ES *dextra et ultra*] *extra ultra* E *dextrata et ultrata* S *eisdem*] *inde enim* ES *inscribuntur*] *scribuntur* E *sinistra et citra*] *ultra et citra* E *sinistrata et citrata* S *eisdem*] *eis* E *numeris sic*] om. ES *inscribuntur*] *describuntur* E *scribuntur* S

§ 11 *eorum quartas partes vacantes, quae in suis regionibus centurias litteris includunt*] *eorum quartas centurias litteris includunt* (*inclusas* S) *sic et in suo intervallo distantes centuriae* (*-as* S) *his inscriptionibus cludunt* (*cludunt* om. E) ES *recte*] *recta* ES *inscribuntur*] *scribuntur* E *scribimus* S *ampliores numeros*] *ampliorem -um* ES *inscribi*] *scribimus* E om. S *non facile*] *tres facile* E *ter facile* S *possunt*] om. E *possunt scribi* S *inscribitur*] *scribuntur* E om. S *enim*] om. E *in* S *lateribus*] *lateribus hoc modo* S *ad liquidum* S] *aliquid* E *inscriptus sit lapis*] *scripta sit* ES *peritum mensorem*] *perito mensori* E

§ 12 *volunt*] *volunt enim* S *exierunt*] *exierint* ES *peractis*] *peractus* E *per actus* S *actibus*] om. S

§ 13 *venerunt*] *veniunt* ES *...agitur*} *acceptis*] om. ES *duos et duos*] *quos* S *centuria*] *centurias quae* S *appellaretur*] *appellantur* ES *diceretur*] *discernetur* E *continuo*] *continuae* S *deinde primum ponunt quem et maximum* S] *deinde* V K IT IS D P V K *et* DD I K K I *et* IS E *et*] *est et* S *quemque*] *quem* ES *quintarium*] *quintarium esse* S *loco numeratur*] *loco quem numerant* E *quintarius*] *quintus est sancciverunt*] *sic caverunt* E *ampliaretur*] *appellaretur* ES

§ 14 *nisi*] *etenim* S *minores*] *minorem transire* ES *tractemus*] *hactenus* E *quid*] *qui* ES *dixerint*] *duxerint* ES *quemque*] *quemquam* E *positi sunt*] *positus ante* S *cui iam*] *cuius quam* E *cuius iam* S *adiectis*] abiectis ES

§ 15 *multis*] *ulta* E *multa* S *ex ipsa*] *ista* ES *vetusta*] *vetustata* E *in ius*] *intus* E *intra* S *iam*] *etiam* ES *regionibus*] *legionibus* E *aliae in diversis*] *aliae in divisis* E *veterum*] *veteres* ES *lirem*] *lire* E *lyram* S *opportunarum*] *ad portaunarum* E *ad portunarum* S *erant adsignaturi*] *erat adsignandum* ES *pericula*] *perluviem* ES *erant urbes contenti cingere muris*] *erunt muris cingere* E *civitates contenti erant muris cingere* S *eligebant*] *allegabantur* E *alligabant* S *ut illis*] *humiles* E *ipsa*] *ista* ES *haec*] *hos* S *propter loci difficultatem non potuit sed*] *quaecumque pars propter loci difficultatem a nostris possessoribus* S

§ 16 *quibusdam coloniis*] *quibusdam locis* ES *transeuntem*] *trans fontem* ES *axurnati*] *exorpti* E *exornatae* S *appiam*] *appiani* S *observatur*] *observantur* E *-nt* S *culturam*] *cultas* E *culturas* S *et limites acceperunt*] om. ES *rupibus*] *rudibus* E

§ 17 *quibusdam coloniis*] *quibusdam locis* ES *admederae*] *ad me dederat* E *hadrumetina* S *kardo*] *kardo ex his actum ita* E *kardo ex his acti limites ita* S *perticae regiones*] *perticae regionis* E *regiones perticae mensuram* S *in tetrantem*] *intret inter aquam* E *inter iter et aquam* S *forum*] *forum ex qua parte* E *forum ex aequa parte* S

§ 18 *portum*] *positam* E *postpositam* S *colonia*] *coloniam limes* S *litore fines*] *litore tamen* ES *aequaliter accipere non potest*] *accipere erit* ES *quaedam*] *quaedam vero* S *non potest*] *nostra itidem* S *sed*] *si* S *in alteram partem*] *ab* (*in* E) *altera parte* ES *rectura*] *rectum* S

§ 19 *natura*] *pertica* E *fiat aut*] *fiat antequam* S *sua*] *si a* S *kardines fines*] *kardinibus sive* ES *nihil*] *si nihil* ES *kardinum*] *ordinum* E *conexio rectis*] *conexiores* E *conexi oris et rectis* S *est nihil*] *est ex quo nihil* S *tamen rationem*] *mensurationem* ES

§ 20 *forte*] *certe* E *dirigere*] *rigore* E *in rigore* S *laboraverunt*] *laboraverunt saepe quidem frustra* S *deprehendi*] *conprehendi* E *in diversis*]

in diverso ES *ex altera*] *ex latera* E *ferramento*] *ferramento posito* S *est*] *est ut* S *sol*] *sub* ES *cursus*] *cursus eius* S
§ 21 *quanta*] *quod* E *quae pars* S *gnomonices*] *non modicae* E *nonmodice* S *elementum*] *fructum* E *fructus* S *aut*] *et* ES *caeli*] C.A.P. E om. S *qua ratione*] *quam rationem* E *quando rationem* S *dicamus*] *absconditam* S *mortalium hoc*] *normali modo* S
§ 22 *esse*] *esse certam* E *esse certissime* S *sic describunt*] *sic de his scribunt* E *describunt* S *quod*] *quo* E *qui* S *martem*] *martem ponunt* S *tonon*] *ponunt* E *trihemitonion*] *trihemitonion divinarum rerum magitudinem habuisse* E *ad Iovem hemitonion*] *ad Iovem id est hemitonion* S *tantundem hemitonion*] *tantundem id est hemitonion* S *ad Iovem tonon*] *ad Iovem* ES *sic terram*] *terram* ES *fertur*] *ferunt* S
§ 23 *in dimidium*] *endymion* S *torrida*] *horrida* E *caeruleae*] *caeruleae et* ES
§ 24 *adsignant*] *adsignantur* ES *summum frigidissimae partis*] *summam partem* E *summa parte* S *appellant*] *appellatur* ES *brumalem*] *umbrales* E *brumalis* S *oppositus* S] *ordinatus* E (et al.) *contrarium*] *est contrarius* E *qui est contrarius* S *appellant*] *appellantur* S *solstitiali ad* S] *aequinoctiali* E (et al.) *ostenditur ita ut meridianum*] om. ES *per hunc sol hoc est infra ire fertur*] *hoc est per hunc sol intrare fertur id est hoc eis infra fertur* E *per hos sol intrare fertur supra et infra* S *terrarum*] *terrarum eumque* S *circumire*] *circumire et* S *ferunt*] om. ES *semper*] *per* E *hoc*] *hac forte parte nostri et arte mono* E *forte parte nostri orbis et arte gnomonis* S *nostro tetartemorio*] *nostro tetrantem monorio* E *posito tetrante in horologio* S *meridiano axi*] *meridiano pedes xxi* ES *ordinatas*] *ornatas* E *ab*] *sub* ES *sescontrariae*] *si contrariae* E *siquidem* S *quae videtur*] *videntur* S *describitur*] *describuntur* ES
§ 25 *fortasse esset*] *fortasse orbi de caelo vel* E *fortasse videretur orbi de caelo* S *tetartemorii*] *tetrantem horis* E *per tetrantem horas ostendi* S *nec*] *nam* E *et* S *ultra*] *ultra positis* S *quam*] *quod* ES *sescontrariae*] *asses contrariae* E *a se contrariae* S *in*] *ab* E *terris in hac parte*] *terris* S *spectantibus*] *exspectantibus* E *hos*] *quos* S *mirati nemorum*]

miratione horum E *ire*] *rem* E *et Aegypto medio die*] *ex medio Aegypto mediae* E *ex media Aeygpto media* S

§ 26 *deprehendere*] *apprehendere* E *meridiano*] *meridiano temporis* S *occidentisque*] *occidentis aequa* ES *sciotherum*] *scio iterum* E *quam*] *quod* E *quod et* S *occidentis*] *occidentis linea* S *adtendemus*] *ostendimus* E

§ 27 *eius*] *eius* D.I.E.Q. S *qualescumque tres enotabimus* CDE *has umbras*] om. E *si*] *sed* E *multiplicationem* S] *mortiperas* E

§ 28 *in pari*] *in lineas* E *in lineas ipsa* S *proportione*] *ipso proportionem* E *eiciamus* S] *sed sciamus* E *cathetum*] *catecto* E *catheto lineas* S *ex praecisuris*] *ex pristis horis* E *explicitis horis* S *et circumferentiae*] *item circumferentiae signo* (*ex signo* S) ES *ex* I *in* K] FHGE E *et ex* I.N.K. S

§ 32 ABCD S] ABABCD E *inter* B *et* D] *inter* BELD E *inter* BEID S *prolato*] *prolatoque* S *ex signo* E prolato] *et* (*ex* S) *signo et prolato* E *exiguum*] *exiguum per rigorem* E *ita ut*] *aut* ES *ex emissum*] *ex se missum* ES *secet*] *sed et* ES *numeri*] *numerum* E *numerus* S *sic*] *sic etiam* S FE *ad* EG *sic et* FB] FAEDETG *sic et* B E EFGHI *sicut et* B S *inter* BA] *haec* E *inter haec* S *et*] *si* E *sicut in* S *longior*] *longius* S *ex hoc signo*] *hoc signo* E *ab hoc signo* S *ordinata*] *ordinata per* S

4. Hygins Nebenüberlieferung im Pseudo-Frontin

Ein von der Forschung bislang unbemerktes Problem war die Beantwortung der Frage, warum die falschen Etymologien zum *decimanus* und zum *limes* im Text Hygins und ebenfalls in einem bisher Ps.-Frontin zugeschriebenen Abschnitt auftauchen. Der Abschnitt im LIBER betrifft die Paragraphen §§ 1–6 und den Anfang von § 26. Im Ps.-Frontin steht der Abschnitt pp. 10, 19–14, 21 und wurde von Thulin[1] mit dem von ihm konjizierten *titulus* ⟨DE LIMITIBVS⟩ überschrieben. In diesem «frontinischen» Textabschnitt finden sich die falschen Etymologien zum *decimanus* aus *duocimanus* beziehungsweise zum *limes* aus *limus* = «schräg, schief» oder aus *limen* = «Schwelle» wortgleich oder annähernd wortgleich zum Text Hygins erneut. Die Ähnlichkeit beider Textpassagen wurde zwar bemerkt, jedoch mit der ähnlichen Thematik beider Texte erklärt[2].

Tatsächlich behandeln beide Texte den Ursprung des Grenzliniensystems aus der *disciplina Etrusca*, deren Unterteilung des Erdkreises in vier Quadranten durch zwei Hauptlinien (*decimanus maximus* und

[1] Vgl. Thulin 1913, in seinem *apparatus criticus* p. 10 zu *l.* 19: *Titulum perspicuitatis causa addidi*. Tatsächlich ist der Titel keine eigene Konjektur Thulins, er folgt damit den Editionen Schrijvers, Rigaults und van der Goes', vgl. S. 93.

[2] Guillaumin 2005, 227, n. 80: Tout cet ensemble sur les *limites* est à peu de chose près identique au développement que consacre à la même question le début du traité d'Hygin le Gromatique... Ich hatte die Wortgleichheit unter dem Aspekt später in den Originaltext eingefügter Etyma thematisiert. Vgl. Lindermann 2013b, besonders 129–134; Vgl. auch Cranach 1996, 145–147, von Cranach scheint von einem beabsichtigten Plagiat auszugehen, wenn er (146) schreibt, es «kommt der Verdacht auf, dass der Autor, der den anderen als Vorlage benutzte, sich bemüht, diese Abhängigkeit zu verschlüsseln, indem er die übernommenen Formulierungen leicht abänderte und die Wortfolgen anders kombinierte.» Eine solche Handlungsweise ist der Antike allerdings fremd.

kardo maximus) kurz dargestellt wird. Die im Falle des *decimanus* schwierige Etymologie wird aus der 2 und nicht mehr aus der älteren und richtigen 12 heraus erläutert[3] und im Anschluß daran die auf die Hauptlinien folgenden *limites* etymologisch hergeleitet; diese Herleitung ist zweifach: Einmal werden nur die in Nord-Süd-Richtung verlaufenden *limites transversi* aus dem Wort *limus*= «schief, schräg» heraus erklärt, das andere Mal die *limites transversi*, aber auch die in West-Ost-Richtung verlaufenden *limites prorsi* aus dem Wort *limen* «Schwelle». Schon deswegen kann man schlußfolgern, daß die im Frontin vorliegende Textvariante gegenüber der hyginischen Texttradition nicht die ursprüngliche sein kann: Sie arbeitet mit der jüngeren Herleitung des *duodecimanus* aus der 2 (*duo*) und ist durch die unmotiviert dastehenden und doppelten Worterklärungen der *transversi* oder der *limites* erkennbar gestört[4]. Dennoch ist es für die folgende Diskussion unerläßlich, beide Textfassungen miteinander zu vergleichen[5]. Dabei entspricht der Text der frontinischen Fassung, der hier erstmals präsentiert wird, nicht mehr dem in den bisherigen Editionen abgedruckten Text, sondern beruht auf einer *recensio* im Rahmen einer kritischen Edition der Iulius Frontinus zugeschriebenen Texte[6].

---

[3] Siehe dazu die Ausführungen S. 52–60.

[4] Lindermann 2013b, 133–134.

[5] Eine erste Gegenüberstellung findet sich bei Cranach 1996, 145–146, nn. 595–599; vgl. ebenso Gargola 2004, bes. 123–128.

[6] Die Arbeit an dieser Edition wird seit 2021 durch das im Vorwort erwähnte Stipendium der Gerda-Henkel-Stiftung gefördert. Ich verzichte aus diesem Grund auf eine *in extenso* Begründung der Textänderungen. – Die Erkenntnis, es mit zwei voneinander abhängigen Fassungen eines Texts zu tun zu haben, hat auch zu einer Revision meiner Textkonstitution geführt: Die Athetese der Passage § 1 *Quod illi orbem — citra posticam nominaverunt.* im Feldmesserbuch 2018, 112–113 habe ich rückgängig gemacht. – Die Lücke zwischen Λ' und dem Text soll noch einmal darauf hinweisen, daß zwischen K' und Λ' 15 Seiten Text im Hyginus stehen, die in der pseudo-frontinischen Nebenüberlieferung ausgefallen sind.

Hyginfragment (im Ps.-Frontin.)

A Limitum prima origo, sicut Varro descripsit, ad disciplinam ⟨a⟩ruspicum noscitur pertinere.

Quod aruspices orbem terrarum in duas partes diviserunt dextram appellaverunt, ⟨quae⟩ septentrioni subiacere⟨t⟩, sinistram, quae ad meridianum terrae esse⟨t⟩, orientem et occasum, quod eo sol et luna occidere et oriri spectentur, sicut {quidam garriunt} architecti delubra in occidentem recte spectare scripserunt. Aruspices altera linea a septentrione ad meridianum diviserunt terram, et a me{ri}dia{no} ultra antica⟨m⟩, citra postica⟨m⟩ nominaverunt.

B Ab hoc fundamento maiores nostri in agrorum mensura videntur constituisse rationem. Primum duos limites duxerunt: Unum ab oriente in occasum, quem vocaverunt decimanum, alterum a meridiano ad septentrionem, quem cardinem appellaverunt. Decimanus autem | dividebat dextram et sinistram, cardo citra et ultra.

Γ {Quare decumanus a decem potius quam a duobus vocatur, cum omnis ager eo fine in duas dividatur partes? Ut duopondium et duoviginti, quod

Hyg. lim. *grom.* §§ 1–6 u. § 26

A' Unde primum haec ratio mensurae constituta ab Etruscorum haruspicum {vel auctorum habet, quorum artificium} disciplina. Quod illi orbem terrarum in duas partes secundum solis cursum diviserunt, dextram appellaverunt, quae septentrioni subiacebat, sinistram, quae ad meridianum terrae esset, occasum, quod eo sol et luna spectaret. Alteram lineam duxerunt a meridiano ad septentrionem, et a media ultra anticam, citra posticam nominaverunt. Ex quo haec constitutio limitibus templorum adscribitur. (fig. 1)

B' Ab hoc exemplo antiqui mensores agr{or}um normalibus longitudinibus incluserunt. Primum duos limites constituerunt: unum, qui ab oriente in occidentem dirigeret. Hunc appellaverunt duodecimanum {ideo, quod terram in duas partes dividat et ab eo omnis ager nominetur.} Alterum a meridiano ad septentrionem, quem kardinem nominaverunt a mundi kardine. (fig. 2) Duodecimanum postea decimanum appellaverunt.

Γ' {Quare a decem potius quam a duobus? Sicut dipundium nunc dicimus duopondium, et, quod dicebant antiqui, duoviginti nunc dicimus vi-

dicebant antiqui, nunc dicitur dipundium et xx, sic etiam duodecumanus decumanus est factus.} (fig. 25) Kardo nominatur, quod directum a cardine caeli est, nam sine dubium caelum vertitur in septentrionali orbe.

ginti, similiter duodecimanus decimanus est factus.}

Δ Postea hoc ignorantes nonnulli aliud secuti sunt, ut quidam agri magnitudinem, et, qua longior erat, fecerunt decumanum; itaque non ortum spectant, sed ita conversi sunt, ut sint contra septentrionem ut in agro Campano, qui est circa Capuam, ubi est kardo in oriente⟨m⟩ et decumanus in meridianum. (fig. 26) Ab his duobus omnes agri partes nominantur.

Δ' s. K

E Reliqui limites fiebant angustiores et inter se distabant paribus intervallis; qui spectabant in orientem, dicebant prorsos, qui dirigebant⟨ur⟩ in meridianum, dicebant transversos. Haec vocabula in lege, quae est in agro Uritano, in Gallia item in quibusdam locis adhuc permanere dicuntur. (fig. 27)

E' Reliquos limites fecerunt angustiores, et qui spectabant in orientem prorsos, qui ad meridianum, transversos appellaverunt. (fig. 3)

Z {Limites autem appellati sunt transversi a limo, id est antiquo verbo, a quo dicunt poetae limis oculis; item limum cinctum, quod purpuram transversam habeat; aut limina ostiorum. Alii et prorsos et tranversos dicunt limites a liminibus, quod per eos in

Z' {Limites autem appellati a limo, id est antiquo verbo transversi: Nam et limum cinctum ideo quod purpuram transversam habeat, item limina ostiorum. Postea et prorsos et transversos limites appellaverunt a liminibus, quod per eos agrorum itinera agros et foras eatur.} Hi ab incolis variis ac dissimilibus vocabulis a caeli regione aut a loci natura sunt cognominati {in alio loco}, sicut in Tuscia, Umbria, circa Fanum Fortunae: qui ad mare spectant, maritimos appellant alibi, qui ad montes montanos. (fig. 28)

H Primum agri modum fecerunt quattuor limitibus clausum, figurae quadratae similem, plerumque centum pedum {in utraque parte}, quod Graeci plethron appellant, Tusci et Umbri vorsum, nostri centenos et vicenos in utra⟨m⟩que parte⟨m⟩, cuius ex iiii unum latus {sicut diei xii horas, xii menses anni}, xii decempedas esse voluerunt; ex actibus concinnum locum {primum appellatum} dictum fundum. (fig. 29) Hi duo fundi iuncti iugerum definiunt; deinde haec duo iugera iuncta in unum quadratum agrum efficiunt, quod sint in omnes partes actus bini. In hunc modum quidam primum appellatum dicunt sortem et centies ductum centuriam. Sunt qui centuriam maiorem modum appellant, ut apud Cremonam, ubi in *centuria* decem et ducenta | iugera; sunt qui minorem, ut in Italia triumvirales agri iugerum quinquagenum. Nam et omnes in subsicivis extremae *centuriae*, quae non sunt quadratae, serventur.} Postea apud quosdam a loci natura nomen acceperunt, et qui ad mare spectant maritimi appellantur, qui ad montem, montani. (fig. 4) Omnis ergo huius mensurae et recturae longitudo rationabiliter limes appellatur: nec interest quicquam decimanum dicamus an limitem.

H' Decimanus autem primus maximus appellatur, item kardo: sua latitudine ceteros praecedunt. Alii limites sunt *actuarii* atque alii *linearii* . Actuarius limes est, qui primus actus est, et ab eo quintus quisque; quem si numeres cum primo, erit sextus, quoniam quinque *centuriae* senis limitibus cluduntur. (fig. 5) Reliqui medii limites linearii appellantur {in Italia subruncivi}. Actuarii autem extra maximum decimanum et kardinem habent latitudinem ped(um) XII. Per eos iter populo sicut per viam publicam debetur: id enim cautum est LEGE SEMPRONIA ET CORNELIA ET IVLIA. Quidam ex his latiores sunt quam ped(um) XII, vel hi, qui sunt per viam publicam limitares acti. Habent enim latitudinem viae publicae. Linearii limites a quibusdam mensurae tantum disterminandae causa sunt constituti, et si finitimi interveniunt, latitudinem secundum LEGEM MAMILIAM accipiunt. In Italia enim itineri publico

in eadem permanent appellatione.

serviunt. Sub appellatione subruncivorum habent latitudinem ped(um) VIII. Hos conditores coloniarum fructus exportandi causa publicaverunt. {Nam et possessiones pro aestimio ubertatis angustiores sunt adsignatae.} Ideoque limites omnes non solum mensurae sed et publici itineris causa latitudines acceperunt. (fig. 6)

Θ

Θ' Secundum antiquam consuetudinem limites diriguntur, quare non omnis agrorum mensura in orientem potius quam in occidentem spectat: In orientem sicut aedes sacrae, nam antiqui architecti in occidentem templa recte spectare scripserunt. {Postea placuit omnem religionem eo convertere, ex qua parte caeli terra inluminabitur. Sic et limites in orientem constituuntur.} (fig. 7)

I Optima{e} ergo ac rationabilis agrorum constitutio est, cuius decimani ab oriente in occidentem diriguntur, kardines a meridiano in septentrionem.

I' s. Λ'

K Multi, mobilem solis ortum et occasum secuti, variaverunt hanc rationem. Sic{uti} effectum est, ut decimani spectarent, ex qua parte sol eo tempore, quo mensura acta est, oriebatur. Et multi, ne proximae coloniae limitibus ordinatos limites mitterent, exacta conversione discreverunt.

K' Multi ignorantes mundi rationem solem sunt secuti, hoc est ortum et occasum, quod in semel conprehendi ferramento non potest. Quidam ergo posita auspicaliter groma, ipso forte conditore praesente, proximum vero ortum conprehenderunt, et in utramque partem limites emiserunt,

Et sic per totum orbem terrarum est unaquaeque limitum constitutio ordinata, ubi proxima {sibi} plagarum caeli conversio fuit. (fig. 31)

Λ s. I

quibus kardo hora sexta non convenerit. (fig. 8) Et quidam, ne proximarum coloniarum limitibus ordinatos limites mitterent, relicta caeli ratione mensuram constituerunt, qua tantum modus centuriarum et limitum longitudo constaret. (fig. 9) Quidam agri longitudinem secuti et, qua longior erat, fecerunt decimanum. (fig. 10) Quidam in totum converterunt decimanum in meridianum et kardinem in orientem sicut in agro Campano, qui est circa Capuam. (fig. 11)

Λ'

Optimum est ergo umbram hora sexta deprehendere et ab ea limites inchoare, ut sint semper meridiano ordinati. Sequitur deinde, ut et orientis occidentisque linea huic normaliter conveniat.

Vor die Analyse und die Schlußfolgerung, daß man es bei den nicht unabhängig voneinander entstandenen Texten mit Varianten einer Vorlage zu Hygins LIBER GROMATICVS zu tun hat, sei noch einmal betont, daß die bisherige Zuschreibung dieses Textstücks an einen Iulius Frontinus ebenso falsch ist wie die in der Forschung bisher ohne Evidenz wiederholt behauptete Autorschaft des berühmteren Sextus Iulius Frontinus für irgendeine Schrift der *SGL*. Verantwortlich zu machen ist wohl auch hier wiederum Pieter Schrijver, der das Textstück mit *Sexti Iulii Frontini* *V.C. DE LIMITIBVS* überschrieben hat. Rigault und nach ihm van der Goes betiteln den Abschnitt als *Fragmentum agrarium de limitibus* ohne Zuweisung an einen Autor. Erst Lachmann mit seiner für Frontin

fatalen Quellenkritik kehrte mit seiner ‹Rekonstruktion› eines zweiten Buchs und der Überschrift *Ex libro Frontini secundo* zu Schrijvers Zuschreibung zurück.
Zur konjizierten Autorschaft tritt ein weiteres Problem: Die konstruierte Reihenfolge der Texte. In den modernen Editionen zu Frontin folgt der oben abgedruckte Text mit seinem konjizierten *titulus* unmittelbar auf DE CONTROVERSIIS. Tatsächlich bildet diese Reihenfolge nicht den Überlieferungszustand ab; die Editoren übernehmen lediglich eine Umstellung Thulins von zwei Textfragmenten, die ihrerseits ebensowenig Frontin zugeordnet werden können und unter einem von Thulin ebenfalls konjizierten Titel ⟨DE ARTE MENSORIA⟩ zusammengefaßt wurden. In Wirklichkeit folgt ⟨DE LIMITIBVS⟩ erst nach diesen Fragmenten, nach denen in den Mss. *A* und *EFS* ein *Explicit* das Ende eines Werks markiert[7]: Aus diesem *Explicit* wird deutlich, daß die Mss. weder den Autor sicher benennen noch in ihrem *Incipit* das folgende Werk oder einen Titel zuweisen können. Es bleibt festzuhalten: a) die Zuweisung des Textstücks ist ungeklärt, b) die Autorschaft Frontins ist eine Erfindung der Renaissance, die c) in der Folge erst durch Umstellung überhaupt nachvollziehbar gemacht wurde, obwohl d) der ursprüngliche Überlieferungszustand diese Zuschreibung mehr als zweifelhaft macht. Das Textstück 10, 19–14, 21 Th hat eine recht interessante Tradierung. Folgende Mss. überliefern den Text:

A Wolfenbüttel, Herzog-August-Bibliothek, Guelf. 36.23 Aug. 2°, s. v *ex.*–vi *in.* [*Arcerianus*]. Foll. 24^r–25^v: *...dividebat dextram et sinistram — ubi proxima...*

E Erfurt, Wissenschaftliche Allgemeinbibliothek, Amplon. 4° 362, s. xi–xii. Foll. 80^v–81^r: *Limitum prima origo — pertinere Quod aruspices orbem...*, Foll. 83^v–84^r *...limis oculis — ubi proxima...*

[7]In Ms. *A* mit *IULII FRONTONIS LIB EXP FELICITER INC. LIB. AUGUSTI CAESARIS ET NERONIS* in den Mss. *EFS* mit *IULI FRONTINI SICULI EXPLICIT LIBER PRIMUS* (*EXPLICIT FELICITER* Ms. *S*) *INCIPIT MARCI IUNII NYPSI LIBER SECUNDUS FELICITER* (*DE FLUMINIS VARATIONE* Mss. *ES*).

F Firenze, Biblioteca Medicea-Laurenziana, Plut. XXIX.32 (s. viii-*ex.*–ix *in.* [a. 800 ca.]; Bischoff ix s. 1. Drittel), Foll. 21^v–27^v: *Limitum prima origo — qui ad montes montanos.*

S London, British Library, Addit. 47679, s. xii. Foll. 34^v–37^r: *Limitum prima origo — ubi proxima sibi plagarum caeli conversio fuit.*

Z Barcelona, Archivo de la Corona de Aragón, Ripoll 106 (s. ix²): Foll. $81^{r|v}$: *Limitum vero prima origo — vertat in septentrionali orbe.*

Im *Arcerianus A* fehlt der Anfang; der Text setzt in *A* erst mit *...dividebat dextram et sinistram, cardo citra et ultra* in Abschnitt B, im Text durch ‹|› kenntlich gemacht, ein. Vollständig und durchlaufend überliefert wird der Text vom Londoner Ms. *S* allein, das hinter *ubi proxima* mit *sibi plagarum caeli conversio fuit* auch die von den Editoren konjizierte *lacuna* beseitigt, wie schon Toneatto festgestellt hat[8]. Ebenso bestätigt Ms. *S* zu Beginn des Texts den Akkusativ *ad disciplinam ⟨a⟩ruspicum* (*scripsi*; *Etrusca La.*; Etruscam *Scriv. rusticam codd.*) im sonst prädikatlosen ersten Satz, den es mit *noscitur pertinere* vervollständigt und damit die Texteingriffe von Schrijver, Lachmann und allen nachfolgenden Editoren überflüssig macht[9]. Zeuge für den Anfang bis zum Satz *decimanus autem dividebat dextram et sinistram, cardo citra*

[8] Vgl. Toneatto 1994–1995, Bd. 1, 469: *Verba extrema lacunas editionum supplent.* – Weder Campbell 2000, 10 noch Guillaumin 2005, 161 und 229, n. 95 berücksichtigen diese Lesart; für Guillaumin (229) ist der Schreiber von *S* einmal mehr das Konjekturalgenie, dem man, warum auch immer, weniger vertrauen sollte als einem stumpfsinnigen Abschreiber: «On se gardera de penser que, par une heureuse bizarrerie du sort, N est le seul à conserver le texte d'origine. La vérité est que le copiste de N est un esprit systématique et intelligent qui corrige et complète son texte à différents points de vue (...), ce qui le rend parfois redoutable, et paradoxalement moins digne de confiance qu'un copiste borné.»

[9] Die Vermutung *aruspicam* von van der Goes führt in die richtige Richtung; ihm folgt Giraud.

et ultra (linke Spalte, Abschnitt B) ist ein Florentiner Codex *F*, der faktisch nur im ersten Satz durch das Erfurter Ms. *E* unterstützt wird; beide gehören zur Klasse der *codices mixti*. Die Blätter von *E* sind verstümmelt und in der Mitte mit einem scharfen Messer so abgeschnitten, daß die rechte Hälfte des Texts fehlt; das Ms. kann nur für die erhaltenen Teile herangezogen werden: Sein Wert ist bei solchermaßen unvollständig überlieferten Sätzen eher gering. Eine weitere Besonderheit unterscheidet die Mss. *EF* von *S*: Der Text ist nicht durchlaufend, sondern ‹springt› durch Textabbruch in der Etyma-Erläuterung der *transversi*; nach *Limites autem appellati sunt transversi a limo id est antiquo verbo, a quo dicunt poetae...* auf fol. 22v wird in *F* erst fol. 27v mit *...limis oculis* fortgesetzt; gleiches gilt für Ms. *E*, das ebenfalls nach *a quo dicunt poetae...* fol. 81r den Text mit *...limis oculis* auf fol. 83v fortsetzt. Unvermittelt folgt in beiden Mss. auf *a quo dicunt poetae* mit *Actus tamen in base sunt* XX... ein Stück aus dem *Liber secundus* des Marcus Iunius Nipsus – die FLVMINIS VARATIO in einem Abschnitt über die Versteinung (*lapides*) auf *agri divisi*.[10] Die Textsprünge in den Mss. *EF* lassen aber die Schlußfolgerung zu, daß die Idee eines zweiten Frontinus-Buchs wohl hauptsächlich durch ein tatsächliches zweites Buch des Nipsus aufgekommen ist. Ms. *F* bricht am Ende des Abschnitts Z ab; der ab fol. 82r wieder unversehrte Erfurter Codex *E* bietet jedoch den Text des Abschnitts bis zum Ende zusammen mit Ms. *S*.

[10] Der Text ist rein mathematisch und beschäftigt sich mit Seitenverhältnissen von Dreiecken, Trapezen und Fünfecken: *Actus tamen in base sunt* XX *ut puta in pentagono* LIIS, *bis ducti, faciunt* CV. *Qui in se ducti, faciunt iugera* LXV. *Cathetum sic quaerimus semper. Embadum duco quater – id est* LXV; *fiunt* CCLX. *Huius summae pars vicesima fit* XIII; *erit cathetus. In trigono sunt actus* XLII, *iugera* CL. *Insequentem actum iunctum trigono ac trapezeo similiter. Quae si autem fuerint in trapezeo iugera* C, *iugera ducta quater, erunt* CCCC. *Horum pars vicesima – hoc est* XX *– erit basis. Deducto contrario, id est* XX, *fit reliquum* VII. *Erit contraria basis actus* VII. *Similiter in reliquis pedibus, sic fuerint* CC. Text nach Bouma 1993, 51, 91–100 Vgl. Lachmann 1848–1852, 290, 6–16. Lachmann bietet gegenüber Bouma einen gegen Ende fragmentarischen Text.

Ein von Toneatto zur «tradizione indiretta» gerechnetes Ms. *Z* mit der sogenannten ARS GISEMVNDI bildet die fragmentarische Nebenüberlieferung des Texts. Dieser codex Rivipullensis[11] ist aus verschiedenen Gründen ebenfalls interessant für den Abschnitt, obwohl er für die Textkonstitution von geringerem Wert ist als das Londoner Ms. Auf fol. 81r beginnt im Rivipullensis mit INCIPIT LIBER SECVNDVS CVM CAPITVLA ein zweites Buch der *Geometria ars Gisemundi*. Unter diesem *Incipit*, etwa auf der Hälfte des *folium*, ist das Blatt durch einen Strich in roter Tinte in zwei Hälften geteilt[12]. Links stehen die Kapitelüberschriften der Kapitel I–XX, von denen in diesem Zusammenhang nur das zweite Kapitel, II DE ORBEM OMNI TERRE IN QVATTVOR PARTIBVS DIVISVM interessiert: Schon von seinem *titulus* her lehnt er sich thematisch eng an das Thema des diskutierten Abschnitts, die *limitum prima origo*, an (foll. 81rv)[13]:

> DE ORBEM OMNI TERRE IN QUATTUOR PARTIBUS DIUISUM Mundus iste etiam constat sphaerica constat rotunditatem collectus ut diversas rerum formas ambitus sui circuitione concluderet ·; L i m i t u m v e r o p r i m a a u r i g o s i c u t b a r r o d i s c i p s i t, a d d i s c i p l i n a m r u s t i c a m. q u o d m a i o r e s n o s t r i id est Nicodoru Didimus Teudotus et Poclitus . tempore Iulii Caesaris i arco et Antonino consuli-

[11] Toneatto 1994–1995, Bd. 3, 999–1007, die Beschreibung und Gliederung des Ms. durch Toneatto hat gerade in der Zuordnung der *tituli* ihre Schwächen. Den *titulus* des untenstehenden Abschnitts z. B. führt er nicht auf.

[12] Das Ms. Ripoll. 106 ist als Digitalisat online verfügbar: http://pares.mcu.es/ParesBusquedas20/catalogo/show/1994850.

[13] Ich gebe hier ohne größere editionsphilologische Eingriffe, ausgenommen die Auflösung von End-Ligaturen und der Umschrift von & zu *et*, den Text von Ms. *Z* wieder, s p e r r e jedoch die relevanten Stellen (ein herzlicher Dank gilt Uta Kleine, die mich auf meinen Lesefehler *harro* statt *barro* aufmerksam gemacht hat). Jüngste kritische Edition der *Ars Gisemundi* mit katalanischer Übersetzung bei Expósito 2015; auch Toneatto hat die Stelle im Rahmen eines längeren Artikels untersucht. Leider hat er die Parallelen zwischen Hyginus ‹gromaticus› und dem Frontin-Text nicht erkannt. Vgl. Toneatto 1982, für die untersuchte Passage bes. 224–226.

bus missi orbem | terrarum in duabus partibus ab oriente in occidente diviserunt ·; Dexteram appelaverunt septentrionis subiacere ·; Sinistram quae a meridiano terrae est in occasum qua parte sol et luna per zonas suas discurrere videntur ·; Maiores nostri alteram lineam a sep tentrione ad meridianum diviserunt terram et a meridiano ultra antica citra positaca nominaverunt ·; ideo primus limes qui ab oriente in occidente directus est . Decimanus vocatus est qui ad duodecim manus est factus ·; Secundus limes kardo nominatur · quod directum cardine caeli est . Nam sine dubio caelum vertat in septentrionali ; Orbe in hunc artificium quod mensores iudicaverunt orbe terrae in quattuor divisus est partes ; Set partes habitabiles sunt tres ut~~dest~~ Asia · Europa · et Affrica ·;

Es ist eindeutig, daß der hier abgedruckte Abschnitt der *Ars Gisemundi* im wesentlichen Stücke einer Vorlage benutzt hat, deren Quelle auch für die Fassungen sowohl des Abschnitts DE LIMITIBVS im Ps.-Frontin als auch der Hygin-Stelle des LIBER GROMATICVS verantwortlich gemacht werden kann. Es gibt einige in diesem Zusammenhang wichtige Beobachtungen: Sowohl der frontinische Text als auch der Rivipullensis sprechen im Gegensatz zum Hyginus nicht von *antiqui mensores*, sondern von den *maiores nostri*; die Quelle, die für den Text von Z benutzt wurde, liegt aber sicher nach der verschollenen COSMOGRAPHIA[14] des Iulius Honorius (ca. 4. Jh. n. Chr.)[15], nach dessen Aussage vier griechische Geometer, Nicodemus, Didymus, Polyclitus und Theodotus, eine komplette Vermessung des Erdkreises (*peragratio vel mensuratio orbis*) ausgeführt haben sollen. Diese Namen kennt auch Ms. Z. Die *maiores nostri* im Ps.-Frontin sind ältere, jedoch römische Feldmesser,

[14] Eine Rekonstruktion versucht Kubitschek 1885.

[15] Zur Datierung Barthel 1911, 117; vgl. ebenso Modéran 2003, 85–93.

die die Methodik der etruskischen *disciplina* übernehmen. Gleiches gilt in noch weiter gefaßtem zeitlichen Abstand (*antiqui mensores*) für Hyginus. Im Text von Ms. *Z* sind die *maiores nostri* die griechischen Geodäten. Ob der Verfasser Grieche gewesen ist oder der Text Anleihen an der Übersetzung einer griechischen Vorlage macht oder die Stelle einfach zwei Texte vermengt, läßt sich nicht feststellen. Ms. *Z* scheint allerdings auch auf einer Vorlage zu beruhen, die Verbindung zur Vorlage des Hyginustexts hatte: Das *orbe in hunc artificium quod mensores* besitzt eine bemerkenswerte Ähnlichkeit zur von Rigault athetierten (und vom *Arcerianus A* durch *rasura* getilgten) Formulierung *vel auctorum habet quorum artificium* in § 1, die dort erkennbar am falschen Platz steht[16]. Ebenfalls enger an Hygin lehnt sich der Rivipullensis bei seinem etymologischen Erklärungsversuch des *decimanus* an, der so genannt worden sei, *qui⟨a⟩ ad duodecim manus est factus*[17]. Hier scheint noch die originale Ableitung des *duodecimanus* aus der 12 durch; die Ableitung aus der 2 fehlt im gesamten Text von Ms. *Z* völlig.

Daß die *Ars Gisemundi* und Ms. *Z* sich für ihren Text recht frei aus älteren Quellen bedienen, wird nicht nur durch die namentliche Anspielung auf die vier griechischen Geodäten des Honorius deutlich. Der Abschnitt, der von den Ursprüngen der Limitation und damit auch von der Vermessung der Welt handelt, das Grenzliniensystem also in einen größeren Rahmen stellt, war natürlich geeignet, auch außerhalb seiner eigentlichen Entstehungssphäre rezipiert und teilweise wörtlich zitiert zu werden; dazu schöpft die *Ars* ihren Stoff (und ihre Formulierungen) aus so vielen Autoren (und damit auch aus deren Texttradition), daß

[16] Ms. *Z* hatte aber wohl keinen Zugang zu einer Vorlage, die Ursache für die sinnvollen Ergänzungen in Ms. *S* gewesen ist: Z. B. bleibt hinter *ad discliplinam rusticam* der Satz elliptisch.

[17] Emendationen nach Expósito 2015 «...ja que fou creat a dotze mans», also nach 12 Händen. Toneatto 1982, 225 und allgemein 256 hält die Lesart «*duodecimanus*» von Millàs Vallicrosa 1931 *a.l.* für falsch; mir scheint, daß darin das hyginische *Duodecimanum postea decimanum appellaverunt* mitschwingt. Vielleicht muß korrigiert werden zu *Decimanus vocatus est qui* {*a*} *duodecimano est factus*?

ein Flickenteppich mit den unterschiedlichsten Quellen entstanden ist, deren Herkunft auch durch die Arbeiten von Toneatto und Expósito erst teilweise erschlossen worden ist[18]. Von dieser Tatsache abgesehen wird durch Ms. Ripoll. 106 deutlich, daß in der *Ars Gisemundi* ein Textstück durchscheint, das den Ursprung der *limites* aus der *disciplina Etrusca* referierte, die Ausrichtung von *decimanus maximus* und *kardo maximus* benannte, auf die Nebenlinien und ihre Bezeichnungen einging und die astronomisch legitimierte, beste Ausrichtung präferierte, doch ebenso auf die Fehlerquellen (Orientierung nach dem täglichen Sonnenaufgang; Vermeidung des In-eins-Laufens beieinander liegender Grenzliniensysteme) Bezug nahm. Es ist deutlich, daß die beiden auf den Seiten 89–93 einander gegenübergestellten Texte nicht unabhängig voneinander entstanden und bloß «zufällig» thematisch ähnlich sind, sondern daß sie unterschiedliche Fassungen einer gemeinsamen Vorlage sind[19]. Damit wird auch erkennbar, daß die Glossen zu den Etyma nicht aus dem einen Text in den anderen geraten sind, also in der ‹frontinischen› Fassung bewahrt und nur in der ‹hyginischen› athetiert werden müssen. Vielmehr waren diese Glossen schon in einer Vorlage enthalten, die zu den beiden Fassungen führte: Die Anmerkungen eines Glossators sind damit, neben den bisher aufgeführten Punkten, sogar das stärkste Argument für eine gemeinsame Vorlage. Unter diesen Aspekten sollen nun die Abschnitte A–Λ einzeln betrachtet werden.

Der hyginische A'-Teil ist weitaus komprimierter und in sich schlüssiger geschrieben als die Fassung, die bisher unter Frontins Namen überliefert wurde; dies läßt sich auch insgesamt feststellen. Trotz einigen Unterschieden in den Formulierungen und dem Einschub *sicut Varro descripsit*, der vielleicht auf den Glossator von p. 2, 12–13 *nam ager arcifinius sicut ait Varro...* zurückgeht, sind beide Texte

[18] Toneatto 1982; Expósito 2015.

[19] Als weiteres Indiz kann genommen werden, daß Teile dieses Stücks auch in der Hygintradition «doppelt» überliefert werden: Der Abschnitt *ab hoc exemplo — transversos appellaverunt* (B'–E') findet sich zweimal in *P*; zur zweiten mit § 54 verbundenen Stelle vgl. Kaiser 2013, 284 u. nn. 77–78.

praktisch identisch. Die frontinische Fassung greift jedoch auf eine wahrscheinlich schon inkonzinne Vorlage Hygins zurück: Auffällig sind ungeschickte Anschlüsse des den gesamten Abschnitt beherrschenden handelnden Subjekts mit iteriertem *quod aruspices...* und *Aruspices altera linea...*, aber auch die Tatsache, daß die Vorlage Informationen aus Θ' zu den *architecti* ungeschickt einarbeitet – Θ fehlt vollständig in der frontinischen Fassung[20]. Hier steht die Passage zur Ausrichtung von Sakralbauten (nur in Westrichtung und ohne Ostung wie bei Hyginus) erkennbar als unmotivierte Nebeninformation, die den eigentlichen Erzählstrang unterbricht.

Auch die Fassungen B-B' laufen weitgehend parallel. B' bewahrt über seine Lesart *duodecimanus* jedoch die originale Herkunft der Konstruktionsmethode, enthält daneben aber auch Reste einer jüngeren Erklärungsschicht, die in der Lesart der palatinischen Tradition *duocimanus* und der nur dann sinnvollen Erklärung *ideo quod terram in duas partes dividat* durchscheint. In Abschnitt Γ schließt sich dann die längere Glosse mit ihren falschen Etymologien und Kunstwörtern an. Hier hat der frontinische Text mit *Kardo nominatur, quod directum a cardine caeli est nam sine dubium caelum vertitur in septentrionali orbe* vielleicht eine zum hyginischen *Duodecimanum postea decimanum appellaverunt* korrespondierende Herkunftserklärung bewahrt, demgegenüber mit *a mundi kardine* in B' dann ein verkürzter Rest stehengeblieben wäre.

Etwas verschachtelter stellt sich die Tradition für den Abschnitt Δ dar; in der hyginischen Fassung fehlt er komplett. In der frontinischen Fassungen steht er recht unmotiviert, da er die Idee einer idealen Limitationstechnik nach der *hora sexta* voraussetzt. An der tradierten Textstelle schiebt sich Δ zwischen die Benennung der Hauptachsen *decimanus maximus* und *kardo maximus* und die Bezeichnung der restlichen Vertikal– und Horizontallinien, *limites prorsi* und *transversi.*

[20]Vielleicht ist *quidam garriunt* (oder *carpiunt*) *architecti* ein entstellte Variante von *nam antiqui architecti*?

Auch Δ kennt das geographische Beispiel des *ager Campanus*, das in der hyginischen Fassung wortgleich unter K' abgehandelt wird: Man kann festhalten, daß K' in der Frontin-Fassung in Δ und K zerissen worden zu sein scheint: Δ enthält aus K' die Beschreibung derjenigen, die die *origo caelestis* des *duodecimanus* nicht kennen (*ignorantes*) und andere Limitationssysteme nutzen, z. B. die Breite oder Länge der Felder. K dagegen enthält Beschreibungen zur Ausrichtung nach dem täglichen Sonnenauf- und -untergang oder zur Vermeidung eines mit der Nachbargemeinde kollidierenden Liniensystems. Sowohl Δ als auch K gehen dabei nicht mehr dezidiert auf die Thematik ein, sondern behandeln sie nur oberflächlich.

Zwei Beobachtungen zu den frontinischen Textstücken sprechen auch hier dafür, daß der Hygintext auf einer besseren Vorlage beruht. In Δ ist die vollständige Drehung von *decimanus maximus* und *kardo maximus* nach der Feldlänge *de facto* eine unnötige Verdoppelung der Informationen, die K bietet; nach der Mitteilung, auf dem *ager Campanus* würden die Hauptlinien ihrer genau entgegengesetzten Himmelsrichtung zugewiesen, folgt als merkwürdiger Satz *Ab his duobus omnes agri partes nominantur*: Er wirkt nicht nur vollständig deplaziert, sondern ist es auch, weil er an dieser Stelle nicht gestanden haben kann. Leicht abgewandelt wird er im hyginischen B'-Teil als Erklärung für den *duocimanus* der palatinischen Redaktion überliefert[21]. Dort heißt es *Hunc appellaverunt duocimanum ideo quod terram in duas partes dividat et ab eo omnis ager nominetur*[22]. Nun orientierte sich die von Hyginus beschriebene Versteinung, auf die hier angespielt wird, nicht allein an ihrer Position links oder rechts der *decimani*, sondern ebenso an ihrer Position z. B. dies- oder jenseits der *kardines*. Eine Positionsbestimmung nach dem *decimanus* allein, wie *ab eo* es nahelegt, verbietet sich als unsystematisch und widerspricht auch den in den Tex-

[21] Im B-Teil der frontinischen Fassung fehlt er.

[22] In meiner Edition ist wegen Ablehnung der Lesart *duocimanus* der *ideo*-Teil athetiert.

ten dargestellten historischen Gegebenheiten; wahrscheinlich enthält der frontinische Text echtes Material – nur leider an der falschen Stelle. Der Satz kann den Abschluß des Abschnitts B' gebildet haben: *Alterum ... kardinem nominaverunt a mundi kardine. Duodecimanum postea decimanum appellaverunt; a b h i s d u o b u s o m n e s a g r i p a r t e s n o m i n a n t u r.*

Die zweite Beobachtung bezieht sich auf den frontinischen K-Teil, der die für die Argumentation Hygins wichtige Konstruktion nach dem wahren Mittag (*hora sexta*) so verkürzt, daß die *ignorantes mundi rationem*, die nach dem täglichen Sonnenlauf konstruieren, gar nicht mehr auftreten[23], sondern unter den vielen Möglichkeiten und Varianten der Vermessung subsumiert werden (*multi ... variaverunt hanc rationem*). Auch in K findet sich am Ende jedoch ein Satz, der wohl nicht an diese Stelle gehört: *Et sic per totum orbem terrarum est unaquaeque limitum constitutio ordinata, ubi proxima {sibi} plagarum caeli conversio fuit.* Der Satz ist ein *résumé*, wirkt aber zum Vorhergehenden eigentümlich gebrochen. Die *conversio* weg von benachbarten Grenzlinien, die einen Parallelverlauf von *limites* vermeiden will, wird ohne Legitimation auf eine *plagarum caeli conversio* übertragen, die der astronomischen Konstruktionsmethode Hygins komplett zuwiderläuft. Bemerkenswert ist in diesem Zusammenhang auch, daß der Text hier (und noch einmal in I) *expressis verbis* mit *limitum constitutio* das Thema des LIBER GROMATICVS aufgreift[24].

Weitgehend übereinstimmend sind beide Fassungen in den Abschnitten E-E' mit ihrer Thematik der *reliqui limites* und in Z-Z' mit der Diskussion der *transversi* und *prorsi*; wie schon Δ bringt auch E Ortsbeispiele als geographische Ergänzung, die in der hyginischen Textfassung feh-

[23] Die *ignorantes* finden sich in Δ, dort jedoch der Schilderung nach als Menschen, die von der Namensherkunft von *decimanus* und *kardo* keine Ahnung haben.

[24] Statt *unaquaeque limitum constitutio* muß wahrscheinlich *una limitum constitutio* gelesen werden.

len[25]. Ob die Passage tatsächlich Überreste des eigentlichen Hygintexts bewahrt, der ja vereinzelt auch mit geographischen Beispielen arbeitet, kann nicht entgültig entschieden werden. Genauso gut kann er auch aus dem folgenden Abschnitt Z an seine jetzige Stelle geraten sein, denn auch Z und Z' stimmen sowohl in den ‹etymologischen› Erklärungsversuchen als auch in den Regionalbezeichnungen der *limites* als *maritimi* und *montani* weitgehend überein. Ohne weitere Prüfung (wozu auch weitere Mss.-Funde gehören) kann aber nicht entschieden werden, ob die frontinische oder die hyginische Textfassung den besseren Text bietet. Die frontinische Fassung führt jedoch neben rein dem Geländeprofil geschuldeten Begriffen mit *dissimilibus vocabulis a caeli regione* wohl auch noch regionalsprachliche Unterschiede der jeweiligen Bewohner an, vergleichbar den Bezeichnungen «Knick» oder «Öwer» für Wallhecken. Dazu würde nicht nur das Ende von E *haec vocabula in lege...* passen, sondern auch, daß die Fassung, die dem Text Hygins zugrundeliegt, eine zusammenfassende Formulierung über die Bezeichnung der *limites* anschließt, die der Frontinfassung fehlt. Während der folgende H'-Teil der Hyginfassung nun logisch die Bezeichnungen der einzelnen Grenzlinien in ihrem System nach *linearii* und *actuarii* fortsetzt, ebenso den *quintarius* erläutert und auch sonst thematisch bei den *limites* bleibt, ist der Text, wie er im Ps.-Frontinus überliefert wird, eine Sammlung von aneinandergeklebten Textfragmenten[26]. Ich unterscheide in H: 1) eine Beschreibung der geometrisch entwickelten Konstruktion unterschiedlicher Flächeninhalte (Felder-

[25] Die Konfusion eines gallischen *ager Uritanus*, die Guillaumin 2005, 159 zur Änderung von *Gallia* zu *Calabria* angeregt hat, läßt sich weniger umständlich durch Interpunktionsänderung heilen: *in agro Uritano, in Gallia item in quibusdam locis* – mit Komma vor statt hinter in *Gallia*. Der *ager Uritanus* begegnet nur noch in einer Aufzählung der LIBRI COLONIARVM (lib. coll. II p. 262, 11. Vgl. aber auch Sic. Flacc. *grom.* p. 117, 16–17 *postea vero cum agri dividerentur et assignarentur, decimani quidem vocabulum permansit...*

[26] Im Gegensatz zu Lachmann 1843, 361 bin ich nicht der Überzeugung, daß in H eine etymologische Herleitung von *fundus* gestanden hat; dafür bietet der Text auch in seiner überlieferten Form keinerlei Hinweis.

maße); 2) ein kurzes Fragment, das wahrscheinlich einmal den *duodecimanus* erklären sollte (*sicut diei xii horas, xii menses anni*). Woher der H-Text der frontinischen Fassung stammt, muß unbeantwortet bleiben. Er gehört, soviel läßt sich feststellen, nicht an die Position zwischen Z und I, die den Ablauf gedanklich unterbricht. Vielleicht überliefert er Reste vom Ende des LIBER in der Nähe von § 50 *Primum agrum limitibus includemus*, wohin die Entwicklung eines Rechtecks durch seitliche Verdoppelung eines Quadrats[27] gut passen würde[28]. Doch kann das nur Spekulation bleiben.

Da im Frontintext Θ fehlt und K mit Δ zusammen den K'-Teil der hyginischen Textfassung abbildet, bleibt nur noch ein Vergleich von I mit Λ' (Λ fehlt) übrig: Wie etwas weiter oben (S. 103) gesagt findet sich auch hier eine Anspielung auf das Thema (und den *titulus*) des Feldmesserbuchs durch die erneute Verwendung des Worts *constitutio*. Thulin hat den Text von I in seinem Quellenapparat nicht mit § 26 verglichen, sondern mit einem, wenn nicht dem zentralen Satz des LIBER GROMATICVS in § 17 *Haec est constituendorum limitum ratio pulcherrima*[29]. – Beide Vergleiche haben ihre Berechtigung, doch würde ich wegen des Referats über die Konstruktion der Mittagslinie zur *hora sexta*, die erst mit § 26 wieder in den Blick genommen wird, einen engeren Bezug auf den auch fast wortgleich beginnenden Paragraphen annehmen. Der Abschnitt I hat in der Vorlage vermutlich hinter K gestanden, da er die Schlußfolgerung aller Ausführungen in sich vereint. Auch I zeigt, daß die Kernaussage des Texts, wie er noch im Hyginus greifbar ist, nicht mehr deutlich vorliegt. Die «beste und auch methodische Festlegung von Grenzlinien» ist eben nicht die Ausrichtung von *decimanus maximus* und *kardo maximus* nach einer bloßen West-Ost

[27] Einen kunst- und baugeschichtlichen Aspekt dieser Verdoppelungen beleuchtet Bonet 2015. Zur Verdoppelung der Landmaße insgesamt vgl. Kidson 1990, bes. 77–78.

[28] Ein Indiz für diese Vermutung wäre die doppelte Abschrift in *P* fol. 149rv, in der nach dem Text von E' mit *omnem mensurae huius quadraturam* der fehlerhaft geschriebene Text des § 54 folgt, vgl. Kaiser 2013, 284 u. nn. 77–78.

[29] Vgl. dazu den Abschnitt 2.5 und bes. S. 63.

und Süd-Nord-Richtung, sondern nach der Methode, die West-Ost-Linie und rechtwinklig dazu die Süd-Nord-Linie des wahren Mittag zu konstruieren.

Nach diesen Beobachtungen läßt sich feststellen, daß beide Fassungen ohne jeden Zweifel nicht unabhängig voneinander entstanden sein können. Der wissenschaftlichen Redlichkeit geschuldet ist die Bemerkung, daß ich versucht habe, in den Indizien, die beide Textvarianten bieten, in der Argumentation die frontinische Fassung als die schlechtere zu erweisen, der gegenüber die bessere (hyginische) Fassung (oder eine ihr zugrundeliegende Quelle) die Vorlage gewesen ist. Durch die Abhängigkeit beider Textvarianten kann erstmals sinnvoll begründet werden, warum die etymologischen Erklärungen wortgleich in beiden Texten auftauchen. Ebenso gibt die frontinische Fassung Hinweise auf mögliche Textergänzungen, die vielleicht echtes Material bewahrt haben, so in Γ oder Δ[30]. Insgesamt macht der Text, wie er im LIBER GROMATICVS Hygins überliefert wird, einen zusammenhängenden, logisch aufgebauten, mithin ‹besseren› Eindruck, doch die Frage nach der Abhängigkeit beider Texte voneinander rührt an ein Problem, daß Plutarch in seinen *quaestiones convivales* (*Moralia* 2, 235d) mit πότερον ἡ ὄρνις πρότερον ἢ τὸ ᾠὸν ἐγένετο treffend umschrieben hat.

[30]Auf die ‹Rekonstruktion› eines Urtexts habe ich verzichtet.

5. Unterschiede dieser Edition zum Text Thulins

Hier möchte ich in knapper Form diejenigen Stellen auflisten, in denen diese Edition von derjenigen Thulins abweicht[1]. Ich habe aus diesem Grund auch nur die Seiten- und Zeilenangaben (der besseren Übersicht wegen in Fettdruck) der Teubner-Edition Thulins verwendet und die Paragraphenwechsel meiner Edition als Marginalnummer gedruckt. Teilweise habe ich kurze Begründungen hinter die gewählte Lesart gestellt. Allgemein bevorzuge ich, im Gegensatz zu Thulin und den auf ihn folgenden Ausgaben, nicht die Lesarten der palatinischen Redaktion, sondern diejenige des ältesten Codex, des Arcerianus *B* . Wo immer es möglich war, die Lesart von *B* zu halten oder sinnvoll und ohne große Verrenkungen herzuleiten, habe ich mich für seinen Text entschieden. Ebenfalls bin ich dem Londoner Codex *S* an den Stellen gefolgt, an denen er gegen die übrige Tradition einen sinnvollen Text bietet. Unvermeidlich ist, daß man bei einer neuen kritischen Edition auch auf Versehen der älteren stößt[2]. Auch diese Versehen sind hier und im Apparat selbstverständlich dokumentiert[3].

[1] Über die großen Abweichungen zu früheren Textausgaben habe ich in den «Philologischen Erörterungen» des Feldmesserbuchs 2018 ausführlich geschrieben: Vgl. Feldmesserbuch 2018, 39–49.

[2] Dies wird, wie ich hoffe in geringem Maß, auch auf meine Edition zutreffen.

[3] In der Edition Thulins finden sich die folgenden Versehen: 133, 4 *nomen* wird in den Arceriani nicht hinzugefügt; 133,7 *rationabiliter* schreibt auch *A*; 137,11 *intellige-re[n]tur* ist unbegründete Athetese wie auch im Folgenden 137, 13 [*quemadmodum supra*], 137, 14 *illi lapidi[s]*, 137, 17 [*sic et*], 138, 6 [*singulorum*], 138, 8–9 [*in*], [*omnia*] und [*enim*]. Ungenügend gekennzeichnete Konjekturen sind die Zusätze 139, 7–8 und 8–9; 139, 15 schreibt nur *P in*: Die Athetese ist ebenso unnötig wie in 142, 3 [*in*]. 142, 13 wurde die Dittographie *nobis nobis* in *B* übersehen. 143, 2 schreibt Thulin gegen die Überlieferung *debe⟨n⟩t* mit Turnèbe und zieht dazu

5.1. Textänderungen im Haupttext DE LIMITIBVS CONSTITVENDIS

§ 1 **131**, 1–2 *Hygini gromatici constitutio* ⟨*limitum*⟩ : ⟨*Hygini liber*⟩ *gromaticus de limitibus constituendis* – die falsche Zuordnung von *gromaticus*, die erst zum Autorennamen Hyginus gromaticus geführt hat, habe ich an anderer Stelle dargelegt[4]; 1 *sive actus* : gelöscht – die Schreibung von *actus* und *ritus* in der Minuskelkursive der Vorlage sind kaum voneinander zu unterscheiden; 9 *decursum* : *cursum* mit *A*; es geht um den Sonnenlauf insgesamt und nicht um die Abwärtsbe-

im Apparat den *descriptus G* heran, der für die Überlieferung des LIBER keine Rolle spielt. Eine weitere unnötige Athetese ist 146, 16 [*se*]. 147, 17 ist die Konjektur Turnèbes *quaerend*⟨*um*⟩ nicht vermerkt, in 147, 18 die Schreibung *quae solis quae* aller Mss. nicht gesehen. 150, 17 ist *tetartemorii* zwar eine richtige Emendation, wird aber nicht als solche gekennzeichnet, dasselbe geschieht in 153, 5+7 *meridie*⟨*m*⟩, wo das *-m* jedoch auch nach den eigentlich Akkusativ verlangenden Präpositionen unnötig ist. 157, 6 [*sic*] ist überflüssig. 157,10 schreibt Thulin *debemus* statt *dabimus* (Druckfehler?). 157, 11 [*autem*] ist unnötig – nur *P* schreibt es – und 157, 13 ist die Tilgung [*limitibus omnibus*] verwirrend (oder die schließende Klammer ist versehentlich hinter *omnibus* gesetzt). 158, 12 [*in*] ist unnötig. 160, 13 *ullam coloniae* schreibt kein Ms., *coloniae ullam* (auch für diese Edition übernommen) *P*. 161, 2–3 ist *adscribimus* von keinem Mss. überliefert (*adscribemus*), ebenso 161, 24 *significabimus* (*significavimus*) – hier fehlt die Kennzeichnung als Emendation, so wie 162, 5 *applicato* eine nicht notierte Emendation Lachmanns ist. Wie 161, 24 ist auch 162, 19 *de terminabimus* eine unzulässige, nur stillschweigend vorgenommene (und überdies merkwürdigerweise getrennt geschriebene) Anpassung des überlieferten *determinavimus*. 163, 11 ist *ceterae* eine aus in *P* stehendem *reliquae* konjizierte Schreibung von sonst überliefertem *ceteri*. 164, 16 ist *ostendemus* eine ebenfalls nicht dokumentierte Emendation von van den Goes. Daß 166, 2 der Satz *typum totius perticae — ostendat* als zur Illustration gehörig von Thulin nicht *i.t.* gestellt wurde, ist gutes Recht jedes Editors. Unrichtig ist jedoch die Angabe, daß nur der Palatinus *P* diesen Satz überliefert. Alle Mss. schreiben ihn. 166, 4–5 macht die Kennzeichnung *coloniae ius* die Tilgung eines Buchstabens in der Überlieferung nicht deutlich. Und in 166, 18 und 19 sind [*et*] und [*acceptae*] ebenso unnötige Athetesen, wie 167, 2 [*ergo*] und 5 [*autem*]. Unnötige Athetesen finden sich auch 168, 3 [*autem*], 4 [*enim aliquid*], 5 [*agrum*], 10 [*autem*], 11 [*provinciis*] und 13 [*enim*], da diese Worte nur in *P* stehen. 169, 14 ist nicht dokumentiert, daß statt *duodenos B* schon schon hier XVII schreibt. Eine weitere unnötige Athetese ist [*autem*] 170, 5

[4] Feldmesserbuch 2018, 10.

wegung vom Zenit; 12–132, 4 *quod illi orbem — nominaverunt* : im
Feldmesserbuch 2018, 112–113 wird diese Stelle noch als Glosse aus
Pseudo-Frontin behandelt, da ich nicht gesehen hatte, daß beide Texte
auf eine Vorlage zurückgehen; vgl. dazu in diesem Buch den Abschnitt
4 ab S. 87; **132**, 3 *in septentrionem* : *ad s.* mit *B*; 4 *antica*[*m*] — *po-*
stica[*m*] : unnötige Athetesen Lachmanns; 9–10 *ideo quod — nomine-*
tur : gelöschte Glosse; 13 *et passim duo*[*de*]*cimanum* : zu dieser den § 2
Ursprung der West-Ost-Linie verkennenden Athetese vgl. Lindermann,
Feldmesserbuch 2018, 39–40 und hier 2.4, bes. 52–60; 14–17 *quare a*
decem — est factus : gelöschte Glosse; 20–**133**, 4 *limites autem — ser-* § 3
ventur : Glosse. Zur falschen Etymologie vgl. Lindermann 2013b;
4 *nomina* schreibt Thulin mit *P* : die arcerianischen Mss. *A* und *B*
fügen *nomen* nicht hinzu (vgl. auch *E*)[5]; 7 [*mensurae et*] : unnötige
Athetese Lachmanns; die Nuancierung zwischen Messung und Ausfüh-
rung ist beabsichtigt; 7 *rationaliter* : *rationabiliter* – Thulin gibt die
Lesart von *A* unrichtig an; auch *A* schreibt wie *BE* *-biliter*; 8-9 *decima-*
num aut limitem : mit *P* lese ich korrektes *an* (Verschreibung aus *an̄*?);
11 *nam* : *sua* mit *B*; 14–15 *centurias sex limites cludunt* : *-ae per senos* § 4
limites -ntur mit *S* (durch die Variante von *E*; unterstützt durch *AB*)[6];
16 *in Italia subruncivi* : getilgter Glossenverweis auf das spätere *In*
Italia enim itinere publico serviunt. Sub appellatione subruncivorum
habent latitudinem ped(*um*) VIII; 17 *maximos* : *-um* mit *B*; **134**, 1 *per*
hos : *per eos* mit *B*; 4 *ut hi* : *vel hi* mit *ABE*; *militarem* : *limitares* nach
Emendation von *limitarem AB*; 8 *etiam* : *enim*, Minuskelverschreibung
der Vorlage aus n in t? 9 *serviunt sub...* : Interpunktion geändert;
10–11 *asportandi* : *exportandi* mit *B* (nicht jedoch seine Reihenfol-
ge *exp. fructus*); 11–12 *nam et — adsignatae* : Glosse aus Ps.Boeth.
grom. p. 398, 1–2 La. Hier sinnlos; 16 *non omnis mensura* : *non omnes* § 5
mensuram; die *edd.*. folgen *P*; Hyginus referiert über die *consuetudo*:

[5] Von Thulin unrichtig im *app. crit.* behauptet.

[6] Hier unterscheidet sich der Text dieser Edition auch vom Feldmesserbuch 2018, 112, *l.* 35, wo ich noch die Lesart von *E senis limitibus* gewählt hatte.

einzige Fehlerquelle ist für ihn, nach Auf- und Untergang der Sonne zu messen. *Quare non omnis mensura* ist also sinnlos. Wenn *ABES nostri omnes* schreiben, ist *nostri* wohl falsch als Abbreviatur aus *non* verlesen; 17 *spectat* : *spectare faciunt* mit *S*. *spectat* ist eine nicht markierte Erfindung Lachmanns ohne Berechtigung im überlieferten Text[7]; 19–21 *postea placuit — constituuntur* : christliche Glosse, wie schon aus der Wahl des Prädikats *illuminare* (*B*: *illuminabitur*) im Kontext der Sakralbauten hervorgeht[8]. Das *placuit* deutet auf eine Entscheidung «von Staats wegen». Dies läßt sich schwer mit der Datierung des LIBER in Einklang bringen;
§ 6 **135**, 2 *is semel* : *in semel* mit *P*, «auf einmal» ist sinnvoll; 3 *quid ergo?* : *quidam ergo* etc. mit *S*; die Frage ist zwar scheinbar berechtigt. Aus dem folgenden *Et quidam ... Quidam ... Quidam* geht aber hervor, daß Hyginus die Methoden der *multi ignorantes* unterscheiden möchte. *converterunt* wäre überdies das einzige subjektlose Prädikat der Aufzählung; 6 *in horam sextam* : *hora sexta* mit *B*; 12–13 *et fecerunt* : *B* schreibt die Worte nicht. Im Gegensatz zu Thulin werte ich die Worte als Zusatz der späteren Mss., wohl hervorgerufen durch kurz zuvor stehendes *et ... fecerunt decimanum*;
§§ 7–8 20 ø : *kardo in septentrionem* mit Ms. *S* hinzugefügt; **136**, 1–2 *hoc est primae adsignationis* : gelöschte, in den Text geratene Anmerkung. An seinen sonstigen Stellen gebraucht Hyginus *adsignatio* für das vorzugsweise durch das Achsenkreuz unterteilte «vermessene Land», so in §§ 17 u. 18, 43 u. 44, 46 u. bes. 48; 6 *praefecturae* : *-a* mit *A*; 12 *quam*
§ 9 *et limitum actibus* : der Vergleich ist völlig unlogisch; 13 *obsecundantes* : *obsecundant* — die Emendation zu part. praes. ist unnötig, wenn man die Interpunktion ändert und nach dem auf *alii ... alii* bezogenen Prädikat mit *Multi ... inscripserunt* einen neuen Satz beginnen

[7] Auch hier unterscheidet sich der Text dieser Edition von der Textkonstitution im Feldmesserbuch von 2018, in der ich noch *P* und Lachmann gefolgt war; die Übersetzung der Stelle ab *quare non omnes* muß lauten: «...weshalb nicht alle die Feldervermessung eher in Richtung Ost als in Richtung West blicken lassen.»

[8] Hygin verwendet das Wort in eigentlicher Bedeutung *sol illuminat diem* z.B. § 23 und § 24, beide Male jedoch näher an den Stellen, an denen er Dichterzitate verwendet.

läßt; 18 *numero* : *ad numerum* mit *S* – das zu *inscriptos* zu ziehende
Adverb ist der Ablativkonstruktion vorzuziehen; **137**, 3 *roborei* : *robur
et decor* – die Konjekturen von Turnèbe und Rigault versuchen, die
Endung *-et* begreiflich zu machen; das Londoner Ms. *S* hat die korrekte
Lesart erhalten; 3 *termini cavit. inscripserunt* : *terminos capitibus
inseri iussit* – komplett nach *S* und mit veränderter Interpunktion. Der
Palatinus *P* überliefert den Text nicht. Damit ist der *divus Augustus*
bis zum Ende des § 9 Weisungsgeber, was sinnvoller scheint als die
gezwungene Verbindung mit *cavit*; 5 *centuriarum* : *centuriarum capita* § 10
mit *S*, was das Vorhergehende wiederaufnimmt; 5–6 *sic quem ad mo-
dum qui* : gelöscht wegen unmittelbar folgenden *sic ... quem ad modum
qui* – der Schreiber ist wohl in der Zeile verrutscht; 6 *vel* : *ut* mit dem
überlieferten Text; 6 *in vertice* : *inter vertices* – den Sg. hat nur *P*;
7 *inscripserunt* : *scripti essent* – mit *ES*; 7–8 *et in* : *et*; 8 *solent* : *scribi
solent* mit *S*; 11 *intelligere[n]tur* : *intellegerentur* – die Athetesenklam-
mern sind unnötig und im Apparat nicht begründet. Auch in der 3.
pers. pl. ist unpersönliche Konstruktion möglich; 11–12 *sic quoque
haec inscriptio obscura est* : eine der von Hyginus referierten Genau-
igkeit entgegengesetzte Aussage eines verständnislosen Glossators;
13 [*quemadmodum supra*] : unnötige Klammersetzung; 14 *illi lapi-
di* : *illi⟨us⟩ lapidis* – ungenügend gekennzeichnete Emendation; 16 *ei-
dem numeri sic inscribuntur* : dieselben Worte folgen sinnvoller wenig
später. Auch hier scheint der Schreiber in der Zeile verrutscht; 17 [*sic
et*] : unnötige Klammersetzung; 18 *eidem numeri sic* : *eisdem numeris
sic* – vom Schreiber als Dittographie verstanden und falsch korrigiert;
138, 3 *intra cludunt* : *includunt* mit *AE*; 3–5 *sic — cludunt* : mit *B* § 11
ausgelassen; 6 [*singulorum*] : unverständliche Klammersetzung und
fehlerhafte Angabe im Apparat (*singulorum* lesen alle Mss.); 6 *inscrip-
tiones* : *-em* mit *B*; 8 [*in*] : unnötige Athetesenklammer; 9 [*omnia*] ...
[*enim*] : vgl. 8 [*in*]; 10 *quae inscriptio* : *quae finis inscriptio* mit *AE*
(*-es* in *B* stützt die Lesart); 11 *licet* : *ad liquidum* und Interpunkti-
onsänderung mit *S*, was durch *aliquid* in den älteren Mss. gestützt

wird[9]; 11–12 *inscripta sit* : *inscriptus sit lapis* mit *B*; 12 *perito mensori* : *peritum mensorem* mit *S* (Einfluß von griech. λανθάνειν τινά?)[10]; 19 *deinde ad* : *deinde, cum* mit *S*: dadurch ist das in *P* angehängte *cum perveniunt* überflüssig; *agrum, de quo agitur* : *agrum venerunt, de quo agitur* mit den älteren Mss.; 20 *cum perveniunt* : der Nachsatz ist durch *deinde cum ... venerunt* überflüssig geworden. Vermutlich hat der Schreiber von *P* versehentlich *cum* und *venerunt* ausgelassen und mußte nun den Temporalsatz nachträglich anschließen. Die Angabe Thulins zu *cum perveniunt* ist ungenau: Neben *A*, *E* und *S* schreibt auch *B* den
§ 13 Nachsatz nicht[11]; **139**, 1 *de quibus agitur* : {*de quo agitur*} Dittographie, vgl. 138, 19; 6 et : *est* mit *A*, *B*; 7–8 D.D. I V. — K.K. I : *Deinde primum ponunt quem et maximum* mit Ms. *S*. Ich vermute, daß der nur im Londoner Ms. erhalten gebliebene Satz in den anderen Mss. der Illustrationsbeschriftung der fig. 21 (fig. 85 Th) zum Opfer fiel, begünstigt vielleicht durch den Anfang *deinde primum* = DD I, wie an den Anfängen in *AE* und *B* zu erkennen ist. Der Zusatz *et* D.D. I — ET S. D.I.K.K.I stammt dabei, unzureichend gekennzeichnet, von Lachmann und Thulin und ist durch keine Überlieferung gedeckt; 8–9 *erit ergo — maximus* : gelöscht – der Text ist eine in den *edd.* unzureichend gekennzeichnete Konjektur Lachmanns. So steht *i.t.* beispielsweise nicht *nobis is*, sondern *nobis his* in *P* und *duobus* bzw. *e duobus* in *ABE* und *S*, *et maximus* schreibt *B* gar nicht. Auch hier vermute ich Textkorruption durch die Beschriftung der Abbildung[12]; 15 *sic ca-*

---

[9] Dies ist eine der vielen Stellen, die den Wert von *S* für die Überlieferung deutlich machen.

[10] In der lateinisch-deutschen Ausgabe hatte ich an dieser Stelle noch *perito mensori* mit den übrigens *codd.* gelesen; die teilweisen Gräzismen Hygins sprechen aber für Acc., vgl. KSt II 1, § 70, 257 und Varro *rust.* 1,40,1; Plin. *nat.* 2,82; Gell. 9,16 *tit.*

[11] Auch hier folgte in der lateinisch-deutschen Ausgabe von 2018 der Text noch ganz der palatinischen Redaktion; man beachte, daß *deinde* sich nicht auf den Hauptsatz *novam controversiam inveniunt* bezieht, sondern den Nebensatz einleitet.

[12] Wenn man meiner Textkonstitution folgt, kann dies ebenfalls als Indiz dafür genommen werden, daß Text und Zeichnungen schon im (Hyp-)Archetyp zusammengehörten.

verunt [*ut*] : *sancciverunt* mit *S* (*lectio difficilior*). Die Athetese von [*ut*] bei Thulin ist unnötig, er folgt ja *ABE*; **140**, 12–**142**, 12 : als unecht ausgeschieden: Lindermann, Feldmesserbuch 2018, 43–49; 12–19 *ideoque multis — possidetur* : von mir hinter p. 143, 5 ...*a foris accipere non possunt* gestellt. Miniator und Kopist haben wahrscheinlich die Reihenfolge von Text und Abbildung verwechselt. In jedem Fall führt die mit *ideoque* eingeleitete Begründung ganz natürlich in die logische Folge ein; 13 *actus in diversum* : *aliae in diversis* mit *B*; *novis* : *locis novis* – ich emendiere die Lesart von *B*, der *nobis nobis* schreibt[13]. Die Varianten aller Handschriften bis auf *P* deuten darauf hin, daß neben dem Dativ *novis limitibus* eine durch den Ablativ gebildete Ortsadverbiale gestanden haben muß; 13 *inciditur* : *inciduntur* mit *S*; 13–14 *tetrantum* : *et tantum* mit dem ältesten Ms. *B*; **143**, 2 *de-be⟨n⟩t* : *debet* mit allen Mss. Thulin folgt einer Konjektur Turnèbes, die § 15
er im Apparat unrichtig dem hier verwendeten Gudianus *G* (ein nicht zu berücksichtigender *descriptus*) zuweist; 3 *sed quo*[*nia*]*m* : die Tilgung durch Lachmann ist unnötig; ebenso hätte Guillaumin auf Änderung in *cum* bei Lesung von *quom* verzichten können; 5 *possunt* : hier habe ich den Text von 142, 12–19 (*ideoque — possidetur*) eingefügt; 10 *excelsa saxis* : *confragosa saxis* – mit *S*, der auch die Emendation *saxis* aus *factis* bestätigt; *ubi illis* : *ut illis* mit *S* (und teilweise gestützt durch *B*); 15 *coloniarum* : *coloni* ⟨*h*⟩*arum* – so auf mündlichen Rat von Widu-Wolfgang Ehlers. Der Satz verlangt zwingend einen Subjektwechsel im *ut*-Satz; 18 *Spellatium* : *Hispellatium* mit *S*; **144**, 3 *Axurnati* : In- § 16–17
terpunktionsänderung; 10 *decimanus maximus* : nicht mit *P* gelesen; 11 *oriuntur* – die Emendation Lachmanns wird durch *S* bestätigt. 11 *et* : *ut* mit *S*, wodurch auch *dirigantur* in *B* gehalten werden kann; *morem* – Emendation Lachmanns durch *S* bestätigt! 12 *ut* : mit *S* getilgt; 13–14 *colonia — continet* : *-ae -nt* mit *B*; 15 *iter ad forum* : *iter erat* {*forum*} – *P* (und mit ihm die *edd.*) versucht, die Lesung *iter ad* durch aus dem Folgenden gezogenes *forum* verständlich zu machen.

[13] Von Thulin ist diese Dittographie im Apparat nicht vermerkt.

Es liegt jedoch wohl falsche Korrektur einer Dittographie *itererad*
=iter erat vor; 19 *vel* : mit *S* gelöscht; 21–22 *hoc est litore terminan-*
§ 18 *tur* : deutlich erkennbare Glosse; **145**, 3–4 *quarum aeque* : *qua aqua*
mit *S*, was das *propter aquae commodum* wiederaufnimmt; 6 *et ip-*
§ 19 *si* : *ipsi* (*et* schreibt nur *P*;) 11 *rationi non quo* : *rationi nostrae quo* mit
S. Die falsch aufgelöste Abbreviatur führt dann zu störendem *non quo*
minus; 12–16 Interpunktionsänderung hinter *egerimus*, *obligabuntur*
und *ratio* gegenüber Thulin; 17 *factum est* : *f. erit* – Thulin folgt *P*;
19 *co⟨n⟩nexio* : *conexio* – die Konjektur ist unnötig; **146**, 2 *orbis* : *ur-*
bis – die von Thulin vorgenommene Konjektur wird von Guillaumin und
Campbell befürwortet. Ich habe sie mit den Mss. rückgängig gemacht,
doch bleibt die Stelle rätselhaft; 6 *oppositis* : *oppositus* auf *decimanus*
§ 20 bezogen; 8 *nominentur* : *-antur* mit *S*; 9–10 *ita ut* : *sicut* gestützt auf
B (*multisut*) emendiert; 10 *ortum et occasum* : *ortus et occasus* – mit *B*
constructio κ.σ.; 16 [*se*] : unnötig, da nur in *Py*; 17–18 *scierunt* : *scire*
et – ich interpretiere *scire et* (vgl. *scire*[*e*]*t AB*) als zweigliedrige, von
crediderunt abhängige Infinitivkonstruktion; 18 *ei* : *et*; **147**, 2 *desi-*
nat : *decidat* – wie bei *agmen novissimum* ist mit *novissime* der letzte
Punkt gemeint[14], an dem die Sonne untergeht; insofern muß ein Verb
vermutet werden, das dem *apparere* entgegengesetzt ist. *Desinere* setz-
te eine für Hyginus unübliche elliptische Konstruktion voraus; 3 *quia*
quod : *qu⟨od⟩ quid⟨em⟩* Im (Hyp-)Archetyp muß *qdqd* o.ä. gestanden
haben, was die Schreiber unterschiedlich aufgelöst haben[15]; 3 *nec illa*
ipsa regione : *nec in i.i.r.* gestützt durch *S in ulla* (vgl. auch das Fol-
gende); 8 *et illa ipsa regione* : gelöscht – vermutl. Dittographie aus
l. 3, da die Konstruktion einen Konditionalsatz (und damit Texteingriff)
notwendig macht; 8 ⟨*si*⟩ *sit* : *Sit* – Turnèbes Konjektur ist überflüssig;
10 *ferramento, necesse* : *ferramento. Necesse...* – Interpunktionsände-
rung; 14 *recte cum ferramento* : *recto ferramento, cum* mit *S*, so daß mit

[14] Vgl. auch § 27 *umbra ... novissima.*

[15] In der lateinisch-deutschen Ausgabe hatte ich hier noch *quia quidem* vermutet, doch schreibt Hyginus sonst *quod* oder *quoniam.*

cum der interrogative Nebensatz eingeleitet wird; 14 *sol occiderit* : *sol citra monte occiderit* mit *S*; 14–15 *et trans montem sol adhuc* : *et trans montem adhuc* mit *P*; 15 *adhuc*² : gelöscht; 17 *Quaerend⟨um⟩* von Thulin im Apparat ungenügend gekennzeichnete Emendation Turnè- § 21
bes. Die *codd.* schreiben *-a*; 18 *quae ratio* : {*quae*} *solis quae* – die *codd.* schreiben (von Thulin übersehen) *quae solis quae*, weswegen ich das erste *quae* getilgt habe; 20–21 *explicari enim desiderium nostrum ad verum* : noch im Feldmesserbuch 2018, 144 *ll.* 29–30 habe ich *ad verum* in † † gesetzt. Obwohl in § 55 der Ausdruck *ad verum formatam* steht, ist die adverbiale Konstruktion dort nicht mit der gekünstelten Ausdrucksweise dieser Stelle vergleichbar. Sie ist selbst bei christlichen Autoren nicht belegt. Ich habe deshalb, nach einigem Zögern, in *explicare enim de siderum motu ac versu* geändert. Die Präposition *de* bei *explicare* ist seit Cicero gebräuchlich und wohl auch Ausgangspunkt des Fehlers gewesen. Natürlich ist der Satz in der vorliegenden Fassung nicht so zu verstehen, daß die Gnomonik die Gestirns- und Planetenbewegungen erklärt. Der Satz ist weiter zu fassen in dem Sinn, die ‹*ars gnomonice*› als Astronomie insgesamt zu verstehen, wie ja schon die Erdgröße (*mundi magnitudo*) oder das Größenverhältnis Welt–Erde (*quanta sit mundo terra*) nichts mit der Gnomonik im engeren Sinn zu tun haben. Auch im folgenden § 22 geht es ja nicht um Schatten, sondern um die Abstände der Planeten zueinander; **148**, 4 *spiritum* : mit *S spatium*; 4–11 *Nam et Archimeden — deprehendit* : zur Löschung siehe Feldmesserbuch 2018, 40–43; 6 *posset* : die Emendation Lachmanns wird durch *S* bestätigt! 12 [*certam*] : unnötige Athetese; § 22
16 *tantum esse* : *tantum esse volunt* mit *S* – dem Satz fehlt sonst das Prädikat; **149**, 4 *ars musica* : *artes musicas* mit den älteren Mss., da von *fertur* genauso ein A.c.I. abhängig sein kann; 19 *finem* : *primae* § 24
mit *AB*, da es gar nicht um eine Grenze geht, wie *P* es verstanden zu haben scheint; 21 *in eum* : *in eo* mit *S*; **150**, 1 *aequet* : *aequat et* mit den Mss. *ES*, was auch durch das sinnlose *aqu- es qui* von *B* nahegelegt wird; 2–3 *solstitiali* : zurecht durch Lachmann emendiert (nicht angezeigt im Apparat Thulins); 3 *ordinatus* : *oppositus* mit *S*;

3 *sescontrarium* : *contrarium* mit *B*, da es um das Gegenstück zur *zona septentrionalis* geht; 4 *austrinalem* : ich ändere zu üblichem *austernalem*; 5 *ex circulo aequinoctiali* : *ex c. solstitiali* mit *S*: Die Konjektur Turnèbes wird bestätigt; 6 *extenditur* : *ostenditur* mit *P*. Der Text bezieht sich eindeutig auf die Illustration; 8 *intra* : die Konjektur Schultens ist zurückzuweisen, denn es geht um den Eintrittspunkt nach
§ 25 Lage der Zeichnung; 17 *de parallelo*[*n*] : unnötige Tilgung; 17 *tetartemorii* : nicht im Apparat gekennzeichnete, richtige Emendation Thulins (*P* schreibt zwei Worte *tetartem ori*); **151**, 6–9 *aequinoctialem* ... *oriente* ... *occidente* ... *brumalem* : ⟨*brumalem*⟩ ... ⟨*occidente*⟩ ... ⟨*oriente*⟩ ... ⟨*solistitialem*⟩ – die Begründung für diese Emendationen bei Knobloch 2015, 57–61; und Guillaumin 2005, 101 u. 196 n. 158;
§ 26 9 *intra* : *infra* – *intra* verwendet Hyginus adverbial; schon in § 24 habe ich Schultens Konjektur *Per hunc* (sc. *circulum*) *sol hoc est infra, ire fertur* zurückgewiesen. Das Schattenende des Gnomon tritt nicht «innerhalb», sondern unten in den Kreis ein. **152**, 18 *mediam* : *medium* nach folgendem *per quem locum*, eine Verschreibung als Resultat aus dem unmittelbar folgenden *per quam lineam*; 20 *decimanos* : *decimanum* mit *B*; 22 *interverterimus* : *invenerimus* mit der Korrektur
§ 27 durch *P*; **153**, 2 *describamus* : *describimus* mit *S* und analog zu den Präsentia in *AB* (vgl. 153, 8 *describimus*); 5+7 *ante meridiem ... post meridiem* : *ante meridie ... post meridie* – von Thulin ungenügend gekennzeichnete und überflüssige Konjektur. Ebenfalls unterläßt er es, im *app. crit.* auf die Varianten hinzuweisen: *A* u. *B* lesen *-ae* (was *P* grammatisch richtig zu -e korrigiert hat), *ES* schreiben *m-em*. Dieser Lesart folgen neben Thulin auch die anderen Editionen, doch hat Usener 1912, Grammatische Bemerkungen, 260 und *nota ad locum* richtig darauf hingewiesen, daß ein temporal erstarrter Lokativ vorliegt; 8 *pro portione* : *proportione* (die Tradition der Mss. weist auf ein Wort); 8 *multipedam* : *multiplicationem* mit *S* und den herangezogenen Mss. der anonymen Geometrien; 8 *describemus* : *describimus* mit *AB*; 12 *in basi* : *in pari* – ich folge der Emendation Bubnovs; 13 BE ⟨B⟩D ⟨B⟩C : die Eingriffe Lachmanns sind unnötig; 14 *intervallo* E : *intervallo* ⟨A⟩E mit

Knobloch, Feldmesserbuch 2018, 77 – schon kurz vorher arbeitet Hyginus mit exakten Streckenbezeichnungen; **154**, 2 *deinde ex* : *deinde et* § 28
ex. In den *edd.* steht *et* an falscher Stelle; 8–9 ⟨*t*⟩*et*⟨*rantem*⟩ : *et ipsum circulum quadrifidum* mit *S*, das als einziges Ms. den richtigen Text bewahrt hat und nicht nur die vorher beschriebene Kreiskonstruktion wieder aufnimmt, sondern auch die ansonsten unverständliche Kreiszeichnung erklärt, die die Mss. bieten; 9 *constituemus* : *constituimus* mit *S*; 11 *constituta* : *constituta erit et* mit *S*; 11 *convenit* : *conveniet* mit *S*; 14 *ita si* : *it*⟨*em*⟩ *si* – Eberhard Knobloch und ich sind darin einig, daß der sonst von Hyginus gewählte Anschluß *item* (vgl. §§ 3 u. 4) auch hier gestanden haben muß, weil zwei Fallbeispiele, das der *colonia in loco culto* und das der *colonia ab solo* beschrieben sind; 14–15 *decimanum maximum* : *decimanum* – nur *P* schreibt *maximum*; 19 *vana* : *varia* mit den *codd.* – es geht um eine veränderte Visierposition; 20 *paret* : *apparet* mit *B*; **155**, 1 *hos* : *hoc* gegen *P*; 2 *hic* § 29
recorrigendi : *hic corrigendi* mit den älteren Mss. *P*, dessen Lesart Thulin wählt, deutet die Dittographie HICC falsch; 3 *praestent* : *perstet* mit *S*; 5–6 *frequentius in provinciis* : *recentius improbantes* mit *AB* § 30
und *S* – diese Stelle ist ein schöner Beleg für das Zusammenwirken der arcerianischen Mss. mit *S* für die Textkonstitution und die Arbeitsweise des *P*-Schreibers, der aus *rec*- *freq*- verlas und aus einer wohl abgekürzten Schreibung *improb*- o.ä. ein *in provinciis* gemacht hat[16]; 10 *partitionem* : *portionem* mit *S*; 14 *acti* : *ac*{*ti*}*tuarii* – der Kontext (und die Lesart von *B*) gestatten den Eingriff; 14 *ex hoc* : *ex hac* mit *B*. Der Bezug ist *rectura*; 16 *prensis* : *praesentem* mit *S* (gestützt auf *AB*) – auch hier wird in der Vorlage eine Abbreviatur gestanden haben; 16–17 *longinquo ... propinquo* : ⟨*propinquo*⟩ ... ⟨*longinquo*⟩ – nicht § 31
nur die übliche Reihung gestattet die Umstellung, sondern ebenso der Kontext, der durch die Stellung von *propinquo* bei Thulin unlogisch ist. Guillaumin (2005, 106) hat zwar richtig *propinquo* in *longinquo*

[16] Die Verwechslung von B und V/U haben schon die Arceriani.

geändert, doch müssen beide Wörter zusätzlich vertauscht werden[17];
18 *quae ex recta* : *quae erecta* – falsche Auflösung von *quaeerecta*?;
§ 32 **156**, 6 *quod est inter* B *et* A : *quod est in{ter}* A – richtige Emenda-
tion von Hinrichs, da es um den Punkt (*signum*) A geht; 11 *fuerit*
FE *ad* EG *si et* FB *fuerit* ⟨FE *ad* EG *sic et* FB⟩ – Nachtrag der Klam-
mern und gegenüber Lachmann und Thulin mit der Mehrzahl der Mss.
§ 33 *sic* statt *si*; **157**, 6 [*sic*] : Athetese ist unnötig; 7 *kardines meridiani*
et septentrionis : *kardinis meridianus et septentriones* – *kardinis*
ist Genitivattribut zu *ordinationem*, *meridianus* und *septentriones*[18]
§ 34 sind Subjekt des zweiten Satzkolon; 10 *debemus* : *dabimus* – mit
den *codd.*; man vgl. kurz vorher *secundum legem suam dabimus*. Ich
vermute wegen der Offensichtlichkeit des Fehlers nicht ein Versehen
Thulins, sondern einen Druckfehler; 11 [*autem*] : überflüssige Athe-
tese Lachmanns – nur *P* schreibt *autem*; 12 *omnibus decimanis* [*et*]
kardinibus : *omnibus* mit *S* – *decimanis* [*et*] (unnötige Tilgung Lach-
manns) *kardinibus* ist eine redundante Zutat von *ABP*; 13 [*limitibus*
omnibus] : *Omnibus* – die Tilgung ist unnötig und verwirrend. Die
Stelle läßt sich über Interpunktionsänderung und Belassen von *omni-*
bus heilen; 15 *politos* : *polito* – mit *S* und Interpunktionsänderung;
15 *crassos* : *crassum* mit *S*; 16 *habeant* : *habeat* – den Plural überliefert
§ 35–36 allein *P*; **158**, 4 DECIMANVS MAXIMVS : DECIMANVS TOTVS mit Mommsen;
§ 37 8 *singuli* : *singulis* – mit *BS*; 12 [*in*] unnötige Tilgung Thulins und un-
richtige Auszeichnung im Apparat; 12 *adscribemus* : hinter dem Verb
ändere ich die Interpunktion; 17–**159**, 1 *Sic et* D.D. I. — K.K. I. : nach
§ 38 *S*; 4 *quidquid* : *quisquis* gegen *P* mit den restlichen Mss.; 6–8 *sic et*
k(itra) — *sive kardine[s]* : *sic et k(ardo)* — *sive cardinem* – ich folge
der Überlieferung von Ms. *S*; mit Thulin, der weitgehend nach *P* geht,
müßte man erklären, warum das ‹k› hier auf einmal für *kitra* steht und
nicht für das sonst übliche *kardo*. Daß hier *kardo* gestanden haben

[17] Man beachte auch die Wortwahl im Folgenden: *excussis longitudinibus longiorem lineam ad brevioris longitudinem*. Es geht um das Anvisieren entfernter Punkte.

[18] Die Verschreibung *septentrionis* statt *-es* ist erklärlich; das Wort begegnet aber in der Literatur meist im Plural.

muß, legen die Arceriani nahe, die nicht abkürzen, aber mit dem Text
ebensowenig anfangen können wie der Palatinus; 10 *debemus* : *debebit*;
18–19 *terminaverimus* : *geminaverimus* mit *S* – Verwechslung von § 39
G und T in einer Minuskelkursive? 19 *illa* : *illas* – ebenfalls mit *S*;
19 *adsignabunt* : *adsignabuntur* mit *S*; 20 *et in* : *etiam* – wegen des
Folgenden halte ich überliefertes *et in* für eine Verschreibung; 21 *for-
ma ita ut erit ostendemus* : mit *S* lasse ich diese in *ABP* überlieferten
Worte weg. Sie sind wegen des folgenden *ut et in forma ... demonstret*
redundant und in der Konstruktion merkwürdig[19]; **160**, 1 *erit* : *fuerit*;
13 *ullam coloniae* : *coloniae ullam* – mit *P*; alle *edd.* schreiben *ullam* § 40
coloniae, ohne diese Umstellung zu kennzeichnen; 18–19 *sic eorum —
permissum est* : frühere Editionen vermuten die Dittographie dieser
Worte in *B* an zweiter Stelle; dabei stehen sie dort korrekt (Zeilenrut-
scher); 19 *reditus coemit et militi* : *meritum et militiam* mit *B*, was
die Stelle nicht nur stilistisch aufwertet, sondern auch verständlicher
macht; 22 *aeque* : *neque* {*de*} mit *S* und Athetese von *de*, da so die Reihe § 41
«*neque ... nec ... aut*» vervollständigt werden kann; 22 *id ad ipsam* : *et
ad ipsam* – womöglich ein weiteres Indiz für Überlieferung aus einer
Minuskelkursive? *B* schreibt *adiectam*, *S ad captam*. Die Unterschiede
bei Minuskelkursive sind geringfügig. Trotzdem sollte mit *B* in jedem
Fall an *et* festgehalten werden und mit leichter Interpunktionsänderung
hinter *pertinebit* ein neues Kolon begonnen werden; **161**, 2–3 *adscrib-
emus* : *adscribimus* – Druckfehler oder ungenügend gekennzeichnete
Emendation Thulins, da alle Mss. kein E schreiben; 5 *ut puta* : *remo-* § 42
ta – ich folge, v.a. für die LEX SEMPRONIA, dem Text von *S*; 8 *Aeque
lucus* : *Ea lege* {*vel*} mit *S*[20]; 11 *insignium* : *insignia* und Interpunkti-
onsänderung, da *insignia*, *mensurae* und *vocabula* Subjekte des Satzes
sind; 24 *significabimus* ist Annahme Thulins nach V für B. Die von ihm § 43

[19] Man beachte auch die Wiederholung von *et in forma*; vermutlich ist dem Abschreiber die Stelle zu früh in die Feder gekommen.

[20] In der lateinisch-deutschen Edition, § 42, 180, habe ich vergessen, die Athetese des *vel* zu kennzeichnen.

verwendeten *codd.* schreiben *-vimus*[21]. Ms. *S* bestätigt das gewählte Tempus; 24–**162**, 1 [*praeterea — asperitas est*] – die geographische Glosse eines wohl ortskundigen Schreibers haben nur die Arceriani. Sie athetiert *i.t.* zu stellen, ist unnötig; 5 *applicato* : *appellatae* mit *S* – die
§ 44 Emendation Lachmanns ist nicht angemerkt; 16 *centurias* : *centuriam* mit *S*; *sexagena sena besses* : LX VI S⟨:⟩ – mit den älteren Mss. habe ich die entsprechenden Zahl*zeichen* geschrieben; 18 [*homines*] (nur in *P*) ist eine unnötige Athetese Lachmanns; 19 *frontibus* : *partibus* mit den Mss. *AB*; 19 *de terminabimus* : *determinabimus* – Druckfehler der Teubneredition? Auch hier steht *-vimus* in den von Thulin verwendeten Mss. Erst *S* bestätigt die Konjektur; **163**, 1–3 *tollere — sortem* : mit *B* werden diese Worte nicht abgedruckt. Wie sie in *A* geraten sind, ist eine interessante Frage, doch ist die Überlieferung im Folgenden ebenfalls gestört[22]; 4 *conternationum factarum* : *conternatione facta* mit *S* und davor Beginn eines neuen Kolon. Daß Ablativendung *-e* gestanden hat, beweisen *A* mit eben dieser Endung und *B* mit falsch
§ 45 verstandener Ligatur *-em*; 8 *si* : *sic* mit *AB*; 9 *urna* : *unam* mit *B*; 9–10 *singulis — primo* : *dum* – im Gegensatz zu Thulin bevorzuge ich *A* und *B* vor *P*; 10 *qui* : *cui* mit *S* – die Verwechslung von C und Q ist natürlich; 11 *prima* : *una* (*AB*) – falsche Auflösung eines Zahlzeichens I in der Vorlage? 11 *ceterae* : die Mss. schreiben *ceteri* (*P reliquae*) – im Apparat hat Thulin diese Anpassung nicht vermerkt. Sie ist aber unnötig; 18–**164**, 1 *hanc — inscribemus* : diese Erweiterung liefert nur *P*. Sie wird in den bisherigen Editionen abgedruckt, doch überliefern sowohl *A* und *B*, als auch *S* diese Worte, die eine
§ 46 redundante Erklärung enthalten, nicht; 7 EATENVS ... QVA FALX ET ARATER EXIERIT – ich habe diese Worte als zitierte LEX typographisch abgesetzt;

[21] Ich halte es, trotz der Gepflogenheit der Schreiber in beiden Arceriani, statt B ein V zu schreiben, für unzulässig, bei Doppeldeutigkeiten wie hier beim Tempus (resultatives Perfekt), die Schreibweise einseitig anzupassen.

[22] Am deutlichsten erkennbar ist das in dem fälschlich als Gen. interpretierten Abl. abs. *conternatione facta*; damit wird die Parallele zu späterem *peracta deinde conternationum sortitione* zerstört.

9 *a possessoribus* : getilgt – die Worte sind in diesem Kontext unverständlich und vermutlich durch das unmittelbar folgende *proximis possessoribus* in den Text geraten; *ostendemus* : *ostendimus* – die (im Apparat nicht vermerkte) Emendation von van den Goes ist unnötig; 19 *et ex* : *vel ex* – die Stelle drückt (von Lachmann richtig vermutet, da er *et* athetiert) keine Aufzählung, sondern einen Gegensatz aus;
165, 4 [*scire*] : die Klammer ist unnötig. Nur *A* und *B* überliefern das § 47
Wort; 5 *sciat* : ⟨*facile*⟩ *sciat* – eine Zeile vorher schreiben *AB* statt *facere scire debemus facile scire d.* – meine Vermutung ist, daß für die falsche Stellung von *facile* nur ein Verrutschen in der Zeile Ursache
ist[23]; 10 *omnes aeris* : *omnes* – *P* bietet den richtigen Text: das Wort § 48
kommt wenig später an seiner richtigen Stelle vor und ist hier redundant; 11 *data adsignata ... reddita commutata* : *data*, *adsignata ... reddita*, *commutata* – Interpunktionsänderung; **166**, 2 *debebit* : *Typum — ostendat* – den von den Mss. überlieferten Satz hatte Thulin für eine zur folgenden Illustration gehörende Beschriftung gehalten. Schon Guillaumin hatte diesen Irrtum in seiner Edition 2005 zu Recht korri-
giert[24]; 4–5 *coloniae ius* : die Kennzeichnung der Emendation durch § 49
Rudorff macht den Eindruck, als sei nur das E zu korrigieren gewesen. Tatsächlich löscht er einen Buchstaben, da die Mss. *coloniam eius* überliefern[25]; 9 *gratiae* : *gratia*{*e*} – syntaktisch besser; 14–15 *utile*⟨*m*⟩ *ait* : *alii* – auch im Folgenden bevorzuge ich die ältere Lesart; 15 *oportere* : mit *AB* weggelassen; 15–16 *accipienti* wird bestätigt durch *S*; 18 [*et*] unnötige Athetese (nur in *P*); 19 [*acceptae*] ebenso; **167**, 2 [*er-*
go] ebenso; 2–3 *hoc est centuriabimus* : deutliche, aus dem Text zu § 50
tilgende Glosse, die das davorstehende *agrum limitibus includemus* redundant erklären möchte; 5 [*autem*] unnötig (nur *P*); 5 *ut si* : *ut* mit *AB*; 6 *continebit* : Interpunktionsänderung und Satzschluß hinter dem Prädikat; 8 *si* : *si*⟨*c*⟩ – der Konditionalsatz ist wenig sinnvoll[26]; 8–10 *du-*

[23] Nicht nur *B* schreibt *facile*; auch *A* verbessert selber *facere* in *facile*.
[24] Guillaumin 2005, 117.
[25] Nur *S* hat *colonia eius*, doch diese Handschrift war Rudorff unbekannt.
[26] Die Konjekturklammern habe ich im Feldmesserbuch 2018 vergessen.

bitur — IUGERA XLV : diese Worte halte ich nach dem handschriftlichen
Befund für einen *locus corruptus* (*B* überliefert sie nicht); 11 *debe-*
bit : *deberet* ist notwendig wegen des Finalsatzes; 11 *et cetera* : *cetera*
gegen *P*; 12 *sortitos — adsignabimus* : mit *AB* gegen *P* weggelassen;
13–14 *formas — ut supra dixi* : mit *AB* gegen *P* weggelassen; 15 ⟨*a*⟩
conditore — ⟨*in*⟩*feremus* : *conditori ordinata*{*m*} *praeferemus* – mit *B*;
§ 51 **168**, 3 *centurias* : *vias* – die Einteilung in *centuriae* wäre keineswegs
allein *more colonico*, sondern die allgemein übliche Unterteilung gewe-
sen. Gerade wegen der thematischen Nähe zur Landerschließung ist die
Lesart von *AB* die bessere; 3 [*autem*] unnötige Athetese; 3–4 *huius*
soli : *huiusmodi* – es ist nicht nachvollziehbar, warum Hyginus vom
sonst gewählten Wort *ager* abweichen sollte; 4 [*enim aliquid*] unnötige
Athetese Lachmanns; 5 [*agrum*] ebenso; 6 *mensurarum* : *ita et* mit *S*;
7 *debet* : *debent* mit den älteren Mss.; 9 *privatas* : *probata* mit *S* (man
beachte die Schreibung v/b); 9 *observationes* : *observatione*; 10 [*autem*]
§ 52 unnötige Tilgung eines nur in *P* überlieferten Worts; 11 [*provinciis*]
ebenso; 13 [*enim*] ebenso; 14–**169**, 1 *arvi primi — constitutum* : *sin-*
gulae species — constitutae sunt – ich folge *S*; die Aufzählung, die *P*
bietet, irritiert, wogegen der Text von *S* die Einzelerscheinungen zusam-
menfaßt; *horum* : *harum* – durch das Vorangehende ist die Emendation
überflüssig; 1 *aestim*{*at*}*io* : *aestimationi* – schon Guillaumin[27] weist
die Emendation Rigaults, der Lachmann und Thulin folgen, zurück,
schreibt aber unnötig den Ablativ *aestimatione*; 1 *nequa* ist eine unnö-
tige Konjektur Turnèbes, die ich rückgängig gemacht habe; 2–3 *nam*
et : *etiam* mit dem ältesten Ms.; 6 *conprehendere* : *conprehendi* mit *S*;
§ 53 9 *limitum* : *limitem* mit den älteren Mss.; 9–10 *observabimus ... li-*
mitari – gegenüber Thulin ändere ich die Interpunktion und markiere
das Kolon-Ende nach *limitari*; 12 *eis limitibus* : *et limitibus*; 14 *duo-*
denos : XII[28]; 15 †*quattuor et quattuor* : *quattuor vel* – *S* beseitigt
§ 54 die Korruptel; 15 *duodenos* : XII; **170**, 5 [*autem*] unnötige Athetese

[27] Guillaumin 2005, 120.

[28] Thulin hat nicht notiert, daß *B* schon hier falsch XVII schreibt.

Lachmanns; 6 *agemus ... defigemus* : *agimus ... defigimus* mit *ABS* und Interpunktionsänderung (Satzschluß); 7 *primum a d. m. et k* schreibt nur *P*. Der Einschub unterbricht den ansonsten flüssigen Anschluß des *Ablativus absolutus* an *incipiemus*; 15 D. D. V STRIGA PRIMA SCAMNO II – die modernen Editoren (und auch Thulin in seinem Apparat) folgen § 55
der Emendation von Barthel.

Im Unterschied zu früheren Ausgaben des LIBER GROMATICVS, auch zu derjenigen der wbg von 2018, habe ich durch Punkte den Textabbruch anzudeuten versucht. In den älteren Mss. findet sich, im Gegensatz zum Palatinus *P*, kein EXPLICIT vor der dann überlieferten LEX MAMILIA ROSCIA PEDVCAEA. Es ist unwahrscheinlich, daß Hyginus kurz nach der Einleitung eines neuen Themas seinen Traktat beendet hätte. Viel wahrscheinlicher scheint mir, daß das in *P* überlieferte INCIPIT EIVSDEM DE LIMITIBUS ET CONDICIONIBVS AGRORVM HYGINI auf die nicht erhaltene Fortsetzung hinweist, die im Palatinus nur künstlich getrennt worden waren. Es ist anzunehmen, daß Hyginus sich nach der Methodik der Grenzziehungen nun dem Verhältnis der Grenzen zu den von ihnen begrenzten Landstücken zugewandt hat und daß dieser Traktat einen stärker rechtlichen Einschlag bekam. Ohne weitere Textfunde bleibt dies aber Spekulation.

5.2. Unterschiede im INCERTVM FRAGMENTVM (Thulin 140, 12–142, 12)

141, 2 *incremento* : *incrementum* – Die Überlieferung der Mss. *ES* § 3
deutet, wenn sie auch späte Zeugen sind, darauf, daß ein Akkusativ -ū für -o verlesen wurde[29]; *r(ei) p(ublicae) p(opulus) r(omanus)* : *res publica populi Romani* – durch vorausgehendes *incrementum* und durch die Schreibungen von *AB* bedingt; 3 *habuit* : *habuerat* mit *B* – fast das gesamte Stück steht, nach der Einleitung der §§ 1–2 im Imperfekt oder Plusquamperfekt (in unmittelbarem Kontext z. B. *acceperant*, *habebatur*, *deducebantur*); **142**, 1 *commilitii* : *humiliter* mit *B* – ich habe § 5

[29] Ein weiteres Indiz dafür ist wohl auch, daß *A res* schreibt.

schon an anderer Stelle[30] festgestellt, daß die Schilderung, wie sie im Text Thulins steht, unlogisch ist; 3 [*in*] : unnötige Tilgung; 6–7 *in*
§ 6 *provinciis. Quibusdam ... quosdam* : Ich ändere die Interpunktion und ziehe *quibusdam* zu *provinciis*. Ebenso beginne ich mit *Quosdam* ein neues Kolon.

[30] Lindermann, Feldmesserbuch 2018, 43–49, bes. 47.

6. Siglen und Verzeichnisse

6.1. Siglen für Lexika und Sammelwerke

CIL — *Corpus Inscriptionum Latinarum, consilio et auctoritate Academiae Regiae Borussicae editum.*, 17 Bde. in zahlr. Teilbänden, Berlin 1863–.

DNP — *Der Neue Pauly. Enzyklopädie der Antike.* edd. Hubert Cancik, Helmuth Schneider (Antike), Manfred Landfester (Rezeptions- und Wissenschaftsgeschichte); 21 Bde., Stuttgart/Weimar 1996–2003.

KSt — R. Kühner, C. Stegmann, F. Holzweissig, *Ausführliche Grammatik der lateinischen Sprache*, 2 in 3 Bde., Hahnsche Buchhandlung, Hannover ^{2}1914 (ND Darmstadt 1997).

LHSz — *Lateinische Grammatik.* Auf der Grundlage des Werkes von Friedrich Stolz und Joseph Hermann Schmalz herausgegeben von J. B. Hofmann; A. Szantyr, 3 Bde. Handbuch der Altertumswissenschaften II 2.2, Beck, München ^{5}1965.

LSJ — Liddell, H.G., Scott, G., Jones, H. (edd.), *A Greek-English Lexicon. With a revised supplement. Compiled by Henry George Liddell and Robert Scott. Revised and augmented throughout by Henry Stuart Jones with the assistance of Roderick McKenzie and with the cooperation of many scholars*, Oxford 1940 (suppl. 1996).

RE Georg Wissowa, Wilhelm Kroll, Karl Mittelhaus, Konrad Ziegler, Hans Gärtner u.a. (edd.), *Paulys Realencyclopädie der classischen Altertumswissenschaft. mit Supplementbänden und Register*, Stuttgart 1893–1980.

ThlL *Thesaurus linguae Latinae. Editus iussu et auctoritate consilii ab academiis societatibusque diversarum nationum electi*; Berlin 1900–.

6.2. Verzeichnis der Mss.-Digitalisate

A, *B* Wolfenbüttel, Herzog-August-Bibliothek, Guelf. 36.23 Aug. 2° http://diglib.hab.de/mss/36-23-aug-2f/start.htm?image=00001

J Jena, Thüringer Universitäts- und Landesbibliothek, Prov. f. 156 https://archive.thulb.uni-jena.de/hisbest/receive/HisBest_cbu_00031149

P Vaticano (C.d.), Biblioteca Apostolica Vaticana, Pal. lat. 1564 https://doi.org/10.11588/diglit.9860

p Bruxelles, Bibliothèque Royale de Belgique, 10615-729 https://opac.kbr.be/LIBRARY/doc/SYRACUSE/18349465

G Wolfenbüttel, Herzog-August-Bibliothek, Guelferb. 105 Gud. lat. 2° http://diglib.hab.de/mss/105-gud-lat/start.htm

F Firenze, Biblioteca Medicea-Laurenziana, Plut. XXIX.32 http://mss.bmlonline.it/?search=Plut.29.32

y München, Bayerische Staatsbibliothek, Clm 13084 http://daten.digitale-sammlungen.de/~db/0004/bsb00042784/images/

μ München, Bayerische Staatsbibliothek, Clm 14836 [*Hermanni Contracti libellus de mensura astrolabii*]
http://daten.digitale-sammlungen.de/~db/0006/bsb00060096/images/

Z Barcelona, Archivo de la Corona de Aragón, Ripoll 106
http://pares.mcu.es/ParesBusquedas20/catalogo/show/1994850

z Paris, Bibliothèque nationale de France, Par. lat. 8812
https://gallica.bnf.fr/ark:/12148/btv1b10033284g

Teil II.

Hygini liber gromaticus de limitibus constituendis

TESTIMONIA ANTIQVA

COMM. *grom.* p. 54,7–14 Th: Nam decumanum limitem traxerunt, sicut H i g e n u s describit, ab occidente in orientem, cardinem vero a meridiano in septentrione⟨m⟩ duxerunt. Quidam vero ex adverso eos asserunt constitutos. Nam et alibi limites facti sunt ab his, qui solis ortum et occasum secuti sunt; quos fefellit ratio geometriae. Mihi tamen, sicut H i g e n u s constitui decrevit limites, ita rationabile videtur, ut decumanus maximus in orientem crescat et cardo maximus in meridianum.

Praefatio

De codicibus

Hygini *LIBER GROMATICVS DE LIMITIBVS CONSTITVENDIS* in omnibus codicibus servatur, qui scripta agrimensorum Romanorum continent. De traditione textus in primis Carl-Olof Thulin meruit, qui post Lachmann editionem manuscripta gromatica de integro recensuit. Cuius recensionem probavit Toneatto in libris de codicibus artis mensoriae editis anno MCMXCIV, et Guillaumin quoque sua editione anno MMV secutus est. De codicibus, quoniam permulta Thulin, Toneatto disseruerunt, hoc loco copiose disserendo decessi. Codices, quos in hac editione inspexi adhibuique, in tres classes distinguendi sunt:

Wolfenbüttel, Herzog-August-Bibliothek, Guelferbitanus 36.23 Aug. 2° (s. v *ex.*–vi *in.*): Primam classem praestant manuscripta, quae in Arcerianis servantur, quod nomen a possessore Ioanne Arcerio, in Traiecto ad Rhenum nato, viro doctissimo et litterarum studiosissimo, ceperunt. Quorum in parte vetustiore (*B*) Hygini tractatus perpaucis orationibus omissis fere integer continetur, item quidem in parte minore (*A*), praeter folium singulum inter foll. 59v et 60r, aliud mutilum in fol. 62v et in fol. 64rv. Tractatus verbis *inter omnes mensurarum ritus* incipit in utroque codice *A* et *B*. Non *A* solum, sed *B* quoque in monasterio Bobbiense scilicet scripta paulo post in uno codice colligata sunt.

B Arcerianorum pars vetustior textum foll. 136v–155v in duobus columnis scriptum tradit. Illustrationes, quibus *A* excellit, non habet; librum gromaticum, ut supra dixi, fere integer servat. In fol. 138v *Et quidam – – longitudo constaret* oratio una omissa est, ceterum quidem lectiones ut *A* continet. Quia *B* est vetustissimus videlicet, lectiones eius in iis locis, quibus ceteri codices dissentiunt, praefero. Proximus esse vel archetypo vel hyparchetypo mihi quidem videtur. In 139v, ut exemplum afferam, post verbum *includunt* in omnibus codicibus praeter *B* oratio *sic et in suo intervallo distantes centurias his inscriptioni-*

bus cludunt servatur. Editores Hygini hanc orationem in apparatu a *B* omissam significaverunt, sed non dubitandum est, ne haec verba in contrario aut a scriptore *A* aut ab aliquo glossatore addita essent. Supervacanea enim suis locis videntur et quod ab Hygino paulo ante dictum est, repetunt et geminaverunt. Illustratione quoque hoc loco in *A* posita satis expressa sunt.

Altera pars Arcerianorum permultis figuris schematibusque geometricis exornata est, de quibus alio loco multa scripta inveniri potest[1]. A
His ipsis picturis ad fortunam deplorandam huius codicis venitur, quia illustrationes suae magni pretii aestimatae sunt a quibusdam, qui folia, quae illustrationes perpulchras continerent, inverecundis manibus mutilaverunt. Inter quos unus saltem non ignotus mansit Gerardus Mortaigne eo, quod se Arcerianum possidente et nomen et scelus suum versibus manifestum fecit[2]. MS *A* quoque Hyginum fere integrum foll. 41v–65r servat. Aliqua verba in foliis aut omissis aut mutilatis post fol. 48v interque foll. 58v 59r (*si fuerit mons*) desunt. Folium forsitan a Mortaigne mutilatum invenimus 62rv in superiore parte (*coloniae -- ostendat*), idem infra in folio 64rv (*dari -- per falsas,leneariis -- dimidio*). Hoc loco nobis melius accidit, ut aut novem aut octo solum verba illo modo cum picturis deperdita essent. – In *A* et *B* lectiones traduntur, quae in classe secunda et codicibus mixtis falso corrigatae sunt; quas editores nihilominus secuti. In Arcerianis iuncturae, ut exemplo utar, *ante/post meridiœ* inveniuntur; quae in codicibus secundae classis semper in *ante/post meridiem* emendatae sunt. Conprobatis quidem his emendationibus ab editoribus haec voces tamen proprie et Latine sunt adverbiales, quae posterioribus solum temporibus falso pro vocibus praepositionalibus habentur[3].

---

[1] Mütherich 1974; Carder 1976; Thorson Hause 1997; Lindermann, Feldmesserbuch 2018, 30–38.

[2] Fol. 156v: Te mea rusticitas laceravit et improbus error | Namque polonum te, sed male, credideram. | Iam perge ad doctos, melius tractandus ab illis. | Te eheu vellem nostras non tetigisse manus.

[3] Usener 1912, 260, vide etiam notam suam ad locum asterisco *) signatam.

P **Vaticano (C.d.), Biblioteca Apostolica Vaticana, Palatinus latinus 1564** (s. ix 2/4): Secundam classem praestat codex Heidelbergensis nunc in bibliotheca Apostolica Vaticana servatus. Eum ad Aquae Grannos conscriptum esse multis vestigiis pro certum habemus. Hyginus in *P* integre praeter initium servatus est. Desunt orationes *Inter omnes -- adscribitur* paragraphi primi, ita ut in *P* verbis *Ab hoc exemplo* fol. 82v liber gromaticus iniit. In postrema parte quoque huius codicis textum mutilatum et cum aliis verbis ex Hygino confusum fol. 149r invenimus: *omnem mensurae huius — scamna cludemus*. Codices e
(p) Palatino descripti multi exstant. Unus his diebus in Bruxelli urbe (Bibliothèque Royale de Belgique 10615-729 [s. xii^2]) sine illustrationibus, alius in Guelferbyti bibliotheca servatur (Wolfenbüttel Herzog-August-
(G) Bibliothek Guelferbitanus 105 Gud. lat. 2°, [s. ix]), qui picturas *P* simpliciter et interdum rude imitavit. Quo codice quidem Lachmann et Guillaumin sine necessitate in suis editionibus usi sunt. Lectiones cum *P* comparanti pro certo evenit, ut Gudianus e Palatina redactione exortus sit; quem codicem descriptum Thulin in sua editione recte exclusit.

E **Erfurt, Wissenschaftliche Allgemeinbibliothek, Amplonianus 4° 362** (s. xi–xii): Tertiam classem codicum gromaticorum *E* et *S* praestant. Alter nunc in Erfordensi bibliotheca servatur. Textum a paragrapho tertio huius editionis verbis *Limites autem appellati a limo* in folio 90r ad fol. 92v (*servari placuit* § 14) tradit. Tractatum Siculo Flacco tribuit et in foliis 92v–93r cum aliquo textu e libris coloniarum sumpto permiscuit. Deinde quidem constitutionem Hygini ad § 28 (fol. 96v) persequitur. Reliquum defuit. Sicut evenit, ut inter omnes codices *E* minimam partem Hygini servat, quod in tabula a Guillaumin pagina LXXI suae editionis praebita optime conspiciamus.

S **London, British Library, Additional 47679** (s. xii): De altero codice multum cum in libro, qui «Hyginus. Das Feldmesserbuch» inscriptus est, tum in illis studiis, quae editioni criticae meae in lingua Theodisca addidi, disserui. Hoc loco ideo paululum scribam. Codicem *S* maximi momenti traditioni textus esse Folkerts recte cognovit[4]. Itaque maxime deplorandum est, quod ab editoribus recentioribus non tanto, quanto meruisset, aestimatus est. In editione Guillaumin, qui primus hoc codice uti videtur, ‹aliquotiens› solum adhibetur. Lectiones quidem huius codicis multis in locis optimum textum praebuerunt et inter reliquos codices se distinguunt, ut miremur, cur parvo pretio aestimatus sit. Etiam in hoc codice Siculus Flaccus auctor tractatus Hygini gromatici nominatus est. Textus a paragrapho tertio *Limites autem appellati a limo* sicut in *E* traditur foll. 58v–75v; item foll. 62v/63r cum libris coloniarum permiscuit. Ceterum autem *S* tractatum Hygini totum tradit.

In hac editione codicibus duobus Monacensibus et editione Gerberti operum a Bubnov curata utor, quae omnia ad traditionem aliquod pertinere confisus sum. Unus est codex [**München, Bayerische Staatsbibliothek,** y
Clm. 13084 (s. ix)], in quo (foll. 65v–66r, 67r–68r) fragmenta ex Hygini tractatu excerpta §§ 6, 20–28 conscripta sunt. Haec fragmenta in Geometrica ars titulis *De limitibus constituendis secundum rationes solis*, *De mundi magnitudine et circulis planetarum* et *De quinque zonis caelestibus et zodiaco circulo* servata sunt. In altero codice [**München, Bayerische Staatsbibliothek, Clm. 14836** (s. ix)] μ
[*Hermanni Contracti libellus de mensura astrolabii*] fragmentum ex Hygino continetur, in quo textus Hygini §§ 27–28 (*optimum est ergo – – circulum scribamus*) servatur. Uterque codex magna ex parte, ut Thulin demonstravit, classem secundam (*P*) sequitur, de qua re alio loco perpaucum disserui. Ceterum etiam editionem a Bubnov curatam inspexi et lectiones codicum in adnotatione critica a Bubnov scriptas cum textu Hygini comparavi.

[4] Folkerts 1969.

De editionibus

Hygini *De limitibus constituendis* his diebus editiones criticae sunt quarta: una, tomis duobus, a Karl Lachmann curata cum collegis suis Friedrich Bluhme et Adolf Rudorff, qui post mortem Lachmann anno sequenti secundum tomum Gromaticorum in luce Berolinensi ediderunt. Alteram curavit Carl Olof Thulin aedibus Teubneri Lipsiae anno MCMXIII, qui vero opuscula tantum edere potuit antequam mors reliqui operis finem fecit. Utraque editio non Hyginum quidem solum, vero etiam aut omnes auctores in manuscriptis gromaticis traditos aut opuscula veterum agrimensorum (Iulii Frontini, utriusque Hygini, Siculi Flacci, Ageni, Commentum anonymum, illi quidem Ageno adscriptum) praebuerat. Tertia unione Europeana adiuvante, sustentante a Monique Clavel-Lévêque, Daniele Conso, Antonio Gonzales, Jean-Yves Guillaumin, Philippe Robin anno MCMXCVI Neapoli edita, quarta Lutetiae anno MMV a Jean-Yves Guillaumin curata. Neapolitana constitutionem Hygini apparatumque Thulin maiore ex parte sed sine ullo conspectu notarum transcripserat consilio atque auctoritate Favory et Gonzales[5]. Apparatu Thulin expresso de lineis numerandis omnino decesserunt; quo pacto peritis hunc apparatum licet levem et inutilem esse videri. Etiam de editione Guillaumin aliquot dicendum est: maxime excelsit, quod codicem Nansianum Lachmann et Thulin ignotum adhibuit et eius quoque lectionibus Hyginum restituit, sed meo quidem iudicio magna ex parte Thulin sequens in toto perpauca correxit, at non semel erravit.

Reliquit etiam editionem memorare a Brian Campbell curatam, qui Hyginum ab editionibus Lachmann Thulin mutuatus, alio atque alio loco recte emendavit, nullis criticis quidem adnotationibus instruxit, in

[5] Cf. praefationem illius editionis, p. ix–x: «Notre option délibérée est restée celle du premier volume et nous avons donc repris le texte latin édité par Thulin en le corrigeant, chaque fois que le recours indispensable aux manuscrits, avec comparaison des diveres leçons, l'a imposé. ... Le texte latin a été au laboratoire du Centre d'histoire ancienne (Besançon) d'abord par F. Favory, qui a participé au travail de l'équipe jusqu'en 1992, puis par A. Gonzales, qui assure continûement le suivi globale de cette édition.»

Anglicam linguam conversit, commentario opulentissimo supplevit[6]. Omnes quidem in suis editionibus Thulin sequentes pauca ad textum constituendum contulerunt, pauca emendaverunt.

Anno MMXVIII Hygini liber gromaticus de limitibus constituendis ope Eberhard Knobloch et Cosima Möller a me curatus in aedibus, quibus nomen est Wissenschaftliche Buchgesellschaft Darmstadt, recentissime editus est[7]. Textum omnibus manuscriptis iterum collatis et nova recensione diligenter comparatis Latine praebuit, primo quoque tempore in Theodiscam linguam vertit, studiis disciplinarum philologiae, mathematicae, iuris prudentiae instruxit. Sed ille liber nulla critica adnotatione addita editionem Thulin explere scilicet non potuit. Hac quidem editione adnotationibus criticis postremo instructa me aliquid ad Hygini atque omnino artis suae notitiam adlaturum spero.

J-O.L.

Berolini a. d. III Id. Oct. MMXXII

[6] Cf. Guillaumin de Campbell in editione CUF 2005, 52: «L'auteur a opéré, parmi les textes gromatiques, un choix qui est pour l'essentiel proche de celui de Lachmann. Ses traductions sont effectuées sur le texte latin édité par Thulin, quand il existe, ou sur celui de l'édition Lachmann.»

[7] J-O. Lindermann, E. Knobloch, C. Möller (edd.), Das Feldmesserbuch 2018.

CONSPECTVS NOTARVM

PRIMA CLASSIS

A Wolfenbüttel, Herzog-August-Bibliothek, Guelf. 36.23 Aug. 2°, s. v *ex.*–vi *in.* [*Arcerianus*]. Foll. 41^v–65^r

A [1] *manus A ipsius aut manus eiusdem temporis et scilicet loci, quae correxit AB.*

A [2] *manus, quae correxit AB paulo post.*

B Wolfenbüttel, Herzog-August-Bibliothek, Guelf. 36.23 Aug. 2°, s. v *ex.*–vi *in.* [*Arcerianus* (*pars vetustior*)]. Foll. 136^v–155^v

SECVNDA CLASSIS

P Vaticano (C.d.), Biblioteca Apostolica Vaticana, Pal. lat. 1564, s. ix 2/10 – 3/10. Foll. 82^v–108^v (et 149^{rv})

P_1 *Prima redactio codicis P folio* 149^{rv}.

CODICES MIXTI

E Erfurt, Wissenschaftliche Allgemeinbibliothek, Amplon. 4° 362, s. xi–xii. Foll. 90^r–92^v, 93^r–96^v.

S London, British Library, Addit. 47679, s. xii. Foll. 58^v–62^r, 63^r–75^v.

CODICES AD ARTEM GEOMETRIAM PERTINENTES

y München, Bayerische Staatsbibliothek, Clm 13084, s. ix.

μ München, Bayerische Staatsbibliothek, Clm 14836, s. xi [*Hermanni Contracti libellus de mensura astrolabii*].

* * *

DE CETERIS EDITIONIBVS IN APPARATV ADHIBITIS

Bu. = Gerberti postea Silvestri II papae Opera Mathematica (972–1003). Accedunt aliorum opera ad Gerberti libellos aestimandos intelligendosque necessaria per septem appendices distributa. Collegit, ad fidem codicum manuscriptorum partim iterum, partim primum edidit, apparatu critico instruxit, commentario auxit, figuris illustravit Nicolaus Bubnov, Berlin 1899 (Hildesheim 2005).
Camp. = The writings of the Roman land surveyors. Introduction, text, translation and commentary. Brian Campbell, Society for the promotion of Roman studies, Journal of Roman studies monograph 9, London 2000.
Goes. = Rei agrariae. Auctores legesque variae. Quaedam nunc primum, caetera emendatiora prodeunt cura Wilelmi Goessii cuius accedunt Indices, Antiquitates agrariae & Notae; una cum Nicolai Rigaltii notis & observationibus nec non glossario ejusdem, Amstelredami apud Joannem Janssonium à Waesberge 1674.
Gui. = Les arpenteurs romains, tome I: Hygin le Gromatique. Frontin. Texte établi et traduit par Jean-Yves Guillaumin, Les Belles Lettres, collection «C.U.F. Série romaine», Paris 2005.
La. = Gromatici veteres ex recensione Caroli Lachmanni. Diagrammata edidit Adolfvs Rvdorffivs, Bd. 1, Berlin 1848; Die Schriften der römischen Feldmesser. Herausgegeben und erläutert von Friedrich Blume, Karl Lach"-mann und Adolf Rudorff, Bd. 2 (Erläuterungen und Indices), Berlin 1852.
Mo. = Die Interpolationen des gromatischen Corpus, *Bonner Jahrbücher* 96–97 (1895) (Gesammelte Schriften Bd. 7, 464–482, Berlin 1909).
Rig. = Auctores finium regundorum. Nicolai Rigaltii observationes et notae, item glossae agrimensoriae, apud Ioannem Libertum. via D. Ioan. Later. e regione auditorii Regij, Paris 1614.
Th. = Corpus agrimensorum Romanorum recensuit Carolus Thulin. Opuscula agrimensorum veterum I, Leipzig 1913 (Stuttgart 1971).
Turneb. = De agrorum conditionibus, & constitutionibus limitum, Siculi Flacci lib. I. Iulii Frontini lib. I. Aggeni Urbici lib. II. Hygeni Gromatici lib. II. Variorum auctorum ordines finitionum. De jugeribus metiundis. Finium regundorum. Lex mamilia. Coloniarum pop. Romani descriptio. Terminorum inscriptiones & formae. De generibus lineamentorum. De mensuris & ponderibus. Omnia figuris illustrata. Apud Adr. Turnebum typoraphum regium, Paris 1594 (editio princeps).

* * *

Abbreviatione edd. semper editores *recentioris temporis a Lachmann editione, edd. vett.* editores veteres *(Turnebus, Rigaltius, Goesius) designavi. Uncis angularibus* ⟨ ⟩ *aut litteras aut voces Hygini addendas, uncis ungulatis* { } *delendas, uncis quadris geminatis* ⟦ ⟧ *a scriba in codice ipso iam erasas, uncis circularibus* ( ) *abbreviationes in Hygino explicandas expressi. In apparatu critico abbreviationibus usus sum, quibus hoc in loco uti solitum est: add.* = addidit/addiderunt*; corr.* = correxit/correxerunt*; ci.* = coniecit/coniecerunt*; del.* = delevit/deleverunt*; em.* = emendavit/emendaverunt*; eras.* = erasit/eraserunt*; fort.* = fortasse*; it.* = iteravit*; om.* = omisit/omiserunt*; prob.* = probante/probantibus*; secl.* = seclusit/secluserunt*; suppl.* = supplevit/suppleverunt*; sscr.* = suprascripsit. *Obelis* † *voces vel orationes corruptas denotavi.*

* * *

In Hygini liber etiam abbreviationes, quas ipsi antiqui mensores Romani adhibuerunt, inveniuntur. Quas in ipso loco denuo et sic deinceps explicari paucis locis nec ubique opus esse putavi. Lectores adiuvandi causa hic quidem aliquas enumeravi: D.M. = decumanus maximus; D.D. = dextra decumanum; K.M. = kardo maximus; V.K. = ultra kardinem; K.K. = kitra kardinem.

⟨HYGINI LIBER⟩ A 41ᵛ B 136ᵛ

GROMATICVS DE LIMITIBVS CONSTITVENDIS

[1] Inter omnes mensurarum ritus {sive actus} eminentissima traditur limitum constitutio. Est enim illi origo caelestis et perpetua continuatio. Cum quadam latitudine{m} recturae dividentibus ratio tractabilis, formarum pulcher habitus, ipsorum etiam agrorum speciosa designatio. Constituti enim limites non sine mundi ratione, | quoniam decumani (A 42ʳ) secundum solis {de}cursum diriguntur, kardines a poli axe. Unde primum haec ratio mensurae constituta ab Etruscorum haruspicum {vel auctorum habet, quorum artificium} disciplina. | Quod illi orbem (B 137ʳ) terrarum in duas partes secundum solis cursum diviserunt, dextram appellaverunt, quae septentrioni subiacebat, sinistram, quae ad meridianum terrae esset, occasum, quod eo sol et luna spectaret. Alteram lineam duxerunt a meridiano ad septentrionem, et a media ultra anticam, citra posticam nominaverunt. Ex quo haec constitutio limitibus templorum adscribitur. (fig. 1)

[2] Ab hoc exemplo antiqui mensores agr{or}um normalibus longitu- (P 82ᵛ P₁ 149ʳ) dinibus incluserunt. Primum duos limites constituerunt: unum, qui ab oriente in occidentem dirigeret. Hunc appellaverunt duodecimanum. {ideo, quod terram in duas partes dividat | et ab eo omnis ager (A 42ᵛ)

---

1 INC. LIB. HYGINI GROMATICVS (-maticus *in rasura cum titulo de constitutionibus limitum saec. XVI addito.*) *B* INC. HYGINI CONSTITVTIO A HYGINI LIBER *scripsi* **3**] sive actus *A Th. post* eminentissima *sscr. B del. La. prob. Gui.* **5** latitudine *em. Rig.* | recture *A* recturesac *B* | divideant vos *A* dividens *Goes.* **6** pulcher] pulchre rei *B* | etiam] et *B* **7** constitui *A* constituit *corr. Rig., Goes.* | ratione] raNEM *A* **8** ⟦de⟧cursum *A* cursus *Rig., Goes.* **9** ratioñemsure *corr. A signis transpositionis* **10** vel — artificium *secl. Rig.*] *eras. A* (*habet* qu *pro* quorum) **11** secundum*it. A* **13** esset] t *del. B* [1] esse *A* ab oriente ad *suppl. La. prob. edd.* | sol et] solent *exp. B* | spectare *B* **14** ad] in *A* | mediam *A* **14–15** anticam — posticam *hoc loco Thulin litteram* m, *quod AB scripserunt, nulla re cogente cum Lachmann delevit.* **15** liminibus A^{ac} **16** scribitur *B* **17** ab hoc] a voce P_1 | INC. KYGENI AVGVSTI LIBERTI DE LIMITIBVS CONSTITVENDIS *P* DE LIMITIBVS CONSTITVENDIS P_1 (*sed depravata*) | mensores *AB* mensuras *P* P_1 | agrum *scripsi* | normalis *P* P_1 **19** diriget *B* **19–20** duocimanum *P Th.* **141,20–142,1** ideo — nominetur] *glossam delevi*

nominetur} Alterum a meridiano ad septentrionem, quem kardinem nominaverunt a mundi kardine. (fig. 2)

[3] Duodecimanum postea decimanum appellaverunt. {Quare a decem potius quam a duobus? Sicut dipundium nunc dicimus duopondium, et, quod dicebant antiqui, duoviginti nunc dicimus viginti, similiter duode- [P 83r] cimanus decimanus est factus.} Reliquos limites | fecerunt angustiores, [B 137v] et qui spectabant in | orientem prorsos, qui ad meridianum, transversos [E 90r S 58v] appellaverunt. (fig. 3) {Limites autem appellati a limo, id est antiquo [A 43r] verbo transversi: Nam | et limum cinctum ideo quod purpuram transversam habeat, item limina ostiorum. Postea et prorsos et transversos limites appellaverunt a liminibus, quod per eos agrorum itinera serven- [S 59r] tur.} Postea apud quosdam a loci natura | nomen acceperunt, et qui ad [E 90v] mare spectant maritimi appellantur, qui ad montem, montani. (fig. 4) | Omnis ergo huius mensurae et recturae longitudo rationabiliter limes appellatur: nec interest quicquam decimanum dicamus an limitem.

[4] Decimanus autem primus maximus appellatur, item kardo: sua [P 83v] latitudine ceteros | praecedunt. Alii limites sunt actuarii atque alii

---

1 alterum] limitem *add.* P_1 **2** nominaverunt] hoc est *add.* P_1 | kardinem *ABP* P_1 **3** duocimanum *P Th.* duocemanum P_1 **3–6** quare — factus] *glossam delevi* **3** quare] decimanus *add. B* | ad decem *P* **4** ad duobus *BP* | dupundium *A* duo pundi *P* **5–6** duocimanus *P* **6** fecerunt] viginti erunt *B* **7** orientem] dicebant *add. B* | prorsus *B* P_1 pronus *A* **8** *Post* appellaverunt P_1 *verba* omnem — cludemus *habet, quae hac editione p. 177,1sqq. expressa sunt. Hic habent MSS ES* INCIPIT SICVLI FLACCI DE CONDICIONIBVS AGRORVM LIBER *E* INCIPIT QVARTVS SICVLI FLACCI DE CONDITIONIBVS AGRORVM *S* **8–12** limites — serventur] *glossam e Pseudo-Frontino sumptam delevi.* **8** a limo appellati a limo *A* appellati a limo alii *B* a limo appellati *E* | id est] *post* verbo *S* ab *add. E* **9** transversi] quod dicunt poetae limis oculis *add. S* | nam et] item *S* | limum] linum *E* dicunt *add. S* | cinctum] conclusum (-i *E*) hoc est concinctum *ABES* **10** postea] et postea *B* | prorsos *ABE* **11–12** servantur *P* **12** postea] item postea *S* | apud quosdam *om. E* apud quosdam nomina *P* | nomen *om. P post* quosdam *E* **14** omnes *AB* | mensurae et] *om. P* | rationa^{Bl}liter *sscr. A* rationalis *P* rationaliter *edd.* | limis *A* **15** decimanum dicamus an limitem *P*] decimanum aut limitem dicamus *ABE* utrum decumanum an limitem dicamus *S* **16** autem *om. E* | primus] et *add. S* | idem *P* | kardo] qui *add. S* | suam *A* nam *P* **17** latitudinem *A* | ceteras *ABES* | praecedit *E* | sunt alii limites *P* | actuarii] quaestuarii *B* | atque] aquem *A* a^{T}quem *corr. A* ^{2} adque *B om. P*

linearii. Actuarius limes est, qui primus actus est, et ab eo quintus quisque; quem si numeres cum primo, erit sextus, quoniam quinque centuriae per senos limites cluduntur. (fig. 5) | Reliqui medii limites A 43^{v} linearii appellantur {in Italia | subruncivi}. Actuarii autem extra ma- B 138^{r} ximum decimanum et kardinem habent latitudinem ped(um) XII. Per eos iter populo sicut per viam publicam debetur: id enim cautum est lege Sempronia et Cornelia et Iulia. Quidam ex his latiores sunt quam ped(um) XII, vel hi, qui sunt per viam publicam limitares acti. Habent enim latitudinem viae publicae. Linearii limites a quibusdam mensurae tantum disterminandae causa sunt constituti, et si finitimi interveniunt, latitudinem secundum legem Mamiliam accipiunt. In Italia enim itineri publico serviunt. Sub appellatione subruncivorum habent latitudinem ped(um) VIII. Hos conditores coloniarum fructus exportandi causa publicaverunt. {Nam et possessiones pro aestimio ubertatis angustiores sunt adsignatae.} Ideoque limites omnes non solum mensurae sed et publici itineris causa latitudines acceperunt. (fig. 6) | A 44^{r} P 84^{r} S 59^{v}

1 lineales *AE* linearis *B* lineares *S* | est limes *P* | actus] in actu *S* | et *om. P* **2** quisquam *B* quinquies in *E* qui quinquies in *S* | si *om. BES* | numeris *BPES* | primus *E* | erit] item *S* | sextus] qui sexies *add. S* | quinque *om. ABES* **3** centurias *P* | sex limites *ABP* senis -tibus *E* | claudantur *B* cludunt *P* clauduntur *ES* (*hic B add.* lineari subrunci..ui subiunguntur *rubris litteris fortasse ex adnotatione quadam*) **4** linearii *om. B* | in Italia subruncivi] *glossam delevi, cf. p. 143,12* | Italia] ^{S}iciliam *A* (*corr. ex* italiam) italia *BPES* | subruncivi] subiuntur *add. A* subruncivi (-is *E*) subiunguntur *add. BE* qui subiunguntur *add. S* **4–5** maximos *APES* **5** latitudinem habent *P* **6** os *A* hos *PES* | iter] item *E* | id enim] ita enim *P* **7** Cornelia] *om. B* concordia *E* **7–8** quam ped(um) XII] a XII pedibus *P* **8** ut hii *P* quam hi *E* et quam hi *S* velut hii *La.* ut hi *Th.* | limitares acti *scripsi*] limitarem acti *AB* militarem acti *P* limites Actum *E* limitum actuariorum *S* **9** latitudines *P* latum *ES* | a quibusdam *om. P* a *om. E* | mensuris *ES* **10** determinandae *E* disterminandi *S* | causae *AE* | constitutae *E* **11** lege mamilia *A* legem amiliam *PES* (em- *ES*) | italiam *BP* (italia P^{pc}) ^{S}icilia *ex* italia A^{pc} | enim *scripsi*] et in *AB* et *ES* etiam *Th.* *om. P* **11–12** itineri publico] itineris ubi eo *B* **13** VIIII *E* | hos conditores coloniarum *om. B* | exportandi fructus *B* asportandi fructus *P* **14–15** nam — adsignatae] *glossam e Pseudo-Boethii geometria excerptam delevi; cf. 398,1–2 La.* **14** extimio *B* aestimatione *A* ^{2}*S* (aestimatima^{TIONE} *A* ^{2} *pro* angustiores *scr.*)

[5] Secundum antiquam consuetudinem limites diriguntur, quare non omnes agrorum mensuram in orientem potius quam in occidentem B 138^{v} spectare faciunt. In orientem sicut aedes sacrae, | nam antiqui architecti in occidentem templa recte spectare scripserunt. {Postea placuit omnem religionem eo convertere, ex qua parte caeli terra inluminabitur. Sic et limites in orientem constituuntur.} (fig. 7)

[6] Multi ignorantes mundi rationem solem sunt secuti, hoc est ortum et occasum, quod in semel conprehendi ferramento non potest. Quidam ergo posita auspicaliter groma, ipso forte conditore praesente, E 91^{r} proximum vero ortum conprehenderunt, et in utramque partem limi|tes A 44^{v} emiserunt, quibus kardo hora sexta non convenerit. | (fig. 8) Et quidam, P 84^{v} (B) ne proximarum coloniarum limitibus ordinatos limites mitterent, relicta caeli ratione mensuram constituerunt, qua tantum modus centuriarum B 138^{v} et limitum longitudo constaret. (fig. 9) ¦ Quidam agri longitudinem A 45^{r} S 60^{r} secuti et, qua longior erat, fecerunt decimanum. (fig. 10) | Quidam in totum converterunt decimanum in meridianum et kardinem in orientem sicut in agro Campano, qui est circa Capuam. (fig. 11)

---

1 consuetudinem] constitutionem *PES* **1–2** non omnes *scripsi* non omnis *P* nostri omnes *ABES sed* nostri *falso e* non *exscriptum* **2** mensura *P* | oriente *AES* | occidente *BES* **3** spectare faciunt] spectanti *AB* (s *eras. A*) expectat *P* expectant *E* spectat *ci. La. edd.* | oriente *ABES* | nam] et *add. B* **4** occidente *AES* | expectare recte *P* recte expectare *E* **4–6** postea — constituuntur] *glossam alicuius Christiani delevi.* **5** eo^{0} *P* | caeli] aedi *S* | terram *AES* P^{ac} | inluminabantur *A* -tur *P* -bunt *E* -bant *S* **6** oriente *ABES* | constituentur *AS* -erunt *B* **7–11** Multi — conveniret] *Verba quoque in excerptis ms y fol. 65v* DE GEOMETRICA ARS ANONYMI *cap.* XXVII *inveniuntur titulo* DE LIMITIBVS CONTITVENDIS SECVNDVM RATIONEM SOLIS *inscripta.* **7** sunt secuti] secuti sunt *S* **8** quod in] quotiens *ABES* quod is *La. Th.* | ferramento (-um *B*) conprehendi *BPy* **8–9** quidam] quid *ABPy* qui *E* **9** posita] postea *Py om. B* | auspicaliter] aut specialiter *B* **10** utraque parte *AB* partem *E* et partem *S* **11** emiserunt] duxerunt *Py* | quibus] quo *E* | horam sextam *APy* (in *add. y*) | conveniet *Py* conveniret *ES* **11–14** et quidam — constaret *om. B* **12** intermitterent *ES* **13** quibus tantum *P* quantum *ES* **14** staret *E* distaret *S* | agri longitudinem agri *add. S* **15** secuti] sunt *add. S* | qua] quia *E* **16** totam *AB* toto *ES* | converterunt] et fecerunt *add. APES* | in^{1}] et *AE* ad *S* | et *om. B* in *E* | in^{2}] *om. E* ad *S* | orientis *E* partem orientis *S* **17** circum *A* | capiam *A* capua *B*

[7] Modum autem centuriis quidam secundum agri amplitudinem dederunt, in Italia triumviri iugerum quinquagenum, aliubi ducenum, Cremonae iugerum CCX, divus Augustus in Veturia Emeritae iugerum CCCC. Quibus divisionibus decimani habent longitudinis actus XL, kardines actus XX: decimanus est in orientem, | kardo in septentrione⟨m⟩. (fig. 12) P 85^{r}

[8] Quibusdam deinde coloniis perticae | fines {hoc est primae adsignationis} aliis limitibus, aliis praefectura continentur. B 139^{r} In Emeritensium finibus aliquae sunt praefecturae, quarum decimani aeque in orientem diriguntur, kardines in meridianum. Sed in praefecturis Mullicensis et Turgaliensis regionis decimani habent actus XX, kardines actus XL. (fig. 13) Nam et in alia praefectura aliter conversi sunt limites, ut habeant in aeris inscriptionibus inter limitem novum et veterem iugera forte CXX : haec sunt alterius partis subsiciva. | (fig. 14) S 60^{v}

[9] Hae deinde agrorum divisiones lapidum inscriptionibus tam variis continentur {quam et limitum actibus}. Alii vertices, alii latera regionibus suis obsecundant. Multi tantum decimani | maximi et kardinis A 46^{r} lapides inscripserunt, reliquos sine inscriptione ad parem posuerunt;

1 autem] in *add. S* **2** iugera *ABPE em. Th.* | aliubi] alii *ES* | ducentenum *B* vicenum *ES* **2–3** cremona *ABE* **3** betunaemerita *A* vetunaemerita *B* beturiae meritae *P* veturiae merita *E* veturia emerita *S* | iugera *ABPE em. Th.* | ccc *ES* **4** solivisionibus *B* | longitudinem *B* -ne *E* **4–5** actus[1] — orientem] actos in orientem N̄ XL kardines actos XX *B* **5** oriente *PES* | kardo in septentrionem *scripsi*] cardo in septentrione *S om. ABPE* **6** quibusdam] quidam *BES* | deinde coloniis] colonis *B* de incolanis *ES* **6–7** hoc — adsignationis] *interpretationem glossatoris delevi* | prime inadsignationis *AB* **7** praefecturae *BPES* | continetur *A* | amertensium *E* ameri- *S* **8** aliquae] alii⟦s⟧quae A^{ac} aliis quae *E* | quarum] quadrum *E* quae *S* | decimani] decumanum *ES* | aeque *om. B* **8–9** oriente E **9** dirigunt *S* | kardinem *S* **9–10** multicensis *A* mulliciensis *P* **10** regiones *B* -um *P* -ibus E | decimani] decumanum *S* | actos *utrisque locis scr. BE* **11** in *om. P* **12** habeat *P* | in aeris *P*] itineris *ABES* | novē *A* (e *i.ras.*) **13** forte *om. ES* | cxx] septuaginta *P* | alterutrius *Goes.* | parti *A* **14** haec *AB* **15** quam — actibus *comparationem false additam delevi* | quem A^{ac} | et *om. ES* | vertices] amphorarum *add. ES* **16** obsecundamur *P* obsecundantes *Th.* | multi tantum] te trantum *P* | decimani maximi et kardinis] maximi et kardines *AE* (et kardines et *E*) decimani *B* maxime decumano et k. *P* **17** scripserunt *BE* | scriptione *AE* scriptionem *B* | apparem *B* et parem *E* in partem *S* adparenti *in mg. Goes.* | apposuerunt *P*

E 91v quos ideo quod | nulla significatione appareat, a quoto loco numerentur,
P 85v mutos appellant. Divus Augustus | in adsignationibus suis ad numerum limitum inscriptos lapides omnibus centuriarum angulis defigi iussit. Nam locatione operis huius non solum, quod ad publicos limites pertine-
B 139v ret, iniunxit, | verum etiam inter acceptas, ne robur et decor deessent, terminos capitibus inseri iussit.

[10] Quidam vertices lapidum et limitum tantum numerum significaverunt; alii ipsarum centuriarum capita {sic quem ad modum qui} in lateribus inscripserunt, ut inter vertices lapides sic scripti essent, quem ad modum in decimano maximo et kardine scribi solent (fig. 15). Sic et ulteriores secundum numer⟨or⟩um suorum postulationem inscripserunt. Voluerunt autem limites inscriptionibus claudi, ita ut, cuius centuriae essent, lapides intellegerentur. {Sic quoque haec inscriptio obscura est.}

S 61r A 46v Lapis autem | in regione *s* et v hac ratione sic inscribitur; | quarta enim illi⟨us⟩ lapidis portio clusaris vacat ab inscriptione. Est ergo talis in-

1 quod ideo qui *P* reliquos quoque ideo quod *ES* | apparent *P* apparente *S* | quoto] toto *ABES* | numerantur *B* **2** mutus *A* multos *BE* | in *om. P* **2–3** numeros militum *B* numero limitum *P* **3** scriptos *BES* | omnes centuriarum angulos *E* **4** locationem *ES* | ad] a *A* **4–5** pertenerent *A* pertinere *S* **5** inter] in *ES* | acceptis *S* | roburet *A* robores *BP* robur et termini *E* roborei *Rig.* arbores *ci. Turneb. ed.pr.* **5–7** terminos — limitum *om. P* **6** termini *AES* | capitibus] cavit *A om. B* cavis *E* | inseri iussit] inscripserunt *A* scripserunt *BE* **7** vertices] et *add. B* | numero *S* **7–8** significaverunt] scripserunt *ES* **8** alii alialii *A* alia *E* | capita *om. ABPE* litteras *suppl. La.* appellatione *suppl. Mo.* | sic — qui *a scriba verbis sequentibus confusum delevi* | sic *om. B* | qui *om. ES* **9** scripserunt *E* notaverunt *S* | ut] *om. P* aut *La.* vel *Th.* | inter] in *BP* | vertice *P* | scripti essent] inscripserunt *A* scripserunt *BE* inscripserant *P* **10** ad modum *om. B* | maximo *om. ES* | et] in *add. A* | scribi *om. ABPE* | solet *ABP* **11** numerorum *em. La.* numerum *ABP* munerum *S* | suorum *AB*] suum *P om. S* | postulationes *ES* | scripserunt *BES* **12** limites *om. E* | scriptionibus *B* **13** intellegerentur *La.*] lapis intellegeretur *P* -es intelligeretur *S* **13–14** sic — est *glossam delevi* **15** lapides *ES* | in regionem *AB* | s et v *recte La.* ɪ et v *AE* primam et quintam *B* et v *P* ɪ^A et v^A *S* | sic *om. S* | scribitur *E* scribuntur *S tum habent verba* quemadmodum supra *ABES* | quartam *B* quadrata *P* **16** illius lapidis *scripsi*] illi lapides *ABS* lapides illi *E* illi *P* illic lapidis *La.* illi lapidi *Th.* | portio clusaris] clusares *E* clusares portio *S* | vacat] vocas *A* vocatur *BES* | inscriptionibus *E* | talis] aliis *B*

scriptio S D V K (fig. 16) In regione dextra et ultra {⟨e⟩i⟨s⟩dem numeri⟨s⟩ sic inscribuntur}, in regione sinistra et citra, in regione dextra et citra eisdem numeris sic inscribuntur. (fig. 17) | [P 86r]

[11] Comparemus nunc omnes quattuor lapides in unum, et intueamur eorum quartas partes vacantes, quae in suis regionibus centurias litteris includunt. (fig. 18) Inspiciamus a maximo | [B 140r] decimano et kardine singulorum lapidum inscriptionem. (fig. 19) | [A 47r S 61v] Latera autem lapidum recte inscribuntur, quoniam ampliores numeros capiunt; nam verticibus inscribi non facile possunt. Inscribitur enim lateribus D.D. LXXXXVIII V.K. LXXV. | [E 92r] Quae finis inscriptio, si ratione ponatur, est optima ad liquidum; et quomodocumque inscriptus sit lapis, peritum mensorem non latebit, quoniam certus est lapis, quo centuria cluditur. (fig. 20) | [P 86v]

[12] Multos limitum constitutiones in errorem deducunt, dum inscriptionem parum intellegunt aut aliter limites numerant. Volunt esse quidam decimanum alium primum, alium maximum, et cum exierunt a decimano maximo, peractis centuriae actibus primum limitem numerant, qui est secundus.

---

1 S.D.V.K. *om. B* | dextratae et ultratae *P* -a et -a *S* extra ultra *E* **1–2** eisdem — inscribuntur] *iterate scriptum delevi* **1** eisdem *scripsi*] idem *ABP* inde enim *ES* eidem *Th.* | numeris *scripsi*] numeri *codd.* **2** inscribuntur] sic et *add. P* scribuntur *E* | sinistra et citra] ultra et citra *E* sinistrata et citrata *S* | in regione dextra et citra *om. ABES* **3** eidem *P* eis *E* | numerisic *A* numeri *P om. ES* | scribuntur *BS* describuntur *E* **4** conperimus *A* comparamus *P* comparemus ergo *E* | intuamur *A* **5** partes — regionibus *om. ES* **6** includunt] intra cludunt *BP* inclusas *S post* includunt *verba habent* sic et in suo intervallo distantes centurias (-ae *E*) his (in his *A*) inscriptionibus (script- *A*) cludunt (*om. E*) *APES* | inspiciamus] ergo *add. S* **7** singulorum *del. La. Th.* | inscriptiones *APES* **8** recta *ES* | scribuntur *BE* scibuntur (*et sscr.* scribimus) *S* | ampliores numerus *A* ampliorem numerum *ES* | nam] in *add. P* quae *add. S* **9** inscribi *om. S* scribimus *E* | non] nostri *AB* tres *E* ter *S* | facile] omnia *add. P* | possunt *om. E* scribi *add. S* | scribuntur *E om. S* | enim *om. AE* in *S* | lateribus] hoc modo *add. S* | LXXXXVIII] XCVIIII *B* XCVIII *P* LXXXVIII *ES* **10** qua *ABE* | fines *B om. P* | est] erit *P* | ad liquidum] aliquid *ABE* licet *P* **11** et] det *E* | inscriptus sit lapis *B*] inscripta sit *AP* scripta sit *ES* inscriptum sit *La.* | lapis *om. APES* | perito mensori *ABPE* | mensorem] nostro *add. ABE* nostrum *add. S* **12** lapide *P* **13** dum] aut *add. P* **13–14** inscriptione *B* -ibus *P* **14** volant *A* volent *B* volunt enim *S* **15** alium primum *B* | exierint *PES* **16** peractus *AES* (per actus *S*) peracturiae *B* | actibus *om. S*

[13] Deinde cum ad agrum venerunt, de quo agitur, novam controversiam inveniunt et de aliis quam {de quo agitur} acceptis litigant, dum volunt esse primos decimanos duos et duos kardines. Hoc si esset, inter decimanum maximum et quem volunt primum et centuria aliter
B 140v A 47v appellaretur. Forte diceretur inter | decimanum | maximum et primum; sed quoniam is ipse primus est, qui est maximus, continuo a decimano maximo et kardine centuria inscribitur. Deinde primum ponunt quem et maximum. {Erit ergo e duobus primus, qui et maximus.} (fig. 21) Sed et de limitibus quintariis quintum quemque quintarium volunt. Porro autem inter quintum et quintarium interest aliquid: quintus est,
S 62r qui quinto loco numeratur, quintarius, qui est sextus. | Nam et legum
P 87r lat⟨i⟩onibus, quemadmodum perlatum est, | sanciverunt, ut a decimano maximo quintus quisque spatio itineris ampliaretur. (fig. 22)

A 48r **[14]** | Erat sane interpretatio legis huius ambigua, nisi eorum temporum formae sextum quemque limitem latiorem haberent significatione, qua

1 cum *om. ABPE* | ad *om. P* | venerunt *om. P* veniunt *ES* | agitur] cum perveniunt *add. P* **1–2** inveniunt controversiam *P* **2** de quo agitur *dittographiam praecedentis lineae delevi* | de *om. P* | quo] quibus *BP* | agitur acceptis *om. ES* **3** volent *AB* | primus decimanus *B* primos D.D. *P* | duos et duos] quos *S* | et duos *om. E* | si] sic *add. P* | esset] esse[T] *A* (*sscr. A* [2]) **4** et[2] *om. BP* | centurias quae *S* **5** appellatur *AB* -ntur *ES* | diceretur] discernetur *E* **6** is] his *B om. PES* | qui et *PES* | continuae *S* | a *om. E* **7** kardines *B* **7–8** deinde — maximum *S*] deinde primum V K IT IS D P V K et DD I K K I ET S (et IS *E*) D I KK *AE* DD primum V K SD T V K P et DD I KK I est D I K I *B* D.D. I V.K. I et S.D. I K.K. I *P post has perturbatas litteras falso ex illuminationibus mss. AP La. Th. add.* et D.D. I K.K. I ET S.D. I K.K. I **8** erit — maximus *glossam delevi* | duobus *ABE* nobis his *P* nobis is *La.*, *edd.* | qui] quis *B* | et maximus *om. B* | et] est *A* est et *S* **9** sed] sic *P* | et *om. B* | quemquem *AB* quem *ES* | quintarium] esse *add. S* **10** quartarium *B* | quintus] *it. E* **11** qui *om. E* | loco numeratur] loco quem numerant *E* | quintarius] quintus (quintus est *E*) *add. ABE* qui quinque centurias cludit hunc volunt esse quintum *add. P* **12** lationibus *Th.*] lateribus *A* latoribus *BPES La.* | quemadmodum *om. B* | sancciverunt ut] sic caverunt *ABE edd.* s.c. ut *P* **13** ampliaretur] appellaretur *AES* appellatur *B* **14** huius] enim *add. S* | nisi] enim *A om. B* etenim *S* | temporum *om. P* **15** formae] fuerit *E* mos fuerat *S* | sextum] VI *add. B* | quemquem *B* quemquam *E* | haberet *A* habere *BES* | significationem *AES* **148,15–149,1** qua solet *B* qua et *P* solent minores. Tractemus nunc diligentius, quid dixerint: A decimano maximo quintum quemque latiorem. A decimano, quoniam decimanus erat, positi sunt deinde quinque limites, quorum novissimus factus est latior; his quom decimanus accessit, sex fiunt. (fig. 23) Eandem observationem et in reliqua limitum parte esse voluerunt, quem ad modum a decimano | maximo quinque limites ducebantur, quorum esset summus B 141r latior. Sic et ab eo quintario, cui iam spatium | definitum erat, quinque E 92v adiectis limitibus summo latitudinem suam servari placuit. (fig. 24) ||| A 48v S 62v

[15] ¦ Multis ergo generibus limitum constitutiones inchoatae sunt. (A) B 142r Quibusdam coloniis kardo maximus et decimanus non longe a civitate P 88r E 93v S 63v oriuntur. Nam in proximo esse debet, immo, si fieri potest, ex ipsa colonia inchoari. Et quoniam vetusta municipia in ius coloniae transferuntur, stantibus iam muris et ceteris moenibus, | limites primos nisi a P 88v foris accipere non possunt. (fig. 25) ⟨Ideoque multis regionibus antiquae

---

1 minorem *ABE* -rem transire *ES* | tractamus *A* hactenus *E* | quidquid *B* qui *ES* | dixerim *AB* duxerint *ES* **1–2** decimo maximae *B* **2** quemquem *AB* quemquam *E* | a *om. P* **3** positi sunt] positus ante *S* | deinde quinque] DD V *B* | limites quinque *E* | est] *om. AE* erat *S* **4** hisque *S* | quom] qua *B* cum *PS Gui.* quam *AE* **4–5** eadem observatione *ES* **5** et *om. P* | reliquam *A* | partem *A* partes *B* | voluerunt] ut *add. P* quoniam *add. S* | ad modum quem *B* **7** sic] sit *B* | et *om. A* | cum *P* cuius quam *E* cuius iam *S* | quinque] quique *B* **8** adiecti *B* abiectis *ES* | *Post* placuit *in E sequitur* EX LIBRO BALBI PROVINTIA PICENI *foll. 92v–93r; in S* IN LIBRO BALBI PROVINTIA PICENI *foll. 62r–63r. Verba* quem ad modum — quasdam et finibus *(pp. 140,12–142,12 Th.), quae hoc loco in editionibus expressa sunt, in appendice huius editionis tractavi, quia non propria Hygini, sed quasi fragmentum ex alio auctore sumpta esse videntur. Quaedam et in Ps-Boeth. p. 395,21–396,12 La. similiter expressa inveniuntur. Verba* ideoque — arcifinio possidetur *(142,12–19 Th.), quae has orationes sequebantur, et paululum perturbata exscripta esse viduntur, suis locis transposui; cf. p. 149,14 sqq.* **9** multis] ulta *E* multa *S* **10** colonis *BS* | non longe] noster *BES* **11** oritur *BES* | nam] et *add. P* | proximos *B* | debent *Turneb.* | immo] homo *B* | ex ipsa] insta *B* ista *ES* in ipsa *La.* **12** incoaris *BE* inchoris *S* | et quoniam] sed quotiens *P* sed quom *La.* (*prob. Th.*) sed cum *Gui.* | versuta *B* vetustata *E* | in ius] intus *E* intra *S* | colonia *E* -as *S* **13** iam] etiam *ES* | primus *B* **14** foras *B* | non possunt] possint non possit *E* **149,14–150,6** ideoque — possidetur *Haec verba transponenda putavi; vid. apparatum ad p. 149,8.* **14** regionibus] legionibus *E*

B 142r mensurae | abolentur et aliae in diversis *loc*is no*v*is limitibus inciduntur; nam et tantum veterum lapides adhuc parent: sicut in Campania finibus Minturnensium, quorum nova adsignatio trans fluvium Lirem limitibus continetur. Citra Lirem postea adsignatum per professiones veterum possessorum, ubi iam opportunarum finium commutatione relictis primae adsignationis terminis more arcifinio possidetur. (fig. 26) ⟩ Multi facilitatem agri secuti et ubi plurimum erant adsignaturi, ibi decimanum maximum et kardinem constituerunt. Antiqui enim propter subita bellorum pericula non solum erant urbes contenti cingere muris, verum S 64r B 142v etiam loca aspera et confragosa saxis | eligebant, ut illis | maximum propugnaculum esset et ipsa loci natura. Haec vicina urbibus rupium multitudo limites accipere propter loci difficultatem non potuit, sed E 94r relicta est, ut aut silvas | rei publicae praestaret, aut, si sterilis esset, vacaret. His urbibus, ut haberent coloni ⟨h⟩arum vastitatem, vicinarum civitatium fines sunt adtributi, et in optimo solo decimanus maximus et P 89r kardo constituti, sicut in Umbria finibus Hispellatium. (fig. 27) |

1 abolentur et *om. ABPE* | aliae in diversis] actus in diversum *P* aliae in divisis *E* | locis novis *scripsi*] nobis nobis *B* novis *PES* | limitibus] militibus *B* | incidetur *B* inciditur *PE* **2** et tantum] tetrantum *P* | veteres *ES* | campaniae *ES* **3** lire *E* lyrae *S* **4** continentur *P* | citra] contra *B* | professionem *BES* **5** possessionum *BP* | ad portąunarum *E* ad portunarum *S* | commutationem *BS* | relectis *B* **7** agri facilitatem *P* | secuti] sunt *add. S* | erat adsignandum *ES* **8** maximum *om. ES* | kardinem] maximum *add. P* | constituerunt] *De his verbis* antiqui enim — constituti *cf. etiam Ps.Boethium (p. 396,7–10 La.).* | subitam *ES* **9** pericula] perluviem *ES* | erant contenti urbes muris cingere *P* erunt muris cingere *E* civitates contenti erant muris cingere *S* **10** confragosa] excelsa *P om. BE* | saxis] factis *BE om. P em. La. secundum Ps-Boeth.*, p. 396 9 | allegabuntur *B* allegabantur *E* alligabant *S* | ut illis] ut milex *B* ubi illis *P* humiles *E* | maximo *ES* amplissimum *P La.* **11** propugnaculo *ES* | et *om. PE* | ipsa] ista *ES* | haec] hos *S* | rupium] ruptum *BE* **12** accipere] solet *add. S, qui pro* propter — sed *verba habet:* quaecumque pars propter loci difficultatem a nostris possessoribus | difficultate *BE* | non] nostri *BE* | potuissent *BE* | sed *om. BE* **13** est *om. B* | silva *P* | sestelis *B* | essent *B* **14** bacarent *B* | ut *om. BE* quae *S* | haberet *BE* habent *S* | coloni harum *scripsi suadente Ehlers*] coloniarum *codd.* | vastitate *E* **15** civitatum *PES* | solo *om. B* | et] est *B* **16** constitutus *BE* -tus est *S* | spellantium *B* spellatium *P Th.*

[16] Quibusdam coloniis decumanum maximum ita constituerunt, ut viam consularem transeuntem per coloniam contineret, sicut in Campania coloniae Axurnati decimanus maximus per viam Appiam observatur. Fines, qui culturam accipere potuerunt, et limites acceperunt: reliqua pars asperis rupibus continetur, terminata in extremitate more arcifinio per demonstrationes et per locorum vocabula. (fig. 28)

[17] Quibusdam coloniis postea constitutis, sicut in Africa Admederae, decimanus et kardo a civitate oriuntur, ut per quattuor portas in morem castrorum viae amplissimae limitibus dirigantur. Haec est constituendorum limitum ratio pulcherrima. Nam coloniae omnes | B 143^{r} quattuor perticae regiones continent et est colentibus vicina undique. Incolis quoque iter erat {forum} ex omni parte aequale. Sic et in castris groma ponitur in tetrantem, qua vel|ut ad forum conveniatur. | (fig. 29) S 64^{v} P 89^{v}

[18] Hanc constituendorum limitum rationem servare debebimus, si huic postulationi locorum natura suffragabitur. Saepe enim propter portum colonia ad mare ponitur, cuius fines aquam non possunt ex-

1 quibus iam colonis *B* quibusdam locis *ES* | ita *om. E* **2** viam consularem] *om. BES* | transeuntem] trans fontem *ES* **2–3** per Campaniae *E* per -am *S* **3** coloniam *E* | Axurnati *edd.*] anx- *Gui.* exornati *B* axurnas *P* exorpti *E* exornatae *S* | appiani *S* | observantur *E* -t *S* **4** culturam] cultum *B* cultas *E* culturas *S* | et limites acceperunt *om. ES* **5** rudibus *E* **6** et *om. E* | per *om. P* **7** quibus iam colonis *B* quibusdam locis *ES* | constituti sunt *S* **7–8** admedera *B* -re *P* ad me dederat *E* hadrumetina *S* **8** decimanus] maximus *add. P* | kardo] ex his *add. P* ex his actum ita *add. E* ex his acti limites ita *add. S* | oriuntur *S* (*recte La.*)] orioritur *B* oritur *PE* | ut] et *ABPE* | quattuor] partes et *add. E* **9** in *om. E* | morem *S* (*recte La.*)] more *BPE* | castrorum ut *BP* -um et *E* | amplissimis *PES* | diriguntur *P* **10** pulcherrima nam] pulchra inmane *BE* | colonia *P* | omnis *P* omnes per *S* **11** perticae regionis *E* regiones perticae mensuram *S* | continet *P* | est] ex *B* **12** incoles *B* ioncolis *S* | iter erat *scripsi*] iter ad *P* et erat *BE* est *S* | forum] *sequentibus verbis confusum delevi* **13** in tetrantem *P*] in petrantem *B* intret inter aquam *E* inter iter et aquam *S* | qua] aqua *B om. ES* | velut] ut *S* | forum] ex qua parte *add. E* ex aequa parte *add. S* | convenitur *P* **14** hanc] haec *B* | debebimus] debemus *PES* | si] sic *P* **15** postulationi] vel *add. BE Th.* et *add. P La.* | suffragabitur] suffragavit *BP* -bit *E* **16** portum] positam *E* postpositam *S* | colonia] coloniam *BES* limes *add. S* | marem *B* | aquam] ad aquam *P* ad quam *E* in quantum *S* | non] nostri *BE om. S* **151,16–152,1** excidere *B*

cedere, {hoc est litore terminantur} et cum sit colonia ipsa in litore, fines a decimano maximo et kardine in omnes quattuor partes aequali- [P 90r] ter accipere non potest (fig. 30) | Quaedam propter aquae commodum monti applicantur, qua aqua decimanus maximus et kardo relictis locis [E 94v] interciditur ita, si trans montem coloniae fines perducuntur. (fig. 31) | Multas colonias ipsi montes finiunt, propter quod quattuor regionibus aequaliter pertica non potest dividi, sed in alteram partem tota limitum [P 90v S 65r] rectura servetur. (fig. 32) |

[A 49r] **[19]** ¦ Itaque, si loci natura permittit, rationem servare debemus. Sin [B 143v] autem, proximum rationi nostrae, quo | minus aliquid de finibus fiat aut amissionis periculum habeat, si aliter egerimus. Mensura sua unicuique constabit, decimani suo nomine appellabuntur, tantundem kardines, fines terminis obligabuntur. Nihil operi deerit nisi ratio. Habebit tamen inter professores existimationem. Nam nec illis coloniis hoc nomine quicquam iniuriae factum erit, quod kardines loco decimanorum observantur, decimani loco kardinum. Omnis limitum conexio rectis angulis

---

1 hoc — terminantur] *glossam delevi* | hoc est] hae et *ci. La.* | cum et ipsa colonia ipsa *P* **1–2** litore fines] litore tamen *ES* **2** in *om. P* **3** accipere — possunt] accipere erit *ES* | non potest] nostri potest *B* non possunt *P* | quaedam] vero *add. S* **4** qua aqua] quarum aeque *BPE* | et] aut *P* | kardo] maximus *add. P* | relictus *P* **5** colonia *P* | perduncantur *ES* **6** colonias] et *add. P* | finiunt] efficiunt *P* | quod] quos *P* | regiones ob *BE* regiones *S* **7** non potest] nostra id est *BE* nostra itidem *S* | dividisset *B* dividet *S* | sed] si *S* | in] ab *S* | altera parte *ES* **8** rectura] rectum *S* | servetur *codd.* vertetur *ci. La.* **9** loco *B* | natura] pertica *E* | ratione *B* **10** proximum] est *add. S* | rationis *E* | nostrae quo minus *S Gui.* -trae quod minus *AE* -trae quod ad nos *B* non quo minus *P La. Th.* | Fiat autem *AE* fiat Fiat *B* Fiat antequam *S* **11** admissionis *A* admissi in his *B* | habeas *B* | ⟨t⟩aliter *ci. La.* | mensura] tamen *add. S* | sua] si a *S* **12** constabit] et *add. S* | decimanus A^{ac} decimi *B* | sui *AES* | appellabitur *AS* -ntur *B* -batur *E* | tantum de *ABES* **12–13** kardines fines] kardinis sine *AB* kardinibus sive *ES* **13** obligabantur *A* obligabitur *S* | nihil] si nihil *ES* | opore *A* opere *B* operae *ES* | nisi *dubitavi an fort.* nostra | habebit] ferbebit *B* **14** profess⟦i⟧ores *A an* possessores *fort. scribendum?* | colonis *ABES* **15** quicquam] quiquam *A ante* hoc *P* | iniuria *AE* -am *B* incuriae *P Turneb.* | erit] est *P* **15–16** observantur] et *P* observabuntur *ES* **16** decimani] vero *add. B* | loci *A* | kardinum] ordinum *E* | omnes *ABES* (enim *add. S*) | limites *ES* | conexo *B* conexiores *E* conexi oris et *S* | rectis *om. E*

continetur, extremitas mensuraliter obligata est, nihil res publica, nihil possessor de finibus queritur. Constat illis ratio mensurae, limitum ratio non constat, et potest dici mensura urbis alterius aut certe sinistra, hoc est inversa. Cum ipsa kardinum appellatio a kardine mundi nominetur, quare ab oriente in occidentem dirigatur, nulla est ratio. Quid ergo? Licet exitum decimanus maximus non habeat oppositus montibus aut mari, habet tamen rationem, et ab eo in eam partem, qua defecerit, aeque suo intervallo centuriae nominantur. | (fig. 33) A 49^{v} P 91^{r}

[20] Quaerenda est ergo | huius rationis origo: multi, s⟨ic⟩ut supra B 144^{r} diximus, solis ortus et occasus conprehenderunt, qui est omni tempore mobilis nec potest secundum cursum suum conprehendi, quoniam ortus et occasus signa a locorum natura varie ostenduntur. Sic et limitum ordinatio hac ratione conprehensa semper altera alteri disconvenit. ||¦ A 50^{v} B 144va P 91^{v} E 95^{r} S 65^{v} Hos qui ad limites constituendos hac ratione sunt usi, fefellit mundi magnitudo, qui ortum et occasum pervidere crediderunt aut forte scire et errorem neglexerunt, et contenti tantum regioni ortum et occasum

1 continentur *ES* | mensuraliter] mensurali per *B* | est] ex quo *add. S* | rei publice *AES* **2** possessori *ES* | quaeritur *ABP* | constat] enim *add. E* **3** mensura] esse *add. S* | urbis *codd. La.* orbis *em. Th.* (*prob. Camp. Gui.*) **3–4** sinistra] *an fort. scribendum* sinistra⟨ta⟩? **4** inversa] et *add. S* | appellatione *AE* -nem *B* | a *om. AE* | mundi kardine *P* | kardinem *BE* **5** quare] quae *P* | occidente *AB* | dirigantur *corr. Gui.* -gitur *E* | est] ergo *add. B* **6** ergo] id *add. S* | licet⟦...⟧ *A* | exitum *post* maximus *scr. P* | maximus] *it. B* | non] noster *ABE* | oppositos *B*-tis *P* **7** habeat *APE* | tamen rationem] mensurationem *ES* | eam] ad *add. P* **8** deferit *E* | sua *AE* in suo *P* | intervallo] interval^{A} *A* a *sscr. A*^{1} | nominentur *ABPE* **9** multi sicut *scripsi*] multi ita ut *APES* multis ut *B* **10** diximus] a *add. S* | ortu et occasu *AES* ortus et occansus *B* ortum et occasum *P* **11** mobiles *A om. B* | nec] ne *B* **12** et] est *A* | a] ad (d *sscr.*) *P om. ES* | naturam *P* -ae *S* | variae *A* varias *B* van⟦a⟧e *P* **13** hac] ac *B* | altera alteri *P*] aliter *AES* alteri ·ı· *B* | disconvenit] *post* disconvenit *Thulin ordinem archetypi confusis foliis in codicibus restituit, in quibus hoc loco* si vero — ordinata AC *sequitur* **153,14–162,5** Hos — convenit] *Haec iterum verba etiam in* GEOMETRICA ARS ANONYMI *cap.* XXVII–XXIX *excerpta inveniuntur, vid. p. 144,7* **14** hac] ac *B* | sunt usi] ut sisi *A* sunt sise *B* usi sunt *Py* sunt ut si *E* **15** qui] se *add. Py* | ortu et occasu *A*-us et -us *ES* | forte] certe *E* **15–16** scire et *scripsi*] sciret *AB* scierunt *Py* scire *ES* **16** errorem] et *add. ABPy* | neglexerint *A* | et contenti] contenti ei *Py* et contenti fuerunt *S* | regionis *ES*

demetiri. Immo contendisse feruntur ortum eum esse singulis regio- S 66r nibus, unde primum sol appareat, occasum, | ubi novissime de*cid*at: hactenus dirigere mensuram laboraverunt, qu⟨od⟩ quid⟨em⟩ nec in illa ipsa regione solis conspectus recte potest deprehendi, nisi aequalibus P 92r ab ortu et occasu diastematibus | ferramentum ponatur. Quod in qua parte sit, scire difficile est, quoniam in diversis orbis terrarum partibus B 145r mensurae aguntur. {Et in illa ipsa regione} Sit illi forte ex altera | parte campus per multa milia, mons ex altera et propior ferramento. Necesse est ex illa parte apertiore sol longius conspiciatur, ex hac deinde, qua mons inminet, parere cito desinat. Et si kardo a monte non longe nascatur sive decimanus, quomodo potest cursus conprehendi recto ferramento, cum sol citra monte occiderit et trans montem adhuc luceat et eisdem ipsis {adhuc} campis in ulteriore parte resplendeat? A 51r | (fig. 34)

[21] Quaerend⟨um⟩ est primum, quae sit mundi magnitudo, {quae} solis quae ratio oriundi aut occidendi, quanta sit mundo terra. Advocandum

---

1 eum esse] cum esset *B post* regionibus *Py* **2** primum] se *add. S* | aperiat *BES* | decidat *scripsi cf. Fest. 178,45 M.*] desinat *ABES* descendat *Py* **3** dirigere] rigore *E* in rigore *S* | mensura *ABE* -ae *S* | laboraverunt] saepe quidem frustra *add. S* | quod quidem *scripsi*] quidquid *AB* quidquod *P edd.* quid qd *E* quia *S* quicquid *y* | nec *om. BE* non *S* **3–4** in illa ipsa *scripsi*] illa ipsa *ABPEy* in ulla *S* **4** regione] non *add. E* | conspectum *B* | deprehendi] conprehendi *E* | aequali *ABE* **5** ortum et occasum *AB* **6** quoniam] quia *Py* | diverso *ES* | orbis] urbis *AB* orbe *ES* | terrarum] variis *add. S* **7** et in — regione *dittographiam e l. 4 exortam delevi* | in *om. APES* | sit] si sit *ci. Turneb.* (*prob. edd. vett., edd.*) | illa *Py* | ex altera] ex latera *E* **8** ex^2 *om. E* | propior] prior *A* priore *BES* | ferramento] posito *add. S* **9** est] ut *add. S* | apertiori *Py* apertior *E* | sol] sut *B* sub *ES* | longus *S* | hac] ac *A* **10** pareret *A* parire *B* **10–11** non longe a monte *Py* **11** decimanus] decumen *y* | non potest *E* | cursu *ABE* cursus eius *S* **11–12** conprehendi recte *P* conprehenso recto *E* recto *S* recte Comprehendi *y* **12** cum ferramento *ABPEy* | citra monte *om. ABPEy* | montem] sol *add. ABE* **13** eisdem] hisdem *B* | adhuc *delevi* | ulteriorem partem *B* -ri -e *P* interiori *y* **15** quaerenda *codd.* -um *em. Turneb. Hic* GEOMETRICA ARS *ms y foll. 65v–66v titulum cap. XXVIII habet* DE MVNDI MAGNITVDINE ET CIRCVLIS PLANETARVM | prima *y* **15–16** solis quae *scripsi*] quae solis quae (solis que *A*) *codd., edd. vett.*; quae solis *om. edd. quo pacto nescio* **16** oriundi] mundi *add. ABE* | quanti *AB* quod *E* quae pars *S* | mundi *ES*

est nobis gnomonices summae ac divinae artis elementum. Explicare enim de sider{i}um ⟨motu⟩ ac versu{m} nisi per umbrarum momenta non potest. Ortum enim aut occasum ne ab extrema quidem parte orbis terrarum pervidere quisquam potest, cum a sapientibus tradatur terram punctum | esse caeli et infra solem amplo diastemate spatium P 92v sumere. {Nam et Archimeden, virum praeclari ingenii et magnarum rerum inventorem, ferunt scripsisse, quantum arenarum capere posset mundus, | si repleretur. Credamus ergo illum divinarum rerum mag- E 95v nitudinem ante oculos habuisse. Qua ratione, | dicamus, tot saeculis B 145v unus mortalium hoc scire potuerit? Unus propter hoc laboravit et per incrementa umbrarum deprehendit.}

[22] Caeli autem | punctum terram esse | sic describunt, quod dicant S 66v A 51v a polo ad Saturni circulum intervallum esse quod Graeci hemitonion appellant; a Saturno deinde ad Iovem hemitonion; ab hoc deinde ad Martem ton*on*; a Marte deinde ad Solem ter tantum esse volunt, quantum a

1 nobis est *y* | gnomonices *Py id est* γνωμονικῆς] gnomonicae *A* VI nominices *B* non modicae *E* nonmodice *S* | ac] hac *B* | elementum] frumentum *A* flumentum *B* fructum *E* fructus *S* | explicari *ABPS* **2** de siderum motu ac versu *dubitanter scripsi*] desiderium nostrum ad verum *codd. edd.* | ad *P* | versum *y* verum *ABPES* | nisi] ac *B* | umbrae *APESy* | monimenta *S* **3** aut] et *ES* in *add. AB* | ne] nec *ES* | ab *om. y* | quidem] quidam *A* quaedam *B* **3–4** orbis terrarum parte *y* **3** partem *AB* **4** quisque *E* | traditur *AB* **5** terra *B* | caeli] C.A.P. *E om. S* | sole *B* | diastąematąe *A* | spatium] spiritum *ABPEy* **6** sumere] substernere *B* sustineri *Py* **6–11** nam — deprehendit] *glossatoris alicuius sive interpretationem sive aliquam partem operis alii auctoris delendam putavi* **6** virum] verum *A* **7** ferunt scripsisse] scripsisse ferunt *PEy* fuerunt scripsisse *A* | quanto *B* | harenas *y* | posset] potest *AE* donec *B* possit *Py em. La.* **8** repleritur *A* **8–9** credamus — habuisse] *post* tot saeculis unum unus *habet B* **9** oculus *A* | quam rationem *E* quando rationem *S* | dicamus] absconditam *S* **10** mortalium hoc] hoc mortalium *Py* normali modo *S* | laboraverit *S* **11** umbrarum incrementa *Py* | deprehenderit *S* **12** esse terram *Py* | terra *B* | esse] certam *add. AE* certa *add. B* certissime *add. S* | sic *om. S* | describunt] de his scribunt *E* | quod] quo *E* qui *S* | dicam *AB* dicunt *S* **13** a polo] apollo *ABE* | intervallum — Graeci *om. B* **14** appellant a Saturno *om. B* | deinde hemitonion ad iovem *AES* (iobem *A*) | ab] *ex* ac *corr. A* **14–15** hoc (hac *B*) — a Marte *om. B* | Martem] ponunt *add. S* **15** tonon *em. Th.*] ponum *A* tonum *PSy* ponunt *E* | tantum *PS*] tantundem *AB* (-um- *B*) | volunt *om. ABPEy* **155,15–156,1** apollo *hic et sequentibus locis ABE*

polo ad Saturnum, hoc est trihemitonion; a Sole deinde tantum esse ad Venerem, quantum a Saturno ad Iovem, hemitonion; a Venere deinde ad Mercurium hemitonion; a Mercurio deinde ad Lunam tantundem hemitonion; a Luna ad Terram tantum, quantum a polo ad Iovem, tonon. Sic Terram punctum caeli esse ostendunt: nam et artes musicas per P 93r haec diastemata constare fertur. | (fig. 35)

[23] Solem autem ampliorem aliquot partibus quam terram describunt, et quod palam est ab eo inluminari diem, noctem esse † in dimidium A 52r ipsius terrae obumbrationem. Polum | ipsum quinque circulis dividunt S 67r | in sex partes sicut ait Vergilius (*georg.* 1,233–239):

B 146r Quinque tenent caelum | zonae, quarum una corusco
semper sole rubens et torrida semper ab igni.
Quam circum extremae dextra laevaque trahuntur
caeruleae, glacie concretae atque imbribus atris.
Has inter mediamque duae mortalibus aegris
munere concessae divum, et via secta per ambas,
obliquus, qua se signorum verteret ordo.

---

1 trihemitonion] divinarum rerum magnitudinem habuisse *add. E* | a] ad *AE* | solem *BE* **2** Iovem] id est *add. S* | hemitonion] ergo *add. B* **3–4** hemitonion tantundem *B* **3** tantundem] id est *add. S* **4** lunam *A* | tonon] tinon *A* (triemitonion *sscr. A*[1]) emitonion *B om. ES* **5** sic *om. ES* | nam *om. Py* | ars musica *P* **6** ferunt *S Post* constare fertur *in ms y ante l. 7* (Solem autem) *fragmentum ignotum excerptum est; vid. Thulin Exzerptenhss. Göteborg 1914, 47.* **7** Solem] *Hic ms y titulum habet* DE QVINQVE ZONIS CAELESTIBVS ET ZODIACO CIRCVLO | aliquod *AB* | terra *B* **8** diem illuminari *Py* | in dimidium] endymion *S* **9** obumbratione *PS* | ipsum] ipsius *A* | circuli *B* in circulos *y* **10** partes] terrae *add. y* | ait *om. Py* **11** caelus *A* caelos *B* | uno *A* | coruscus *B* **12** rubet *ABE* | torrida] horrida *E* | igni] et citera *add. A* est *add. B* igne *E* **13** extrema *B* | trahantur *A* **14** caeruleae] et *add. ES* caerulea *A La.* | glacie] glaciae *AP La.* hacgregiae *B* | conconcretae *S* | imbribus] diris sive *add. A* | atris] utris es *B* acris *S* **15** mediam quae *AB* | duae *om. B* **16** divum *om. B* | ambas] umbras *AB* **17** obliquus qua se] obliquos (-cus *B*) est qui nec *AB* | vertitur *AB* verterit *E* vertere *S*

[24] Quinque ergo circulis haec nomina adsignant. Summum frigidissimae partis primae septentrionalem appellant, secundum ab eo solistitialem. Ab hoc deinde, qui medium polum dividit, aequinoctialem, quod in eo sol diei et noctis | horas aequat et ab hoc deinde, qui est P 93v aequinoctiali proximus, | brumalem appellant; nam et solistitiali est E 96r oppositus. Septentrionali deinde contrarium aust*er*nalem appellant. Circulus autem zodiacus, cuius fines sol negatur excedere, a circulo solistitiali ad brumalem per diagonum ostenditur ita, ut meridianum circulum ex utraque parte medium secet. Per hunc sol, hoc est infra, ire fertur et orbem terrarum viginti et quattuor horis circumire. | Harum B 146v ferunt XXIIII horarum iuncturam semper unum esse intervallum, nam increscendi aut decrescendi inter ipsas horas alternam esse mutationem. | Hoc ipsum per umbrarum motus ostenditur. Nam cum sol orbem A 52v

---

1 hae *B* | adsignantur *ES* | summe *B* summam *E* summa *S* **1–2** frigidissimae *om. ES* **2** partem *E* parte *S* | primae *ABE* (-e *B*)] finem *Py* primus *S* | septentrionale *A* septrione *B* septentrionalis *ES* | appellatur *ES* **3** solsticialis *E* -tialis *S* | ab hoc — aequinoctialem *parvis capitalibus sscr. A* | ab] ad *B* | dividit] et *add. AB* dividet *E* | aequinoctialis *S* **4** eum *ABPEy La. Th.* | noctis horas] noctiorase *B* | aequet *ABP* -at (-as *E*) et *ES* **5** aequinoctiales *AB* (-es qui est *B*) | proximos *A* | brumalem] umbrales *E* brumalis *S* | appellatur *S* | solstitiali *em. La.* solstitiale *AB* -is *PEy* **6** oppositus] ordinatus *ABPEy* | septentrionalis *E* | sicontrarium *A* secontrarium *Py* est contrarius *E* qui est contrarius *S* se⟨s⟩contrarium *La. Th.* | austernalem *scripsi*] austrinalem *ABPEy* australis *S* | appellatur *S* **7** cuius zodiacus *B* | sol fines *B* | excidere *AB* | a] ex *Sy* **8** solistitiali ad *S* (*ci. Turneb., prob. Gui.*)] aequinoctiali *ABPEy La. Th.* (-li a *B* per *AE*) | brumali *B* | ostenditur — meridianum *om. ES* | ostenduntur *AB* ostenditur *P* extenditur *Goes. prob. Th., Gui.* | ita ut] et aut *A* **9** circulum] ductus circulum aequinoctialem *S* | ex utraque parte] extraque parte *B* *ante* meridianum *Py* **9–10** hoc est per hunc SOL intrare fertur id est hoc eis infra ire fertur *AE* (ire *om. E*) per hos sol intrare fortur supra et infra *S* **9** infra] intra *Schulten* (*prob. Th.*) **10** et[1] *om. ABES* | terrarum] eumque *add. S* | viginti et quattuor] XXIIII *add. B* | circumire] et *add. S* **11** feruntur *P om. ES* | iunctarum *ABP* | semper] seper *A* per *E* **12** increscendi] crescendi *Py* et crescendi *S* **12–13** mutationem] inmutationem *B* **13** ipsum] ipsud *BP* | ostenditur] deprehenditur *Py* | orbem] urbem A

medium conscendit, umbras omnium rerum in hoc nostro tetartemorio meridiano axi facit ordinatas. Ab hoc enim exemplo sescontrariae partis, quae videtur eisdem horis inluminari, umbra describitur. (fig. 36)

S 67v **[25]** | Dubium fortasse esset de parallelo nostri tetartemori⟨i⟩, si secundum zodiaci circuli cursum oceanus meridianus interveniret. Nam P 94r totius terrae quattuor partes mari dividuntur, nec ultra hominibus | quartae partis ire permittitur. Sed quoniam oceanus meridianus subiacet circulo meridiano, quem zodiacus medium secat, apparet, inter ⟨brumalem⟩ et meridianum circulum a media terra quidquid est in ⟨occidente⟩, ultra cursum solis esse, quam regionem quidam sescontrariae partis appellant; et quidquid a media terra in ⟨oriente⟩ inter ⟨solistitia- B 147r A 53r lem⟩ et | me|ridianum circulum subiaceat, nostrae esse partis, si solis cursum sequamur, quoniam omnibus terris in hac parte in occidentem

1 conscendet *Py* | rerum *om. Py* | hoc] hac *ES tum fortasse orationibus sequentibus confusa* forte parte nostri et arte mo^{NO} *add. ABE* forte parte nostri orbis et arte gnomonis *add. S* | nostro] posito *S* | tetartemorio] tetrante morio *A* ce.ar.tio nos *B* tetrantem monorio *E* tetrante in horologio *S* tetartemori *y* **2** meridiano] pedes *add. S* | axi] XXI *AES* | facit] iacit *S* facio *y* | ornata *E* | ab] sub *ES* | sescontrariae] si contrariae *AE* sit -ae *B* siquidem *S* ex contrariae *y* | partis] partes *ABES* (*post* exemplo *S*) **3** quae *om. S* | videntur *S* | eisdem] hisdem *B* | umbrae *B* umbras *ES* | describuntur *ES* **4** esset *Py*] orbi de caelo vel *AE om. B* videretur orbi de caelo *S* | paralilon *AB* (-le- *By*) | nostro *ES* | tetartemorii *recte Th.*] itetrantemoris *A* tetrantem oris *B* tetartem ori *P* tetrantem horis *E* per tetrantem horas ostendi *S* | si] nisi *S* **5** circulum *E* | oceanum *AB om. E* -o *S* | meridianum *B* **6** partes] terrae *add. ES* (-ae et *S*) | nec] nam *E* et *S* | ultra] positis *add. S* | hominum *B* **7** quattuor partes *E* | ire *om. ABES* | permittitur] pratermittitur *ABS* -untur *E* | oceanum *E* | meridiano *P* **7–8** subiacit *A*-ceret *y* **8** quem] qm̄ *Ey* | secat medium *Py* **9** brumalem *ci. Knobloch (2015) 57–61, quem quoque in lineis subsequentibus secutus sum.*] aequinoctialem *codd.* solistitialem *ci. Gui. (2005) 101 et 196 n. 158* | a *om. ABESy* | media] mediae terrae *S* | quidquid] quod *B* **9–10** occidente *ci. Knobloch l. c.*] oriente *APESy* orientem *B* **10** cursus *A* cursu *B* concursus *ES* | quam] quod *ES* | quidam regionem *S* | regioni *ABE* -is *S* | quidam] quiquid *E* | sescontrariae *AP*] sexcenturiae *B* asses contrariae *E* a se contrariae *S* extrariae *y* **11** partes *ABES* | in] ab *E* | oriente *ci. Knobloch l. c.*] occidente *ABE* occidentem *PSy* **11–12** solistitialem *ci. Knobloch l. c.*] brumalem *codd., edd.* **12** subiacet *PESy* | partes *AB* | si *om. E* **13** cursu *A* (*haplographia pro* cursus) | in hac parte] *om. S* VII ma numero *add. A* VII numeri a *add. B* in septem milia annorum numero *add. E* | partem *E* | in occidente *AB post* spectantibus *E*

spectantibus umbras in dextrum emittit, exceptis illis, quae sunt ab Aegypti fine usque ad oceanum, qua finit circulus aequinoctialis. Has terras ferunt inhabitare Arabas, Indos et alias gentes; apud hos in occidentem spectantibus umbrae in sinistrum emittuntur, ex quo apparet eos ultra solis cursum positos sicut ait L u c a n u s (3,247–248):

Invisum vobis, Arabes, venistis in orbem,
umbras mirati nemorum non ire sinistras.

Nam et Aegypto medio die umbra consumitur. Ex hoc ibidem mediam terrae partem esse conprehendimus. | (fig. 37) P 94^{v}

[26] Optimum est ergo umbram hora sexta deprehendere et ab ea limites inchoare, ut sint semper | meridiano ordinati. Sequitur deinde, E 96^{v} ut et orientis occidentisque linea huic nor|maliter conveniat. Primum A 53^{v} scribemus circulum in loco plano in terra, et in puncto eius sciotherum ponemus, cuius umbra et in*f*ra circulum aliquando intret. Certius | est B 147^{v}

1 spectantibus] *om. B* exspectantibus *E* | dextram *B* | emittit] demisit *B* | excepto *Py* | quae] qui *ABE* **2** aegypto *E* | finem *ABE* | qua] quae *AB* quia *y* | circulis *y* **3** feruntur *AS* fertur *PE* | inhabitare] inhabitabiles *Py* habitare *ES* | arabas *edd.*] arabus *A* arab *B* arabes *ES Goes. om. Py Turneb., Rig.* | indus *B* indi *S* | aliae gentes *S* | hos] quos *S* **4** occidentem] occidente *AE* oriente *B* | exspectantibus *BE* | sinistram *ES* sinistro *B qui add.* alii demittunt | emittuntur] emitricuntur *B* **5** cursu *AB* | positos] posito *A* -us *B* **6** invisum] ignotum *habent codices Lucani* | vobis] nobis *Sy* | arabis *AB* | orbem] urbem *AB* **7** miratio *A* miratione *E* | nemorum] horum *E* memorum *y* | ire] rem *E* | sinistris *AE* -tra *B* **8** et] ex medio *E* ex media *S* | medio die] mediae *E* media *S* | umbrae *E* | consumetur *A* consumuntur *E* | hoc] quo *S* | ibidem] ibi *AES Verba post* ibidem *om. y* | media *A* **9** partem terrae *B* **159,10–161,8** optimum — scribamus *verba etiam in* GEOMETRIA INCERTI AVCTORIS *vel* GEOMETRICA ARS ANONYMI, *cuius quoque textus in editione Bubnov expressus est pp. 363,5–364,10, inveniuntur. lectiones horum codicum hoc loco vel* Bu. *secundum eius editionem vel litteris codicum, quos inspexi (yμ), recepi.* **10** ergo est *E* | umbrae *A* -a *B* | horae sextae *PESy Bu.* vi horae *μ* | deprehendere] apprehendere *E* **10–11** limitem *Pyμ Bu.* **11** inchoare] orae *add. A* | meridiano] temporis *add. Sμ* | deinde *om. Pyμ* **12** orientis] et *add. B* | occidentisque] occidentis aequa *ES* **12–13** scribemus primum *Pμ* **13** scribimus *ABES Bu.* | circulos *E* | in terra loco plano *PS Bu.* in terram loco plano *y* | punctis *E* | sciotherum] et iterum *add. A* si iterum *B* scio iterum *E* **14** ponamus *ABE* | et infra *scripsi* et intra *codd.* et in *μ* | certus *Pyμ* certum *Bu.* **159,14–160,1** enim est *E*

enim quam orientis et occidentis deprehendere. Adtendemus, quem ad modum a primo solis ortu umbra cohibeatur. Deinde cum ad circuli lineam pervenerit, notabimus eum circumferentiae locum. Similiter exeuntem umbram e circulo adtendemus et circumferentiam notabi-
P 95r S 68v mus. (fig. 38) | Notatis ergo duabus circuli partibus intrantis umbrae et exeuntis loco rectam lineam a signo ad signum circumferentiae ducemus, et medi*um* notabimus, per quem locum recta linea exire debebit a puncto circuli. Per quam lineam kardinem dirigemus, et ab ea normali-
A 54r ter in rectum decimanum emittemus et ex quacumque | eius lineae parte
S 68v normaliter invenerimus, decimanum recte constituemus. (fig. 39) |

[27] Est et alia ratio, qua tribus umbris conprehensis meridianum describimus. Loco plano gnomonem constituemus AB, et umbras eius qualescumque tres enotabimus CDE. Has umbras normaliter conprehendimus, quanta latitudine altera ab altera distent; si ante meridie

1 quam] quod *E* quod et *S* tam *μ Bu.* | et *om. B* quam *μ Bu.* | occidentis] linea *add. S* umbras *add. Bu.* | deprenderunt *A* deprehenderit *S* | tendimus *A* adtendimus *B* ostendimus *E*– igitur *add. Bu.* **2** a *om. ABE* | primum *BE* | ortum *BE* | umbra *om. S* | cohibeatur] cogebatur *B* | circulum A^{ac} **3** notavimus *Py* **4** umbra *BE* | e] de *S om. E* | circulum *E* | adtendimus *E* adpraehendimus *B* | circumferentea *B* **4–5** notavimus *APy* **5** notantes *AE* | duobus *AE* | circulis *E*.c. *μ* | intrantes *B* **6** exientis *A* exientes *B* | locum *E* | a signo *om. ABE* **6–7** ducimus *BE* **7** et] sed *ABE* | medium *scripsi* media *ABE* -am *PSyμ* | pernotabimus *S* | debet *PSyμ Bu.* **8** linea *y* | dirigimus *AE* **9** decimanus *A* -os *Pyμ Bu.* | emittimus *BES* | partem *B om. S* **10** intervenerimus *ABE* interverterimus *ci. La. sequuntur edd.* | decimanum recte constituemus *om. B* | constituimus *AE* -amus *yμ Bu.* **11** *Hic ms y fol. 67v in cap.* XXIX *titulum habet* DE GNOMONICA INSTITVTIONE ET VMBRARVM DISCVRSV | qua] quae *ES* | conprehensis] contra ex eas sit *add. AE* (sint *E*) contra eas fit ita *add. S* **12** describamus *AB* y^{ac} *edd.* -bemus *Pμ Bu.* | loco] loco in *A* in loco *Bu.* | gnomon *ABE* | constituimus *ES* | AB et] habet *BE* | umbra *E* | eius] ab aequali *add. B* D.I.E.Q *add. S* **13** qualescumque — umbras *om. E* | qualiscumque *A* quale- *B* Q.L.C.Q *Py om. Sμ Bu.* | enotabimus *edd.*] -vimus *APyμ* enotamus *S* praesentamus *B* | CDE] CED *Bu.* | has] deinde *add. y* **13–14** conprehendemus *Py edd.* **14** quanta] quantum *E* qua *Bu.* quo *yμ* | latitudinem *E* lati artudine *S* | altera *om. E* alter *B* | ab altera] ab altero A^{ac} *yμ* | distent] dicet *B* distendi *E* | si *om. BE* | ante] angem *B* autem *μ* | meridiae *AB* -em *ESμ edd. sed cf. Usener scripta minora 1,260*

constituemus, prima umbra erit longissima, si post meridie, erit novissima. (fig. 40) | Has deinde umbras | proportione ad multiplicationem P 95^{v} B 148^{r} in tabula describimus et sic in terra servabimus.

[28] Sit ergo gnomon AB planitia B. Tollamus umbram maximam et in planitia notemus | signo C, secundam similiter in planitia notemus A 54^{v} signo D, sic et tertiam signo E, ut sint in pari proportione longitudinis suae BE DC. Eiciamus hypotenusas ex C in A et ex D in A. Nunc puncto A et intervallo ⟨A⟩E circulum scribamus. Ordinatas deinde lineas basi, hoc est planitiae, eiciamus in cathetum ex praecisuris hypotenusarum et circumferentiae, ex F in G et | ex I in K. Longissimam deinde lineam GF (E *desinit*) maximae umbrae inprimemus, et ab signo B notabimus GF. Secundam lineam umbrae secundae notabimus KI. Deinde et ex signo F in I rectam lineam eiciemus. Itemque ex CD finibus umbrarum: hae duae lineae altera alteram conpraecident signo T. Eiciemus deinde rectam lineam

1 constituimus *PESyμ*-amus *Bu.* | prima longissima erit umbra *μ* | si] sed *E* | meridie *scripsi* (*cf. lineam antecedentem*) meridiae *AB* -em *PESμ edd.* | erit *om. Pμ Bu.* **2** propositionem *B* proportionem *E* | multiplicationem *Syμ Bu.*] murtiperas *A* mortiferas *B* mortiperas *E* multipedam *P edd.* **3** describemus *Pyμ Bu. edd.* | in terram *Py Bu.*; *an fort.* integras *scribendum?* | servavimus *AB* **4** sit] sat *y* stat *μ Bu.* | AB] AD *BES* | planities *S* planitie *μ Bu.*-tiam *E* | umbra -a *BE* | et *om. E* **5** planitiam *A* -iem *B* -ie *Sμ* **5–6** notemus[1] — signo D] notemus (-imus *B*) signum C secundum similiter in planitiam (-tia *B*) notemus (-imus *B*) signum D *AB om. PESyμ Bu.* **5** signo[1] *em. La.*] signum *codd.* **6** sic et] sed et *B* | tertia *AE* terra *S* terram *Py Bu.* | signum *AES* signum scribamus *B* | in pari *Bu.*] embasi *A* in vasi *BPyμ* in basi *edd.* in lineas *E* in lineas ipsa *S* | proportionem *AB* ipso portionem *E* **7** BE DC] B.E.D.C *ABP Bu.* (BEDE *A*^{ac} BED *ES* BE BD BC *Th.*) | eiciamus] etsciamus⟦s⟧ *A* et scimus *B* sed sciamus *E* enumeramus *Bu.* | hypotenusa *E* | ex *om. A* | C in A] C.N.A *AB* CHA *E* | ex D in A] in A *om. B* exinde DIIA *E* | A *om. B* **8** AE *ci. Knobloch l. c.* E *ABPESy* C *μ* | circumscribamus *B* circulum scribimus *ESyμ Bu.* | ordinatos *B* | lineas *om. S* | basi] vasis *B* **9** catecto *E* catheto lineas *S* | ex praecisuris] ex pristis horis *E* explicitis horis *S* **9–10** et circumferentiae] item circumferentiae signo *ES* (ex signo *S*) **9** et] id *A* **10** ex F IN G E et.ex I.N.K *A* cx finge et exiin *B* F HGE *E* F.H.C.E. et ex I.N.K *S* | longissima *B* | GF] *om. Py* C.K *S* **11** maxime umbras *B* | ab] a.b *A* a *BPy* ad *S* | signum *S* | notavimus *Py* | GF] ·D·F· *S dubitavi an* d *aut* o BF *Th. i.app.* | secundum *ABy* et secundum *S* **12** notavimus *Ay* | KI *P*] K·C A K·T *B* R·C· *S* | deinde et] et *om. APSy* | F in I] F·I· *AS* si *B* F et in I *Py* F et I *edd.* **13** eiciamus *y* | hae] haec *A* ve *B* **14** alteralteram *A* altera ab altera *S* | signum *ABS* singo *y* | eiciamus *y*

ex T et E, quae erit ortus et occasus. Ex hac in rectum rectam lineam [A 55r P 96r] eiciemus, hoc est normaliter: haec erit meridiano ordinata. | (fig. 41) [S 69r] Eisdem signis et ipsum circulum quadrifidum constituimus et intuebimur [B 148v] quattuor | caeli partes, quibus limitum ordinatio hac ratione constituta erit et omni tempore conveniet. (fig. 42) ¦

[29] Si locus, in quo colonia constituitur, cultus erit, ex ipsa civitate maximum decimanum et kardinem incipiemus; it⟨em⟩ si colonia ab solo [A 55v] | constituetur. Decimanum autem et kardinem optimi mensores agere debebunt, idem et quintarios ad singula claudere, ne quis error operis fiat, quod post amplum actum emendare sine rubore difficile est. Quod si aut ferramenti vitium aut conspiciendi fuerit, varia contemplatio in uno quintario statim apparet et tolerabilem habet emendationem. Subruncivi minus erroris habent periculum. Hoc tamen aeque diligenter [P 96v] agere oportet, ne quam et hic corrigendi moram perstet. (fig. 43) |

[30] Multi perpetuos limites egerunt et in illa operis perseveratione peccaverunt, sicut in veterum coloniarum finibus invenimus recentius impro-

---

1 T et E *P*] T et AE *B* T·E· *S* | quae] qui *B* | ex] et ex *B* | hac] ac *A* **2** eiciamus *Sy* | haec erit] accidet *B* | ordinatam *B* **3** et ipsum] id ipsum *P* id ipsud *y* tetrantem *La. edd.* | circulum quadrifidum *om. ABPy* | constituemus *ABPy* **4** ordinatione *B* | hac ratione *om. B* **5** erit et *om. ABPy* | convenit *ABPy Deinde in ABS* multi perpetuos — utuntur; *cf. 162,15–163, 1* **6** quo *om. S* | constituetur *S* | cultus] cuius *ABS* | ipsam *B* | civitate] conspectus *add. S* -em *AB* **7** item *scripsi suadente Knobloch*] ita *codd.* | solo] sole *AB* ad solem *S* **8** constituitur *P* | decimanus] D.M. *P* decimanum maximum *edd.* decimanus *S* | autem *om. S* | kardinem] cardo *S* | optime *A* optimum *B* optimis *S* | mensores] mensurae *A* mensuris *S* **9** idem] eidem *P* | quintarius *AS* -um *P* | ad singula] ad signa *ci. Goes.* | claudere] reddere *S* | operi *P* **10** post] iam *S* | emendare sine rubore] finem rubore emendare *P* | rubore] errore *S* **11** aut] autem *AB* | vitium] victum *P* | conspiciendi] conspicientis *ci. Goes.* | varia] varia *it. B* una *P* vana *Rig.*, *Goes.*, *edd.* – *nescio quid* Itali *designet apud Th.*. **12** in statim *B* stat *S* | apparet] paret *AP* impar *S* | emendationes *A* **13** errores *AB* | hoc] hos *P* | aeque] neque *AB* nequaquam *S* | diligenter] neglegenter *S* **14** agere] habere *B* agi *P* | hii recorrigendi *P* hic hae (haec *B*) corrigendi *AB* | perstet] praestet *AB* praestent *P* **15** *Cf. ad verba* multi ... utuntur *app. crit. ad 162,5* | egerunt] elegerunt *B* coaegerunt *S* | perseverationem *AB* **15–16** peccaverunt *om. P* **16** finifus inveniamus *A* | recentibus *S* frequentius *P* **162,16–163,1** inprovantis *A* in probandi *B* in provinciis *P*

bantes. Ubi ferramento nisi ad interversuram non utuntur, (fig. 44) | S 69^{v}
lineam autem per metas extendemus, et per eam | ad perpendiculum A 56^{r}
cultellabimus. Actuarios palos suo | quemque numero inscriptos in- B 149^{r}
ter centenos vicenos pedes defigemus, ut ad portionem acceptarum mensura acta appareat. (fig. 45) Limitibus secundum suam legem latitudines dabimus, et aperiri in perpetuum cogemus. Plurimum enim agentibus praestat ac{ti}tuarii limitis perpetua rectura; ex hac deverti nisi per neglegentiam non potest. Cultis locis limitem sulcis optime servabimus. Praesentem tamen in conspectu ⟨propinquo⟩ signis limitem
agemus. (fig. 46) ||| P 97^{r}

[31] Si vero in ⟨longinquo⟩ sint duo signa, quae erecta linea normaliter
conspici possint, ut excussis longi|tudinibus longiorem lineam ad bre- S 65^{v}
vioris longitudinem signo posito aequemus, ex quo ad interversuram brevioris lineae rectam lineam iniungamus, quae sit duorum signorum
conspectorum | lineae ordinata, ferramento | explicabimus (fig. 47) | E 95^{r} A 50^{r} P 91^{v}

---

1 interversura *A* mensor *add. S* | utantur *AB* utatur *S* **2** extendimus *BS* | eum *B* **3** cultellavimus *ABP La.* cultellamus et *S* -bimus *Th.* | actuarius *A* | quemque *om. ABS* | scriptos *B* **4** defigimus *B* defigunt *S* | ut] et *AB* | appartitione *A* ad partitione *B* ad partitionem *P* | accepturarum *S* **5** suam] *fortasse* Semproniam *ex abbreviatione false dissoluta?* **5–6** dabimus latitudines *S* **6** cogimus *BS* **7** praestant *S* | actuarii *scripsi*] acti *APS* actituarii *B* | limites *ABS* | hac] hoc *APS* enim *add. S* | diverti *P i.s.m. add. S* **8** nisi] ne *AB* nec *S* | neglegentia *AP* | potest] Hoc *add. S* | culti *A* | sulci *B om. S* **9** praesentem *S*] praesens *AB* prensis *P edd.* | propinquo] longinquo *codd. Cf. lineam sq. verba a scriptore commutata transposui* **10** augemus *B* agimus *S* **163,11–164,10** *Cf. app. crit. ad p. 153,13* **11** longinquo] propinquo *codd. Cf. lineam praecendentem.* longinquo *item ci. Gui. 2005, 106* | quae] *om. B* | erecta *scripsi*] recta *AES* ex relicta *BP* **12** ex^{C}usis *A* excursis *B* ex suis *ES* | ad] ab *A* a *B om. P* **12–13** breviores *B* **13** longitudinem] longiorem *B* lineam rectam *E* lineae recturam *S* | opposito *P* | aequ⟦e⟧mus *B* aequavimus *E* | at *A* | interversura *A* **14** brevioris — iniungamus *om. E* | breviores *A verba* quae sit — conspectorum *hic et suo loco scr. P* | recta *B om. ES* | lineam *om. B* | iungamus | sit] sunt *ABES* **15** conspectorum] quae per inspectionem *S* | ordinatae *ABES* | explicavimus *AB* explicabis *P* explicuimus *E*

[32] Sit ergo forma conspectus ABCD. Nunc ex linea primum constituta, quae est inter B et D, conspiciamus signum, quod est in{ter B et} A. Prolato exiguum per rigorem ferramento normaliter paucas dictabimus metas ex signo E. Prolato iterum exiguum ferramento in signum F, signum conspicimus ita, ut rigorem ex E missum secet signum G, et B 144va quicumque numeri fuerint sic observabimus. Quomodo | fuerit ⟨FE ad EG, sic et FB⟩ tractabimus, erit longitudo conspectus inter BA. Eadem ratione et alteram partem conspiciemus. Quanto deinde longior fuerit, signo notabimus H, et ex hoc signo in B rectam lineam iniungemus, quae erit ordinata AC. (fig. 48) ||

[33] Si limites post urbem constitutam inchoabimus, ex proximo decimanum maximum et kardinem incipiemus, eisque latitudinem secundum A 56v legem suam dabimus. | (fig. 49) Si propter locorum difficultatem prope urbem limites inchoari non poterint, tunc in ea regione, ubi adsignaturi erimus, decimanum maximum et kardinem constituemus sic, ut

1 ABCD *PS*] ABABCD *ABE* | ex] est *B om. P* **2** B et D] et *om. P* BELD *E* BEID *S* | conspicimus *BES* | in A] inter B et A *codd.* (et *om. P*) inter A et C *editores CostG2 1996,103 tantum modo in translatione*; in A *em. Hinrichs, Institutionen 104 et nota 34.* **3** prolatoprolatum *B* prolatoque *S* | rigore *A* -es *B* | dictavimus *AB* dictabis *P* **4** meta (metas *S*) et signo et *ES* | exiguum] per rigorem *add. E* | in] et *B* | signo *ABES* **5** signum] signum A *ci. Gui.* | conspiciemus *A om. P* | ita ut] aut *ES* | ex emissum *P* exemissum *AB* ex se missum *ES* | secet] setet *A* sed et *BES* **6** numerum *E* numerus *S* | fuerint sic] fuerit Sic *S* | sic] etiam *add. S* | fuerit] fecerit *ABP* **6–7** FE ad EG si et FB *La. Th.* FAED et G Sic EB *A* eadem et G sic E et B *B* FEADG si GFEB *P* FAEDETG sic et B *E* EFGHI sicut et B *S* **7** tractavimus *AES* (et *add. S*) | conspectui *B* | inter BA] haec *E* inter haec *S* **8** rationem *A* | et] si *ABE* sicut in *S* | altera parte *BS* | conspiciemus *hic om. sed post* notabimus *add. ABES* | quando dd *BE* (deinde *E*) | longius *S* **9** signo] sic *A* .F. *B* signum *S* | notavimus *P* conspiciemus *add. ABES* | et *om. P* | ex *om. E* ab *S* | signum *B* | iniungimus *BE* iungemus *S* **10** ordinata] per *add. S* | AC] $h_A$ac *B qui add. verba* normaliter paucas dictavimus moetas ex igno et prolato iterum exiguum ferramentum *deinde nova linea scripsit* H S *In omnibus codicibus verba sequuntur* hos qui ad limites; *cf. supra 163,11.* **11** limitem *ABS* | constitutam] conditam *P* | inchoabimus] in quo habimus *A* | proximo *om. P* **11–12** decimanus *A* decumano *P* **12** maximum et kardinem] M. primum et K. *P* | inspiciemus *B* | eisque] est qua *A* ex qua *B* ex quo *S* | latitudines *P* **13** suam] quam *B forsitan et hic false pro* Semproniam? | propter *AS* **14** inchoarium poterit *S* | tunc] nunc *B* | eam regionem *AB* **15** kardinem] sic *add. ABES* | sic ut] si *B* ut *S*

decimani ordinationem ortus et occasus teneant, kardinis meridianus et septentriones. (fig. 50) | P 97v S 70r

[34] Limitibus latitudines secundum legem et constitutionem divi Augusti dabimus, | decimano maximo pedes XL, kardini maximo pedes XX, (A 57r) actuariis limitibus omnibus pedes XII, subruncivis pedes VIII. | Omnibus (B 149v) in mediis tetrantibus lapides defigemus ex saxo silice aut molari aut ne deteriore polito in rotundum, crassum pedem in terram, ne minus habeat pedes II S, supra terram sesquipedem. (fig. 51)

[35] Inscribendi nobis una sit ratio. Hanc itaque ex omni opere certissimam eligamus, et hac potissimum utamur. Decimano maximo et kardine maximo omnes lapides in frontibus inscribamus, reliquos in lateribus clusaribus. Omnes enim centuriae singulos angulos habent clusares. Incipiamus ergo ponere lapides a decimano maximo et kardine, inscriptione qua debet. | Decimanus maximus. Kardo maximus. (A 57v) Decimanus totus. Kardo totus. (fig. 52) | (P 98r)

[36] Applicemus nunc singulas centurias maximo decimano sive kardini. Hae omnes quattuor ternos lapides iam positos habent. Sequitur, ut illis unus tantum clusaris angulus vacet, hoc est singulis, quibus debebit

---

1 teneant] habeat *S* | kardinem *AS* -es *B* **1–2** meridianus et septentriones *scripsi*] meridiani et septentrionis *ABP* meridianus et septentrio teneat *S* **3** latitudinem *BS* | consuetudinem *AS* consecrationem *B* **4** dabimus] debemus *Th.* **5** actuariis] autem *add. P* | omnibus] decimanis kardinibus (decimanus et -ibus *P*) *add. ABP edd.* | subruncivis] limitibus *add. B* | VIII] limitibus pedes VIII *add. A* **5–6** omnibus tamen mediis *B* in mediis *PS* **6** testantibus *B* | defigimus *S* designemus *B* | molar'um *A* malario *B* **7** deteriori *A* | politos *ABP* | in rotundum crassum *APS* (crassos *AP*) rotundos grasso *B* **8** habeant *P* | II S] duos semis *add. B* | supra] super *P* **9** inscribendis *A* scribendi *S* | nobis] nominis *P* **10** ac (ad *B*) potissima *AB* | decimano maximo] D.M.O. *P* **11** kardini *BPS La.* | maximo *om. BP* | in frontes *A om. B* in fronte *S* | scribamus *S* | in *om. P* **12** clusares *S* | centuria *A* | angulos *om. BP* | habeant *B* **13** incipiemus *S* | a decimano maximo] A.D.M.O. *P* **13–14** kardinis *A* -es *B* **14** inscriptionis *A* -es *B* | qua] quas *B* | debet] debent scribi id est *S* **14–15** decimanus totus kardo maximus *P* **15** Kardo totus *it. et semel del. s.l. A*; totus = τόσος *cum Thulin secundum Mommsen Ges. Schr. V 100* **16** sive] et *P* **17** haec *B* | quattuor ternos] IIII quaternos *P* | iam positus *A* inpositos *P* **18** vacet] haec et *AB* adiungantur *S* | hoc est] ut sicut in *add. S* | singuli *AP* | quibus] qui *S* | debet *P*

inscribi D.D. I V.K. I, et S.D. I V.K. I, et D.D. I K.K. I, et S.D. I K.K. I. Sic et in
ceteris observare debebimus. (fig. 53)
A 58^r S 70^v **[37]** | His angulis lapides defigamus, quibus centuriarum appellationes
B 150^r lateribus adscribemus. Ad terram deorsum | versus S.D. I V.K. I in ea
parte lapidis inscribemus, quae erit ultra primum. {Quod quoniam
in *la*titudinem exponi in hac planitia non potest, inscripturam lapidi
adplicabimus, qua{m} in re ipsa lapis habere debebit. Sic et D.D. I V.K. I,
P 98^v sic et S.D. I K.K. I.} (fig. 54) |

[38] Quoniam ab uno umbilico in quattuor partes omnes centuriarum
ordo conponitur, ab unius primae centuriae incremento omnes inscrip-
tiones singulis angulis cluduntur. Quisquis enim VLTRA PRIMVM KARDINEM
nominatur, perseverat usque ad extremum finem VLTRA PRIMVM vocari.
Sic et kardo similiter et decumanus. Aut si secundum decumanum sive
cardinem omnes lapides positi fuerint, per successionem singulis centu-
A 58^v riis | quartus lapis deerit, cui posito centuriae appellationem inscribere
S 71^r debebit. (fig. 55) |

1 scribi *AS* | D.D. I V.K. I — S.D. I K.K. I] dextro decimano I V.K. I et S.D. I V.K. I et D.D. I K.K. I et S.D. I K.K. I *A* D.D. I V. I K.K. I et D.D. I K.K. et S.D. I K.K. I *B* dextro decimano et cardine sive maximo decimano et cardine sive toto decumano et cardine *S* **2** debeamus *S* **3** his] et his *S* his ad *A* | defigimus *S* **4** in lateribus *P* | adscribimus *A* describemus *P* assribemus *S* | ad] a *AS* | terram diosum *A* | ea] vero *add. S* **5** lapides *ABS* | scribimus *A* ⟦in⟧scribimus *B* scribemus *S* | qua *B* | erit] S.D. I aeque *add. ABP* | ultra primum] V. I. *P* ultra K primum *ci. Goes. prob. edd.* **5–8** quod — K.K. I.] *verba* quod — debebit *glossam secl. edd. praeter Campbell; verba* sic et — K.K. I *cum adnotationibus picturae confusa seclusi.* **5–6** quoniam in] non iam *B* **6** latitudinem *edd.*] altitudinem *BP* altitudine *S* | hac planitiam *A* hanc planitiem *S* | inscripturam *S recte em. La.*] scripturam *AS* inscriptura *B* inscriptionem *P* **7** adplicavimus *AB* | qua *em. Th.*] quam *codd.* | lapis] amplicavimus quam in re ipsa *add. A* lapides *B* **7–8** sic — K.K. I *om. S deinde Thulin cum Lachmann addere voluit* D.D. I K.K. I **7** sic et[1]] sed et *B* **8** sic et *it. AB* **9** uno] in *add. B* | omnis *PS* **10** ab] ad *B* | incrimento *A* adinpraemente *B* | omnium *P* **11** cludantur *S* | quidquid *P* **12** nominatur] numerantur *B* numeratur *PS La.* | finem] sive *S* | vocaveris *S* **13–14** sic et — cardinem *S*] sic et kardo similiter decimanus aut secundum .M. (secum decimanus maximus *A*) sive cardines *AB* sic et K similiter D aut S et cum D.M. sive kardini *P* sic et k(itra) similiter D(extra) aut s(inistra). Et cum D(ecumano) M(aximo) sive kardine{s} *Th.* **14** fuerant *B* **15** deerit] debebit *AB* (deerit B^{pc}) apponi debebit *S* | cui] sui *B* | posito] post *S* | centuriarum *P* | inscribi *S* **16** debemus *P*

[39] His deinde cum quartum lapidem posuerimus, sequenti loco centuriae quartus angulus tantum vacabit, quo numerus inscribatur ipsius. Ad summam omnes clusares angulos centuriarum lineis diagonalibus conprehendemus. (fig. 56) | Sic et in toto opere | exteriores anguli [P 99^{r} B 150^{v}] centurias cludunt ab inscriptione decimani maximi | et kardinis maximi. [A 59^{r}] (fig. 57) Cum centurias omnes inscriptis lapidibus geminaverimus, illas, quae rei publicae adsignabuntur, quamvis limitibus haereant, privata terminatione circumibimus. Eti*am* silvas sive pascua publica sive utrumque, quatenus fuerint, inscriptione replebimus, ut et in forma loci latitudinem rarior litterarum dispositio demonstret. Harum silvarum extremitatem per omnes angulos terminabimus. (fig. 58) | Eadem ratione [A 59^{v}] terminabimus fundos exceptos sive concessos, et in forma sicut loca publica inscriptionibus demonstrabimus. (fig. 59) | [P 99^{v} S 71^{v}]

[40] Concessos fundos aeque similiter ostendemus, ut FVNDVS SEIANVS CONCESSVS LVCIO MANILIO SEI FILIO. In adsignationibus enim divi Augusti diversas habent condiciones fundi excepti et concessi. Excepti sunt fundi bene meritorum, ut in totum privati iuris essent, nec coloniae ullam munificentiam deberent et essent in solo populi Romani. Concessi sunt fundi e*i*, quibus indultum est, cum | possidere unicuique [B 151^{r}]

1 hisdem in decimanum *A* hisdem id es cum *B* item si in decimanum *S* | loci *A* **2** tantum] zantum *AB* zancum *S* | vacabit] vocabitur *ABS* | quod *AB* quod si *S* | ipsius inscribatur *P* | scribatur *S* **4** comprehendimus *AB* | toto] tuto *A* | opere] fiet et *S* **5** centuria *B* | inscriptionem *A* **5–6** et kardinis maximi *om. B* **6** inscriptis] inscriptis PA^{2} in se ..rtis *A* (*fort.* certis?) in se incertis *B* in se certis *S* | geminaverimus *S*] terminaverimus *ABP* **7** illa *ABP* | rei] et *B* | adsignabunt *ABP* | ⟦he⟧reant *B* **7–8** privatam terminationem *AB* **8** circumivimus *A* | etiam *scripsi*] et in *codd. Post* etiam *ABP add.* forma (-am *AB*) ita ut erit (ere *B*) ostendemus (-dimus *AB*) | silva *A* in silvas *post* pascua publica sive *scr. S* | sive pascua publica *om. P* **9** utrimque *P* | fuerit *ABP* erit *edd.* | inscriptionem *A* terminationem *B* | et ut *S* | formam *B* | loca *S* **10** demonstrat *B* **11** extremitates *S* | terminavimus *ABP* **11–12** rationem *AB* **12** terminavimus *AB* | formas *B* | sicut] sic *ABS* **13** demonstravimus *ABP* **14** ostendimus *BS* inscribemus *P* **15** a lucio *A* | mamilio *S* | sei filio *om. B* CFIL *P* **17** bene] pene *A* poene *B* | in tuto *A* in toto *S* **17–18** nec coloniae ullam] nec ullam coloniae *edd.* in haec ullae (ullae *om. B*) coloniae *AB* in his nullae coloniae *S* **18** deberent] haberent *AB* habentes sunt *S* | et *om. AP* sed *S* | essent *om. S* **19** ei *La.*] et *ABS* e *P* | est indultum *BPS* | cum possidere] ut possiderent *S* cum *om. B* plus, quam edictum continebat, non liceret. Quemadmodum ergo eorum veterum possessorum relicta portio ad ius coloniae revocatur {ceterorum quibus plus possidere permissum est}. Omnium enim fundos ⟨ceterorum, quibus plus possidere permissum est⟩ secundum meritum et militiam adsignavit. Inscribemus ergo concessos sic, ut in aere (A) permaneant. | (fig. 60)

[41] Neque {de} territorio, siquid erit adsignatum et ad ipsam urbem pertinebit, nec venire aut abalienari a publico licebit. Id DATVM IN P 100r S 72r TVTELAM TERRITORIO adscribimus, sicut silvas et pascua publica. (fig. 61) |

[42] Quod ordini coloniae datum fuerit, adscribemus in forma SILVA ET PASCVA REMOTA SEMPRONIA LEGE ita ut fuerat adsignatum IVLIENSIBVS. Ex hoc apparebit haec ad ordinem pertinere. (fig. 62) Ea lege {vel} aut loca sacra aut aedes, quibus locis fuerint, mensura conprehendemus, et locorum vocabula inscribemus. Non exiguum vetustatis solet esse instrumentum, si locorum insignia, mensurae et vocabula aeris inscriptionibus constent. (fig. 63)

1 edictum] reditum *A* peditum *B* reditu *S* | liceret] licebat possidere *S* | quemadmodum] quam *B* | ergo *om. S* **2** revocabitur *B* **2–3** ceterorum — permissum est] *cum B, qui haec paululum immutata post* fundos *quoque scripsit, reposui* | ceterorum] sic eorum *P* ceterum *S* **3** permissum] commissum *B* | enim] eorum *S* | fundos] *hic* ceterorum — commissum est *repetit B et addit* omnium enim funeros **4** meritum] reditos coemit *AP* (-us *edd.*) reditus populi r. coemit *S* **5** militiam] militi *APS* | scribimus *BS* | concessos] fundos *P* | .sic. *A* | in *om. P* | aere] re *AS* **6** permaneat *P Deinde in A folium deest; textus A cum* si fuerit mons *rursus institutus.* **7** neque *scripsi*] aeque *ABP* neque de *S* | et] id *P* | ad ipsam] adiectam *B* ad captam *S* **8** venire] biniri *B* venum iri *S* | alienari *S* | id datum] sed dum *B* et datum *S* **9** tutela *S* | territorii *BS* | adscribi *P* brevem scribimus *S* adscribemus *Th.* | silvis *B* **10** quohordine *B* | adscribimus *B* asscribimus *S* **10–11** silva et pascua ut puta Semproniana ita ut fuerunt adsignata Iuliensibus *P* pascua remota sempronia ut ait fuerat adsignata iuncte axibus et ex hoc apparebit ita et ordine pertinere *B* **12** ea lege *scripsi*] aeque *P* aehabet *B* ea lege vel *S* **13** fuerunt in *S* | mensuram *B* **13–14** conpraehendimus *B* -damus *S* **14** inscribimus *B* scribimus Quia *S* | vetustatib *B* **15** insignium — aeris] signo et vocabulo et etiam *S* | insignia *scripsi*] insignium *BP* signo *S* | mensurae *om. B* **16** constet *BS*

[43] Siqua regio in extremitate limites non acceperit, | eum locum B 151v vacantem significabimus hac inscriptione: LOCVS EXTRACLVSVS. Et extremitatem deinde terminis lapideis obligabimus, interposito ampliore spatio, et aris inscriptis conditoris nomine et coloniae finibus. | (fig. 64) P 100v Extraclusa regio ideo, quod ultra limites finitima linea cluditur. Linea autem finitima, si limitibus conprehensa non fuerit, optimum erit extremitatem ad ferramentum rectis angulis obligare et sic terminos ponere. (fig. 65) | Si fuerit mons asper et confragosus, per singulas A 60r S 72v petras finitimas notas inponemus, et, ubi potuerit, inscriptiones; sic et in forma significabimus. (fig. 66) Nam in planis quamvis omnium centuriarum subsiciva lapidibus inscriptis conprehendantur. Certis tamen locis aras lapideas ponere debebimus, quarum inscrip|tio ex uno P 101r latere perticae appellatae finem coloniae demonstret, ex altero, qua foras erit, adfines. Ubi fines angulum facient, ternum angulorum aras ponemus. Sic et in locis montuosis. (fig. 67) | Et has utraeque civitates A 60v | constituant: adfines enim eisdem locis nomine imperatoris et finium B 152r earum inscriptione aras consecrare debebunt. (fig. 68)

[44] Agro limitato accepturorum comparationem faciemus ad modum acceptarum; quatenus centuria capere possit, aestimabimus, et in sor-

1 in *om. BS* | extremitatium *S* | acceperit] adpeteres *B* **2** vacantem] ante *S* | significavimus *BP* | hanc *B* | inscriptionis *B* -e ut legatus *S* | et *om. PS La.* **2–3** extremitatum *S* **3** deinde] eamque *B* | terminos -os *S* | obligavimus *P* | ampliori *PS* **4** aris] ea re sint *S* | inscripti conditores *S* | coloniae et *S* **5** ideo] dicitur *add. S* | ultra] intra *BS* | finitimos *S* | linea] non *S* | clauditur *S* **7–8** et sic terminos ponere *om. P* **9** finitimus *B* | inponimus *AB* ponimus *S* | inscriptionis *S* **9–10** sic et in *om. S* **10** significavimus *ABP post habent verba* praeterea in Sicilia ubi montium altitudo et asperitas est *AB Goes. secl. edd.* | planitiis *P* | quamvis] in *add. AB* **11** subsiciva] anguli *sscr. B*^{2} *et exp.* s⟦ubsiciba⟧ | inscriptis] *exp. B*^{2} **12** debemus *S* **13** applicate *AB* applicito *P* applicato *La.* | fine *A* sine *B* | demonstras *A* -es *B* -at *P* demonstret et *S* | altera *A* -am *B* latere *S* **14** erit] ierit *S* | ad finem *S* | fines] finiet *AB* et *S* | facient *edd.*] faciet *AS* facies *B* faciunt et *P edd. vett.* | ternum] terminum *B* | angulum *P* | archas *S* **15** ponimus *BS* | et *om. P* | utrasque *AB* utrasque iuxta *S* **16** constituant] et *add. S* | enim *om. S* | eiusdem loci *S* | et] nec *B* **17** suarum inscriptionibus *P* **18** agrum limitatum *S* | acceptorum *B* ad accepturarum *S* | conparationum *AB* | ad] cc *add. S* **19** adceptorarum *B* | quotenus *A* | centuriam *AS* | possis *AB* **169,19–170,1** sorte *AB*

tem mittemus. Solent enim culti agri ad pretium emeritorum aestimari. Si in illa pertica centuriam ducenum iugerum fecerimus et accipientibus dabuntur iugera LX VI S⟨:⟩, unam centuriam tres accipere debebunt, in
P 101^{v} qua illis tres partes aequis partibus determinabimus. | Omnium nomina sortibus inscripta in urnam mittemus, et prout exierint primam sortem
A 61^{r} centuriarum accipere ¦ debeant. Conternatione facta singula sortibus nomina inscribemus. Ut si convenerit Lucio Titio, Luci filio, Seio, Titi filio, Agerio, Auli filio, veteranis legionis quintae Alaudae, ex eis unum sorti nomen inscribemus et quoto loco exierit notabimus.

[45] Sic conternationem unam faciet: dum usque ad tertium, cui exierit,
B 152^{v} erit una conternatio. Sic et ceteri. Has conternationes sublata sorte |
S 73^{r} quidam | tabulas appellaverunt, quoniam codicibus excipiebantur, et a

---

1 mittimus *B* | emeritorum] mementorum *A* momentorum *B* emptorum *S* **2** in *om. B* | illo *S* | per perticas *S* | centuria *A* -ae *B* -as *P* | ducentenum *BP* ducemus et *S* | faceremus *B* **3** dabitur *AB* dabitur per *S* | LX VI S:] LX VI·ς· *A* sexaginta et sex semis *B* sexagena sena besses *PS notae numerales et s: pro* besses *scripsi quoniam B ex his notis* semissem *scribendum esse putavit.* | unum *A* | tres] homines *add. P* **4** qua] quid *B* | tres] tribus *S* | partibus *S om. A* | aequis partibus] aequis *om. A* aequis frontibus *P om. S* | determinavimus *ABP* | omnium] ergo *add. P* | nomina] quae *add. S* **5** urnam mittemus] ornamittemus *A* hornamittimus *B* urnam deiciemus *P* normam mittimus *S* | et prout exierint (exierit *S*) *ABS*] mota primo quoque ternos comparavimus qui primi exierint *P* | prima sorte *S* **6** centuriam *AS Post* centuriarum *APS scripserunt* tollere (ducere *P*) debebunt eodem exemplo (*om. AS*) et ceteri Quod si illis convenerit (permissum erit *P*) ut (*hic* inter convenientes conternentur *add. P*) conternati (-is *S*) sortiri (metiri *S*) debeant (debebunt *P*) qui tres primam (-um *AS*) centuriam (-ae *P* -arum *tacite La.*) sortem (*om. S*). *Haec verba cum B omissi.* | conternatione factarum *A* conternationem (-num *P*) factarum *BP* | singula] singulas *B* **7** scribimus *BS* | si] id *B* | Lucio Titio Luci filio] L·T·L·F·et·P· *P* L. Tyto *S* | Seio *om. A* | Titi] Tito B·T *P* **8** filio] F·et *P* | Aggerio *P* | Auli] Bullo *B* A *P* | legionariis *B* leg. *P* legionibus *S* | quintae Alaudae] quinta allavel *A* quinto ala quinto *B* quintae alae *S* | ex eis] vel ex *S* | his *P* senis *S* | uni *S* **9** sortium nomina *ABS* | inscribimus *B* scribimus *S* | quoto] qui quinto *B* | notavimus *A* **10** sic] si *P* | unam] orna *A* unā *B* urna *P* norma *S* | facies *P* | dum] singulis sortibus singulorum nomina inscribemus et a primo *P edd.* | cui] qui *ABP* **11** erit *om. APS* | una] prima *P edd.* | ceteri] reliquae *P* ceterae *tacite Th.* | sublata] subacta *S* | sorte] forte *S* **12** quidem *A* | appellaverant *A* appellabant *S* | codicibus] iudicibus *P* | excipiebatur *B* **170,12–171,1** ad primam ceram *B om. S*

prima cera primam tabulam appellaverunt. Peracta deinde conternationum sortitione omnes centurias sortibus per singulas inscribemus et in urnam mittemus. Inde, quae centuria primum exierit, ad primam conternationem pertinebit. Sit forte centuria D.D. XXXV V.K. XLVII L. TERENTIO L. FILIO POL⟨LIA⟩ IVGERA LXVI S⟨:⟩, G. NVMISIO G. FILIO STEL⟨LATINA⟩ IVGERA LXVI S⟨:⟩, P. TARQUINIO CN. F. TER⟨ETINA⟩ IVGERA LXVI S⟨:⟩. Eodem exemplo et ceteras sortes.

[46] Adsignare | agrum secundum legem divi Augusti EATENVS debebi- P 102r
mus, QVA FALX ET ARATER EXIERIT, nisi ex hoc conditor aliquid immutaverit. Primum adsignare agrum circa extremitatem oportet, ut {a possessoribus} velut terminis fines optineantur. Ex eo interiores perticae partes. Si qua compascua aut silvae fundis concessae fuerint, | quo iure datae A 61v
sint, formis inscribemus. Multis coloniis inmanitas agri vicit adsignationem, et cum plus terrae, quam datum erat, superesset, proximis possessoribus datum est in commune nomine compascuorum. Haec in

---

1 peractam Deinde *S* **1–2** conternatione *A* -nem *S* **2** sortitorum *A* sortiorum *B* sortitione *P* Deinceps sortitionem *S* | omnes] ergo *add. S* | sortibus *om. B* | scribimus *BS* **3** orna *A* urna *P* norma *S* | mittimus *BS* | inde quae] in quam *S* | centuriam *S* **4** conternationem] contemplationem *S* | sit] si *AS* | centuria] centuriam contigerit *S* | D.D. XXXV V.K. XLVII] *hic explanatione amplificavit textum et add. P edd. verba* hanc ex prima tabula tres accipere debebunt quod in aeris libris sic inscribemus tabula prima D.D. XXXV V.K. XLVII. **5–6** L. TERENTINO — LXVI S:] L. Terentio L. filio Pol iugero LXVI S G. Numisio G.G. iugera LXVI S ollo numerio filio stil iugera LXVI S *A* Lucio Terentio Luci filio Pollioni iugera LVI ςz Gaio Numisio filio iugera LXVI ςz ullo Numerio filio ostellioni iugera LXVI ςz *B* L. Terentio L. F. Pol. Iug. LXVII C.N. C.F. iste iug. LXVII P. Tarquinio C.N. F. ter iug. LXVII *P* L. Terentio L. filio Popilii iugera LXVI S G. Nemusio G. Furio iugera LXVI S *S Hic quoque s: pro* besses *scripsi; cf. 170,3* **7** et *om. ABS* | cetere *B* **8** signare *A* | secundum] secū *B* | e.atenus *A* hactenus formare *S* **9** felx et arater *A* fals et arater *B* false taratrum *P* falso aratrum *S* | ex] ea *B om. S* | conditori *B* | aliquis *S* **10** adsignare] per *add. S* | ⟦ct⟧extremitatem *A* **10–11** a possessoribus *false irreptum delevi* **11** termini *S* | finis *B* **12** compascua] conspicua *B* | fundos *P om. S* | fuerit *B* | data *P* **13** inscribemus] inseremus *P* scribimus *S* centū c *add. A* c *add. B* | colonis *BS* | inmanitas] immunitas *P* | agri *om. B* | vicit] victi *AB* **13–14** adsignatione *B* **14** superesse repertum est *S* **14–15** proximis — in commune *om. S* **15** nominum *AB* nominibus hominum vel *S*

B 153r forma | similiter conprehensa ostendimus. (fig. 69) Haec amplius quam acceptas acceperunt, sed ut in commune haberent. Multis locis quae in adsignatione sunt concessa vel ex his compascua fundi acceperunt. Haec beneficio coloniae habent. In forma COMPASCVA PVBLICA IVLIENSIVM A 62r P 102v S 73v inscribi debent. Nam et vectigal quamvis exiguum praestant. (fig. 70) ¦|

[47] Subsicivorum omnium librum facere debebimus, ut, quando voluerit imperator, ⟨facile⟩ sciat, quot in eum locum homines deduci possint. Aut, si coloniae concessa fuerint, CONCESSA COLONIAE in aere inscribemus. Ita, si rei publicae concessa fuerint, in aere SVBSECIVA CONCESSA ut IVLIENSIBVS inscribemus.

[48] Omnes significationes et formis et tabulis aeris inscribemus, data, adsignata, concessa, excepta, reddita, commutata pro suo, reddita veteri possessori, et quaecumque alia inscriptio singularum litterarum in usu fuerit, et in aere permaneat. Libros aeris et typum perticae totius lineis descriptum secundum suas determinationes adscriptis adfinibus tabulario Caesaris inferemus. Et si qua beneficio concessa aut adsig-

---

1 formam *B* | similiter] mensuraliter *P* | conprehensam *A* | hostendimus *A* ostendemus *Goes. edd.* comprehendimus *P Turneb.*, *Rig.* | quam] qua *S* **2** acceptas] accipere debuerant *S* | sed ut] secus *B* | communem *B* | haberentur *S* | quae] quaedam *S* **3** adg. signatione *A* | concessa vel ex] concesse lex *AB* concessa et ex *P edd.* (et *del. La.*) **4** haec] et haec *S* | formam *AB* | Tuliensium *B* **5** scribi *S* | nam *om. AB* | et] enim *add. S* | praestat *AB* -ent *S* **6** facere] facile scire *AB* (fac^{I}⟦er⟧^{L}e *A*) facile *hoc loco false scriptum in lineam sequentem reposui.* | debemus *S* **7** facile] *cf. app. ad lineam praecedentem* | scias *A* | quod *ABS* | homines] colonia *S* **8** si] sicut cum *S* | concesse *B* -ae *PS* | concessa coliniae *A* concesse coloniae *B* concensae -ae *P* **8–9** inscribimus *B* scribitur *S* **9** ita si] ita *om. P* si *om. ABS* | fuerint — concessa] eodem facies *AB* eodem i^{O}n faciemus *S* **10** inscribemus] scribemus *A* inscribimus *B* Scribimus *S qui post* Iuliensibus *sententiam clusit.* **11** omnis *AB* enim *S post add.* aeris *AB* (*prob. Th.*, *Camp.*, *Gui.*) aere *add. S* | significationem *AB* -e *S* | et *om. S* | formis et tabulis aeris (aereis *B*) *AB*] formas aeris tabulis *P* formis et canalibus *S* | inscribemus] inserimus *B* **12** adsignata] et signata *A* | pro suo reddita] pro suo *P* **13** quascumque *A* **14** usum *AS* | fuerint *B* | in aere — et typum] in aeris permaneant libris Et pertice typum *B* in aere permanens aut libris erit *S* | totius perticae *P* **15** linteis *P qui habet in mg.* linteis dicit scriptum | determinationes] terminationes *P* habebit quae omnia cum *add. S* | adfinibus] finibus *S* **16** inferimus *B* | si *om. S* | qua] quo *S* | concessae *S* **172,16–173,1** adsignatae *BS*

nata ¦ coloniae fuerint, sive | in proximo sive inter alias civitates, in (A) B 153^{v}
libro beneficiorum adscribemus. Et quidquid aliud ad instrumentum
mensorum pertinebit, non solum colonia sed et tabularium Caesaris ma-
nu conditoris subscriptum habere debebit. | Typum totius perticae sic P 103^{r}–104^{r}
ordinabimus, ut omnes mensurae actae limites et subsicivorum lineam
ostendat. (figg. 71–72)

[49] Agrum rudem provincialem sic adsignabimus, quemadmodum A 63^{r} P 104^{v}
supra diximus. Si vero municipium in colonia{m}e ius transferetur,
condicionem regionis excutiemus et secundum suam postulationem ad-
signabimus. Multis locis conditores universum locum coemerunt, multis
male meritos fundorum possessione privaverunt. Ubi tamen aliquid
concessum est et gratia{e}, in eiusmodi condicionibus intervenit C(ON-
CESSVM) V(ETERI) P(OSSESSORI) ET REI PVBLICAE. Hunc agrum secundum
datam legem aut, si placebit, secundum divi Augusti | adsignabimus EA- S 74^{r}
TENVS QVA FALX ET ARATER IERIT. Haec lex habet suam interpretationem.
Quidam putant tantum cultum nominari, ut mihi videtur, alii agrum
adsignare. Hoc erit, ne accipienti silvae universus modus adsignetur | B 154^{r}

---

1 fuerunt *S* **1–2** in libro] in *om. S* **2** adscribimus *B* | et] ut *B* | ad *om. B* **3** non] ad *S* | colonia] coloniae *BS* deputabitur *add. S* | tabulario *B* tabularibus *S* **3–4** manum *B* **4** subscripta *B* scriptum *S* | debet *P* **4–6** typum — ostendat *codd. La.*; *haec verba Thulin (prob. Camp.) false exclusit, Guillaumin (2005, 117) recte restituit.* **4** typum] tutum *P* | sic] in hunc modum *P* sicut *S* **5** ordinabimus *em. Gui.*] ordinavimus *BS* ordinare debemus *P* | omnem *S* | acti *S* | linea *S* lineas *P* **6** ostendamus *PS* **7** adsignavimus *ABS* **8** dixi *P* | coloniae ius *em. Rudorff*] coloniam (-a *S*) eius *codd.* | transfertur *B* **9** condicione *BS* | excutemus *A* -imus *B* excudemus *S* | suam *om. B* **9–10** adsignavmius *BP* **10** condores *B* | coemerint *A* -rit *B* | multos *ABS* **11** possessiones *B* **11–12** concessum est aliquid *P* **12** gratia *scripsi*] gratiae *codd.* | eiusmodi enim *add. P* | condicionibus] assignationibus *P* **12–13** C.V.P.ET RP SUP. *P edd. vett.* (SULP. *Turneb.*) ad rem r.p. *S* **13** hunc *om. P* novum hunc *B* **14** legem] legemus *S* | aut si — Augusti] *post* cultum nominari *scr. S* | aut si] ab his *B* | placuit *B* plane desit *ci. Goes.* | adsignavimus *B* assignare debebimus *P* et *add. S* **14–15** eatenus *om. B* **15** quas *P* | falix *B* false *P* falso *S* | taratrum *P* aratrum *S* | ierit] exierit *PS* | habet *om. P* | sua *B* | interpretationem] qua *add. S* **16** nominari] *hic S verba* aut si — Augusti *inseruit* | alii] utile ait *P* utilem {ait} *secl. Rig.* utilem ait *Turneb.* (*prob. Goes.*, *edd.*) **17** adsignare] oportere *add. P* adsignari *S* | hoc erit ne] hoc est si *S* | accipiet *AB* accipiente *P* (-i *em. Th.*) | universo modo silvae *S* | assignentur *S* aut pascui. Qui vero maiorem modum acceperit culti, optime secundum legem accipiet aliquid silvae ad inplendum modum. Ita fiet, ut alii sibi iunctas silvas accipiant, alii in montibus ultra quartum forte vicinum.

[50] Primum agrum limitibus includemus {hoc est centuriabimus}. Deinde acceptas terminabimus; quicumque modus limitem excedit, commalleolari debet et sic in aere incidi. Sortes sic inscribes, ut una accepta A 63^{v} | duas, tres, pluresve centurias continebit. Has centurias et quantum ex accepta habeant in una sorte inscribemus, ut si⟨c⟩ {† dabitur ager P 105^{r} iugerum LXVI et | per tres centurias separabitur, D.D. I K.K. I IUGERA VI s⟨:⟩ D.D. I K.K. II IUGERA XV, et D.D. II K.K. II IUGERA XLV †} has una sors continere deber*e*t. Sub hoc exemplo cetera fient. Finibus assignatis et

---

1 pascua *S* | vero] *om. A* minorem aut *S* | acciperint *A* acceperint *BS* | optimae *P* et optimi agri *S* **2** accipient *S* | aliquid] et *add. P* | et silvae *P La.* | inplendum] acceptae *add. P* | ita fiet] et ita fiet *S* hoc ipsud evenit *P* **2–3** silvas sibi iunctas *P* **3** quartum] quattuor *ABS* (A^{ac}) | forte] fori (i *i.ras. pro* a) *A* fere *S* | vicinos *BS* **4** primum] ergo *add. P* | includimus *BS* | hoc est centuriabimus] *glossam seclusi* | centuriavimus *A* separabimus *add. P* **5** d.d. *B* | acceptas] et *add. P* accepturas *S* | terminibus *A* terminavimus *BP* | quicumque] autem *add. S* | limitem] terminum *S* | excedet *P* **5–6** commalleolari *em. Gui.*] commallorari *A* conmallari *B* commalliolari *P* commallonari *S* **6** debebit *P* | sortes] autem *add. P Gui.* | inscribis *A* inscribere debebimus *P* scribes *S* | ut] *om. AS* si *add. P* | acceptura *S* **7** duas] aut *add. PS* | plurisve *A* plures ut *S* | contineuit *B* **8** ex accepta] ex ^{AC}cepta *A* ex -tam *B* excepta *PS* | in] et *B* | inscribimus *B* scribemus *S* | sic *scripsi*] si *codd.* **8–10** dabitur — xlv] *cum B quasi glossam omissi. In codicibus APS textus perturbate scribitur:* dabitur LXVI S et per tres vias vias separabitur deinde I K.K. I iugera VIϛ C deinde I K.K. I.I iugera XV et deinde I.I. K.K. I .I iugera XLV has *A* ut si dabitur LXVII si et per tres centurias separabitur A D I K K I iug VIV et D D I K K I iug XV et D D K K iug XXXV haec *P* ut si dabitur ager iugerum LXVIII et per tres vias separabitur. Deinde iugerabis. Deinde iugera XLV una sors continere debet *S* **11** deberet *scripsi*] debebit *ABP* debet *S* | exemplo] et *add. P*) | cetera] ceterae *S* reliqua *P La.* **174,11–175,1** fient — praeferemus *ABS*] *Hic P scripsit* sub hoc exemplo et reliqua sortitos in agrum deducemus et fines assignavimus formas et quaecumque ad mensuras pertinebunt ita ut supra dixi (*reliquum folium 105r vacat in P*) *In editionibus praeter Lachmann, qui P secutus est, lectiones ABS et P confundantur hoc modo:* sub hoc exemplo et cetera fient. Sortitos in agrum deducemus et fines assignabimus; finibus assignatis et ceteris mensuris parti⟨ti⟩s formas et quaecumque ad mensuras pertinebunt ita ut supra dixi ⟨a⟩ conditore ordinata r.p. ⟨in⟩feremus. *Vetustiores sequor codices, quorum lectio et S testatur.* **11** assignatae *AS* **174,11–175,1** et ceteris] haec et aeris *B* et has caeteris *S*

ceteris mensuris parti⟨ti⟩s conditori ordinata{m} praeferemus. | (figg. 73–74) A 64^{r} P 105^{v}–106^{r}

[51] Agrum arcifinium vectigalem ad mensuram sic redigere debemus, ut et recturis et quadam terminatione in perpetuum servetur. Multi huiusmodi agrum more colonico decimanis et kardinibus diviserunt, hoc est per vias, sicut in Pannonia; mihi videtur huiusmodi mensura alia ratione agenda: debet interesse inter inmunem et vectigalem. Nam quem ad modum illis condicio diversa est, ita et actus dissimiles esse | debent. Nec tam anguste professio nostra concluditur, ut non etiam per singulas provincias probata limitum observatione dirigere possit. P 106^{v} B 154^{v}

[52] Agri vectigales multas habent constitutiones; in quibusdam fructus partem praestant | certam, alii quintas, alii septimas, alii pecuniam, et hoc per soli aestimationem. Certa pretia agris constituta sunt, ut in Pannonia singulae species culturae vel silvarum iuxta ubertatem ¦ S 74^{v} (A)

---

1 mensoris *A* | partitis *Th.*] partibus *AB* p.artibus *S* | conditor A^{ac} Qi *S* | ordinata *em. Th.*] ordinae *A* ordinatam *B* *om. S* | praeferimus *BS* **3** debebimus *B* **4** quaedam *B* | terminationem *B* | servemus *S* **5** huiusmodi agrum] huius agromensuram *P* | kardinibus] KDB *P* | diviserunt] praebuerunt *S* **6** per *om. B* | vias] centurias *P* | pannonia mihi *om. S* | parinota *B* | mihi] autem *add. P* | videtur] in re *add. S* | huiusmodi] huius soli *P* | mensura] cum *S* **7** agendum *AB* agendum sit *S* | debet] enim aliquid *add. P Gui.* enim *add. S* | inter] agrum *add. P Gui.* | inmunem] immunera *B* communem agrum *S* **7–8** nam quem] numquam *B* **8** ad modum *om. B* | ita et] cum *AB* mensurarumq *P* mensurarum *Th.* mensurarum quoque *La.* | actos *B* | dissimilis *ABP* **9** debet *BP* (debet esse dissimilis *P*) | nec] ne *S* | angustae *P* angusti *S* | professio nostra] possessio *A* possessor sic *B* possint *S* | concluditur] concludetur *A* cluditur *B* includi *S* | ut *om. B* | etiam] mille passus *add. S* **10** probata] privatas *AB* privatis *P* | observationes *ABP* | posset *A sequitur spatium viii litterarum* possis *S* **11** agri] autem *add. P Gui.* | quibusdam] provinciis *add. P* regionibus *add. S* **12** partem] parem *B* constitutam *add. P* | alii quintas, alii septimas] aliqui (aliquis *B*) acias ali sepias (alii setiam *B*) *AB* aliqui actus alii saepias *S* | alii pecuniam] nunc multi pecuniam *P* **13** hoc] hanc *PS* | soli] solitam *A* asolata *B* solvendi *S* | certam *S* enim *add. P Gui.* | pretia] praestare *S* | agri *BS* | constitutas[FI]unt *A* instituti sunt *S* | ut *om. S* **14** pannoniam *B* **175,14–176,1** singulae — constitutae sunt *S*] *pro his verbis P scripsit:* arvi primi arvi secundi partis (prati *Rig.*) silvae glandiferae silvae vulgaris pascuae his omnibus agris vectigalis (vectigal est *La.*) admodum ubertatis per singula iugera constitutum **14** singulas *A* -is *B* | iuxta] et *A* moetu *B* | ubertatem] *deinde* alii *scripserunt AB*, *reliqua pars folii et verba* dari — per falsas *deest in A*

dari constitutae sunt. Harum aestimationi, in qua usurpatio per falsas A 64[v] ¦ professiones fiat adhibenda est mensuris diligentia. Etiam in Phrygia et tota Asia ex huius modi causis tam frequenter disconvenit quam in Pannonia.

[53] Propter quod huius agri vectigalis mensuram a certis rigoribus conprehendi oportet ac singula terminis fundari. Quibusdam interver- P 107[r] suris lapides politos, quadratos, in|scriptos, lineatos defigere in eam partem, qua res exiget, oportebit. Omnium rigorum latitudines velut limitem observabimus interstitione limitari; mensuras per strigas et scamna agemus. Sicut antiqui latitudines dabimus, decimano maximo et kardini pedes XX et limitibus transversis, inter quos bina scamna et singulae strigae interveniunt, pedes XII; itemque prorsis limitibus, B 155[r] inter quos scamna | quattuor vel strigae cluduntur, pedes XII, reliquis (A) rigoribus ¦ leneariis ped(es) octonos. (fig. 75)

1–2 dari – diligentia *om. B* **1** horum *Th.* | aestimatio *P* aestimio *Rig.* (*prob. La., Th.*) aestimatione *Gui.* | in qua] nequa *Turneb.* | falsae *S* **2** professiones] opiniones *A* -nis *S* | fiat] sint *A* sit *S* | mensoris *S* | etiam] nam et *APS* | in] et *B om. AP* | Frygia *AS* Frigiae *B* **3** causis tam] causa acta *B* **4** pannoniam *AB* **5** mensura *BS* | a certis] apertis *B* certis *S* **6** conprehendere *ABP edd.* | ac *La.*] ad *AB* et ad *PS* | quibusdam] etiam *add. S* **6–7** interversuras *AB* -as et *S* **7** lapidis *A* | quadratos] ut hos *AB* et hos *S* | inscriptus *A* scriptus *S* | et lineatos *P* lineatosque *S* | defigerent *A* defigi *S* **8** qua] quae *B* | rex *A* | exigit *BS* | omnium] quoque *add. S* | rigorum] agrorum *ABS* | velut] ut *S* **9** limitum *P* -e *S* | servabimus *P* observemus *S* | interstitione *La.*] interstitionem *AB* -i *P* inter institutionem *S* | limitari] limitantes *S* | mensuras *Mo., Th.*] versuras *ABS* mensura *P* mensuram *La.* | et] per *add. B* **10** agimus *AB* | ut antiquis *B* et sicut antiqui *S* **10–11** decimano maximo et kardini pedes XX *edd.*] D.M. decimano maximo et K P XX *A* D.M. et K pedes XX *B* D.M.O et K ped(um) XX *P* decumano maximo pedes XX *S* **11** et] eis *AB* | bina sannae *S* **12** singula *B* | strigae] lege *S* | XII] XVII *B* duodenos *P* | item qui *AB* item *S* | prorsus *B* proximis *S* **13** inter] in *B* | quos] quo *A* | quattuor vel] *om. A* quattuor (*verbum corruptum constituit Th.*) et quattuor *B,edd.* quattuor et quattuor ped. *P* | strigas *A* | includuntur *B* | XVII *B* duodenis *P* **14** *Post* rigoribus *deest reliquum folii in A* | octonos] *verba* huic agrimensuras (-ae *S*) more colonico (modos *add. S*) decimanis et kardinibus diviserunt *add. BS*

[54] Omnem mensurae huius quadraturam dimidio | longiorem sive latiorem facere debebimus; et quod in latitudinem longius fuerit, scamnum est, quod in longitudinem, striga. (fig. 76) | Primum constituemus decimanum maximum et kardinem maximum, et ab his strigas et scamna cludemus. (fig. 77) Actuarios limites diligenter agimus, et in eis lapides inscriptos defigimus. Adiecto scamnorum numero incipiemus inscriptiones velut in quintariis ponere. Primo lapidi inscribemus D.M.K.M. (fig. 78) | A 65^{r} P 107^{v} S 75^{r} A 65^{v}

[55] Ab hoc deinde singulis actuariis limitibus similiter per ipsos inscribemus D.M. LIMES II, K.M. LIMES SECVNDVS. Hac significatione omnium quattuor regionum limites conprehendemus. | (fig. 79) His deinde quartis quadrarum angulis lapides eius generis ponemus sub hac inscriptione litteris singularibus: {D.D. V} STRIGA PRIMA SCAMN⟨UM⟩ I{I}. | Et hoc in lateribus lapidum, in fronte autem regionis indicium P 108^{r} S 75^{v}

1–5 omnem — cludemus] *haec iterum in P_1 fol. 149rv et in Ps.-Boethio (Ps-Boeth.) p. 397,20–23 La. inveniuntur* **1** omnium *B* omne P_1 | mensuram *Ps-Boeth.* | huius] cuius P_1 | quadraturam] cultura *B* culturae *Ps-Boeth.* -am *S* quadratura P_1 | de medio *B* dimidium *S* dimitio P_1 mediam *Ps-Boeth.* **2** facere debebis *ABS* facere debes *Ps-Boeth.* antiquo agrimensores fecerunt P_1 | quid *A* | in *om. S* | latitudine *B* P_1 *S* **3** est] fit *B* appellare *P* appellaverunt P_1 | in *om. S* | longitudinae *S* | strigam *B* -as P_1 **3–4** constituerunt P_1 -uimus *S* **4** maximum[1]] maximus *B* | maximum[2]] sicut supra diximus *add.* P_1 | et ab his] et habis *A* et ab eis *P* P_1 *La.* **5** cludimus *B* vocaverunt scamna P_1 concludimus *S* | actuarios] autem *add. P Gui.* | diligentissime *P* | agemus *P* **6** eos *BS* | lapides] D. *add. B* | scriptos *AS* | defigemus *AP* | numero] numerum primum (*om. B*) A D. et K. *AB* numero primum A D.M.O. et K *P* **6–7** incipimus *ABS* **7** velut in] vel in *B* | ponere] et *add. S* | inscribimus *BS* ita *add. S* **9** ad hoc *P* | singulae *AB* -as inscriptiones *S* | limitibus] inscrimus et *add. S* | similiter] si limites *P* | ipso *A* **10** inscribes *AB* scribimus *S* | K.M.L.M II *P* decumani maximi limites duos cardinis maximi limites duos *S* | hac *om. AB* et *S* | significationem *AB* **11** limitem *B* | conprehendimus *ABS* **12** D.D. *B* | quartis] partis *A* -es *B* -ibus *S* | quadratum *AB* -tos *S* | angulis lapidis *A* lapides per angulum *S* | eiusdem *scribendum esse putavit in app. crit. La.* clusaris *ci. Mo.* | ponimus *BS* **13** D.D. V *dittographiam lineae succedentis delevi*] deinde quinta *A* deinde quintariis limitibus inscrimus *S* D.D. V.K. *ci. Barthel* (*prob. Camp., Gui.*; *Th. saltem in app.*) | strigam primam *PS* | SCAMNUM *em. Camp. suadente Thulin in app.* (*prob. Gui.*)] scamno *APS Th.* scamna *B* **14** I{I} *secl. Camp.* (*prob. Gui.*) secundo *S* | et *om. BP* | frontes *B* -em *P* | regiones *B* | indicium] ponetur *add. S*

D.D. V. K. (fig. 80) Nunc quadrarum angulis lapides inscriptos A 66r inspiciamus. (fig. 81) | Intra has strigas et | scamna omnem agrum P 108v B 155v separabimus, cuius totam positionem ad verum formatam inspiciemus. Secundum quod rei praesentis formam describamus (fig. 82)........

1 D.D. V. K.] deinde quintus K. *A* deinde quintus kardo *S qui post figuram add.* hinc posterioribus omnibus rationibus ad perfectum terminatis | nunc quadrarum] n. posituram *A* n. cohituram *B* iam deinceps *S* | lapides] lapideis *AB* **2** intra] inter *P* | et *it. B* **3** separavimus *ABP* | positionem] possessionem *S* | veram *P* veram et *S* | inspiciemus] inscientiam *A* scientiam *S* inspiciamus *P* **4** secundum] id *add. S* | rei quod *AB* rei *om. S* | praesenti *S* | forma *P* formae videtur convenire *S* | describimus *S* | *Hoc in loco textum incisum statui. Sequitur* LEX MAMILIA ROSCIA PEDVCEA ALIAENA FABIA K V III *in A, in B sine inscriptione; in P* EXPLICIT LIBER HYGENI GROMATICVS *et sequitur* INCIPIT EIVSDEM *de limitibus et de condicionibus agrorum Hygini.*

INCERTVM FRAGMENTVM EX HYGINO SECLVSVM
([Hyg]. fr. 1–7)

[1] Quem ad modum ab antiquis acti sint limites, tractare coepimus: itaque persequi omnia non alienum iudico. Foeda est enim culpa neglegentiae, cum de constitutione disputemus, praeterire tot operum exemplaria. A 48^{v} B 141^{r} P 87^{r} E 93^{r} S 63^{r}

[2] Finitis ergo ampliorum bellorum operibus, augendae rei publicae causa inlustres Romanorum viri urbes constituerunt, quas aut victoribus populi Romani civibus aut emeritis militibus adsignaverunt et ab agrorum nova | dedicatione culturae colonias appellaverunt. P 87^{v}

[3] Victoribus autem adsignatae coloniae his, qui temporis causa arma acceperant: non enim tantum militum increment*um* R(ES) P(VBLICA) P(OPVLI) R(OMANI) habuerat; tunc praemium terra et pro merito habebatur.

---

1 * *Hoc loco has orationes expressi, quas in suis locis Hygini libri quasi fragmentum sive alii auctoris excludendas esse putavi. De fragmento vide apparatum ad p. 149, 8. Orationis partes similiter expressas et in* DEMONSTRATIONE ARTIS GEOMETRICAE, *quae Pseudo-Boethio (p. 395, 21–396, 12 La.) adscripserunt, invenitur.* | ab — acti] abundanti studio qui *ES* | ab *om. B* | sunt limitis *B* | tractere *A* tetare *E* | coepimus] incipimus *P* caepimus *E* **2** itaque] ita *E* ita quoque *S* | alieno iudicio *ABES* confidentes decrenimus *add. S* | fida *B* feda *E* | enim est *ES* **2–3** culpae (culpe *BE*) neglegentia *ABE* neglegentiae culpa *P* **3** constitutione] constructione *E* | disputamus *ES* **4** exempla *P* **5** ampliorem *B* | augendae] auget de *B* | rei publicae] rei *AE* R̄.P̄. *PS* **6** causa] ex *add. AB* (*sscr. A*) | inlustris *ABE* | aut] augusti *ES* **6–7** victoribus] militibus aut *add. S* **7** populi Romani] proce^{R}eibus *A* (o *et* r *p.c.* precibus *ES*) P̄.R̄. *P* | civibus *om. ES* | aut] auta *B* aūt *P* | meritis *ES* | militibus] *om. S* | et ab] ^{ET}au *A* **8** novae *P* | culturas *B* | colonias *om. B* **9** victoribus — coloniae] victoribus autem adsignatas colonias appellaverunt victoribus^{AUTEM}adsignate coloniae *A* colonias assignatas appellaverunt *E* quas colonias victoribus assignaverunt *S* | his] hi *ES* **10** acceperant] acceperunt *B* acciperant *P* coeperunt *AES* | non] nostri *ABE* nostra *S* | enim] autem *E* **10–11** tantum — Romani (incrementum *scripsi*)] tantum incrimento RIMP (RES *p.c. A* ^{2}) P^{R}IVATE *A* tantum militum incremento res privatae *B* tantum militum incrementa res publica populi romani *E* R.P. tanta incrementa militum P.R. *S* **11** habuit erat *APE* (enim *add. E*) habuit et *S* | terrae *B* | emerito *P* praemiis vel meritis *E* | habebant *ABE*

[4] Multis legionibus contigit bella feliciter transigere et ad laboriosam agri culturae requiem primo tirocinii gradu pervenire: nam cum signis et aquila et primis ordinibus ac tribunis deducebantur, modus agri pro B 141v portione officii dabatur. | Ferunt quidam postea indictum modum belli, et expleta centesima hostium congressione ad colendarum *d*eductos terrarum agros.

[5] Divus Iulius, vir acerrimus et multarum gentium domitor, tam (A) frequentibus bellis militem exercuit, ut dum victorias numeraret, ¦ congressionum multitudinem oblivisceretur. Nam milites ultra stipendia E 93v emerita detinuit, recusantes deinde veteranos dimisit, mox eosdem | ipsos veniam humiliter rogantes recepit, et post aliquot bella parta iam pace deduxit.

S 63v **[6]** Aeque divus Augustus adsignata orbi terrarum | pace exercitus, qui aut sub Antonio aut Lepido militaverant, pariter et suarum legionum milites colonos fecit, alios in Italia, alios in provinciis quibusdam.

---

1 milites legiones contegit *B* | multis] enim *add. S* | bellum *P* **2** culturam *E* -a *S* | requiem primo] qui in (in *sscr. A*) primo *per haplographiam AB* quin primo *E om. S* | tirocinio graditer veniret *A* (pervenire A^{ac}) tirocinio graviter venire *E* graviter venire *S* | perveniret *B* | nam *om. B* | cum] his qui in primo tyrocinio *hic scr. S* | signes *A* signa S **3** et aquila] sebaqui *E* sequi *S* | et *om. B* a *S* | primi *E* | tribuni⟦s⟧ *A* tribuni *B* **4** portionem *A* | ferunt] fuerunt *ES* | quidam] qui *add. S* | indictum postea *P* post indictum *S* | modum] agri *add. S* **4–5** belli — centesima *om. ES* (et expleta — centesima *om. E*) **5** gentisima *A* gentissima *B* | hostium congressione] ad bellorum hostilium congressione *S* | congressionem *AE* consensione *B* | ad] ab *A* a *S* | colendarum] colendo rure *S* | deductos *La.* reductos *AP* reductus *BE* reducti sunt *S* **6** terrarum agros *om. ABES* **7** dominator *E* | tam *om. AE* (*sscr. A* ²) **8** frequentius *B* | dum] num *A* non *A* ²*B* non nostrorum *E* | victor *P* | innumerat *P* munera *E*; *post* numeraret *deest folium in A* **8–9** et congestionum *B* **9** multitudines *P* | militem intra *BES* | stipendiaria *S* **10** emerita *om. B* e merita *P* merito *E* merita *S* | demisit *P* | eodem *BE* (eosdem B^{pc}) eadem *S* **11** convenire ipsos *S* | veniam] conveniat *E* | humiliter] cum militi *P* commilitọnes *E* commilitones *S* commilitii *suppl. La.* | recepit] repetit *B* | aliquod *B* (-t B^{pc} *S*) **11–12** paria iam pacem *B* facta in pace *P* pacem iam puram *E* puram iam pacem *S* **13** divus aeque *ES* | adsignavit *B* in assignata *P* assignatum *E* -tam *S* iam a-ta *Gui. secundum Thulin in app.* | orbi *om. B* | pacem *BE* pacem composuit *S* **14** aut *om. P* | antonino *P* | militaverunt *BES* **15** italiam *BP* | his quibusdam *B*

[7] Deletis hostium civitatibus novas urbes constituit. Quosdam in veteribus oppidis deduxit et colonos nominavit. Illas quoque urbes, quae deductae a regibus aut dictatoribus fuerant, | quas bellorum civilium interventus exhauserat, dato iterum coloniae nomine numero civium ampliavit, quasdam et finibus. P 88r

1 constituit urbes *E* | quasdam *E* | in *om. BE* a *S* **2** illis quoque urbibus *E* | quae] et *add. B* **3** fuerant] erant *E* | quas] quibus *B* qui *E* **4** interventis *B* -tum *E* | numero nomine *P* | nomen *B* | numerum *B* **5** ampliavit] humiliabit *B*

INDEX RERVM NOMINVMQUE PROPRIORVM

Aachen, 67
Ablativ, 111, 113, 120, 122
  Abl. absolutus, 36, 48, 123
  Abl. instrumentalis, 36
  Abl. materiae, 34
  Abl. separativus, 32
  nach *ante*, 36
  nach *post*, 36
  Vertauschung mit Akkusativ, 35
Adverbialia, 36, 37, 47, 111, 113, 115, 116
Agenus Urbicus, 13, 14, 18, 21, 22, 62, 69, 78
  Adgennius, 13
  Adgennus, 13
  Namensform statt Agennius, 13
Akkusativ
  A.c.I., 17, 34, 115
  Ablativ nach *post*, 36
  Vertauschung mit Ablativ, 35
Archimedes, 17, 115
Architektur
  Sakralbauten, 25, 101, 110
  Ostung, 25, 51, 101
Archäologie
  Luftbild, 78
Astronomie
  Abendaufgang, *siehe auch* vespertinus exortus
  Abenduntergang, *siehe auch* vespertinus occasus
  Bestimmung d. Mittagslinie, 24, 61
  Bestimmung des D.M., 51
  Ekliptik, 50, 53, 58
  Erde, 74
    E.modell, 20, 74
    Größenverhältnis, 115
  Fachliteratur, 15
  Fixsternhimmel, 74
  Gnomonik, 15, 20, 25, 28, 30, 50, 115, 116
  Gradeinteilung, 58
  Hemisphäre, 50, 74
  Himmelszonen, 74
  Mittagslinie, 50

Planeten, 20, 31, 48, 58, 64, 115
Sonnenlauf, 50, 51, 103, 108
Tag-Nachteinteilung, 58
Tierkreis, 53
Augustus, 20, 22, 43, 111

Balbus, 15, 22, 69
Bertinus, 68
Bobbio (Kloster), 69

Caesar, 22, 25, 97
Calabrien, 104
Capua, 90, 93
ager Campanus, 90, 93, 102
Casae litterarum, 12, 59, 60
Cato d.Ä., 62
Chiasmus, 56
Cicero, 40, 46, 62, 63, 115
Columbanus, 69
Corbie (Kloster), 68
Cremona, 91

Didymus, 98
Digestenexzerpte, 59
disciplina Etrusca, 28, 31, 53, 87, 89, 95, 99, 100
Dreierlosung, 20, 32, 43

Erdkreis
Afrika, 98
antike Vermessung, 98
Asia, 98
Europa, 98
Feldmessungen, 51
Unterteilung, 87
Etymologie
Kunstwörter, 19, 101
v. colonia, 55
v. decimanus, 19, 54, 55, 60, 87, 88, 99, 101, 104, 106, 109
v. fundus, 104
v. kardo, 52
Euklid, 12, 22, 24, 73

Fachtexte, 24, 63
Fachwissen, 63
platonische Philosophie, 63
Fano (Marche), 91
Franken, 68
Frontinus, 13, 15, 17, 18, 22–24, 41, 53, 77, 87, 88, 93, 94, 96, 98, 100–106, 109
de agrorum qualitate, 21
de arte mensoria, 94
de controversiis, 18, 94
de limitibus, 18, 87–106
Kommentar zu F., 13, 62
Sextus Iulius F., 15, 21, 77, 93
Fulda (Kloster), 69

Gallien, 104
Genitiv, 56, 118
Gen. forensis, 33
Gen. partitivus, 34
nach causa, 36
Gerbert von Aurillac, 25, 73
Gisemundus
Ars G.i, 25, 26, 60, 97–100
Grenzlinie, 13, 49, 56, 61, 65, 104, 105
System, 99, 100
Ursprung, 87
Gräzismus, 33, 35, 45–47, 112

Hermann von Reichenau, 24, 71, 74, 127
Hiat, 37
Honorius, Iulius, 98, 99
Hyginus
Asyndeton, 37
Boethiusbelege, 22
de munitionibus castrorum, 14, 56
Erwähnung im COMMENTVM, 21
Exzerpttradition, 24
Fachprosa, 27
Fachsprache, 61
Fachterminologie, 15, 27
Glossierung, 13, 17, 19, 53, 100, 101, 109–111, 114, 120, 121
griech. libertus?, 15, 44
Hyginus Astronomus, 25
Hyginus maior, 13, 75
de condicionibus agrorum, 14
de generibus controversiarum, 14
de limitibus, 14
Namensschreibung in *P*-Redaktion, 21
Polysyndeton, 38
praefatio, 27–29
Prosastil, 43, 44
rechtliche Themata, 23, 49
Rezeption, 24–26
Vorliebe f. Parataxe, 43
Werkübersicht, 19–21

Intervallehre, antike, 74
Italien, 78
Iustinian, 40

Kaiserpfalz, *siehe auch* Aachen
Karolinger, 68, 69
Kataster
tabularium Caesaris, 20
K.buch, 59
K.urkunde, 12

Leges

l. Iulia Agraria, 18, 91, 123
l. qua falx et arater, 20, 120
l. Sempronia, 44, 119
Libri Coloniarum, 60
Liris (Fluß), 84
Livius, 36, 37
Luxeuil (Kloster), 69
Lyon, 13

Macrobius, Ambrosius Theodosius, 25
Manuskripte
Barcelona, Archivo de la Corona de Aragón, Ripoll 106, 59, 97–100, 127
Basel, Universitätsbibliothek, N I 6:69, 69
Berlin, Staatsbibliothek, lat. fol. 641, 60
Bruxelles, Bibliothèque Royale de Belgique, 10615-729, 68, 72, 126
Erfurt, Wissenschaftliche Allgemeinbibliothek, Amplon. 4° 362, 42, 71–73, 80, 81, 94, 96, 109, 111, 112, 115, 116, 123
Illustrationen, 16, 22, 48, 72, 74, 76, 77, 108, 112, 116, 121
Jena, Thüringer Universitäts- und Landesbibliothek, Prov. f. 156, 72, 126
London, British Library, Add. 47679, 42, 67, 71–73, 79–81, 94–97, 99, 107, 109–123
München, Bayerische Staatsbibliothek,
Clm 13084, 71, 73, 74, 126
Clm 14836, 71, 73, 74, 127
Napoli, Biblioteca Nazionale Vittorio Emanuele III°, V.A. 13, 79
Paris, Bibliothèque nationale de France, Par. lat. 8812, 59, 127
Vaticano (C.d.), Biblioteca Apostolica Vaticana, Pal. lat. 1564, 18, 21, 22, 44, 48, 54, 60, 67–69, 71–73, 75–77, 79–81,

100–102, 105,
107–123, 126
Wolfenbüttel, Herzog-
August-Bibliothek,
Guelferb. 36.23 Aug.
2°, 11, 13, 36, 37,
42, 48, 66–72, 75,
76, 80, 81, 94, 95,
99, 107–123, 126
Wolfenbüttel, Herzog-
August-Bibliothek,
Guelferb. 105 Gud. lat.
2°, 54, 68, 72, 76,
77, 113, 126
Marcus Antonius, 97
Martianus Cappella, 25
Mathematik
Abszisse, Ordinate, 50
Algorithmus, 64
antike M., 12
Dezimalsystem, 53
Dreieck, 96
Duodezimalsystem, 53
Fachliteratur, 15
Fünfeck, 96
Geometria Culmensis, 16
harmon. Proportionen, 64
horizontales
Koordinatensystem,
50
Kegel, 64
Koordinatensystem, 64
Kugel, 64
Parallelenkonstruktion, 16,
23, 24
Planimetrie, 50
Quadrat, 64
Schönheit geometr.
Figuren, 64
Seitenverhältnisse, 96
Spiegelachse, 64
Stellenwertsystem, 53
Trapez, 96
Zylinder, 64
Melanchthon, Philipp, 60
Mercator, Gerhard, 60
Merowinger, 68
Mortaigne, Gerard, 72

Nans, Frans, 80, 81
Nebensätze
Finalsatz m. ut/ne, 44
Fragesatz, 115
ind. Relativsatz, 44
Kausalsatz m. quoniam, 44
temporaler Nebensinn,
44, 45
Konditionalsatz, 41, 45
mit nisi, 40
Konditionalsatz m. si
Tempora, 45–46
konj. Relativsatz, 44
Konjunktionen, 44
mit deinde, 112
Potentialis, 46
Relativsatz, 47

Stellung des Prädikats, 30
Nicodemus, 98
Nipsus, Iunius, 96

Platon, 63
Plautus, 62
Plinius d.Ä., 40, 56, 58
Polyclitus, 98
Prädikat
ASt. bei dum, 30
ASt. bei Relativ-, Temporal-, Finalsätzen, 30
ASt. bei Relativsatz mit esse, 30
ASt. bei ut, 30
Ellipse, 31–32
Stellung, 29–31
Präposition, 32–37
Ps.Boethius, 77
Euklid-Übersetzung, 12, 22, 24, 73

Quintilian, 40

Ravenna, 69
Rigault, Nicolas, 54, 76, 87, 93, 99, 111, 122
Rom, 69

Saint Bertin (Kloster), 68
Schrift
Halbunziale, 67
Minuskelkursive, 67, 70, 108, 109, 119
Unziale, 67, 70
Schrijver, Pieter, 76, 80, 81, 87, 93–95
Seneca d.J., 40
Seneca d.Ä., 40
Sichard, Johann, 69
Siculus Flaccus, 22, 24, 55–59
de condicionibus agrorum, 55
de quaestoriis agris, 55
Siedlungspolitik
Caesar u. Augustus, 22
Frankenreich, 51
Stadtplanung
Erreichbarkeit, 64
Kriterien, 64
Stemma, 21, 66, 69, 80

Tempora
Futur, 45, 46
Futur I m. si, 46
Futur II m. si, 46
Praesens
praes. futurum, 46
Theodotus, 98
Triumvirat, zweites, 55
Turnèbe, Adrien de, 54, 75, 76, 107, 108, 111, 113–116, 122
Tuskien, 91

Umbrien, 91
Uritanus ager, 90, 104

Val d' Aran, 25
van der Goes, Willem, 54, 76, 87, 93, 95, 108, 121
Varro, 89, 100
Vermessung
  Achsenkreuz, 22–24, 50–53, 58, 60, 63, 64, 101, 110
  astronomische Grundlagen, 55
  Feldriß, 48, 59, 63
  Flurkarte, 20, 63
  Flußbreitenmessung, 12
  Flächeninhalt, 19, 61, *siehe auch* modus
  Forststück, 61
  geom. Konstruktion, 34
  Gnomonmessung, 50
  Kataster, 20
  Messarten, 12
  nach Geländeprofil usw., 60
  Nutzfläche, 61
  V.slinien, 41, 48
  V.stechnik, 61
  Versteinung, 12, 19, 20, 24, 31, 41, 61, 96, 102
  Visieraufbau, 20, 24, 35, 40, 51, 61, 117, 118

Wallhecke, 104

Index fontivm praeter Hyginvm

A

AGENUS

Agenn. *grom.* 21, 28–30, 62

Agenn. *grom.* 50, 9–10, 62

B

BIBLIA SACRA

Act. Apost. 14, 15, 17

C

CATO MAIOR

Cato *Agr.* 14, 1, 33

Cato *Agr.* 18, 2, 33

Cato *agr.* 45, 3, 37

CENSORINUS

Cens. 13, 3–4, 74

CICERO

Cic. *fin.*. 3, 75, 64

Cic. *nat. deor.*. 1, 47, 64

Cic. *nat. deor.*. 2, 47, 64

Cic. *nat. deor.*. 2, 93, 63

Cic. *Tim.* 6, 63

COMMENTUM

Ps. Agenn. 51, 8–10, 17

Ps. Agenn. 54, 5–14, 21

Ps.Agenn. *grom.* 54, 7–14, 75

Ps.Agenn. *grom.* 55, 25, 75

Ps.Agenn. *grom.* 70, 28–29, 63

CORPUS INSCRIPTIONUM LATINARUM

CIL 1, 1523, 33

CIL 12, 3175, 13

CIL 12, 3369, 13

CIL 13, 1674, 13

CIL 13, 1675, 13

F

FRONTINUS

Frontin. *grom.* 2, 12–13, 100

Frontin. *grom.* 10, 19–14, 21, 94

Frontin. *grom.* 11, 13–14, 53

G

GELLIUS

Gell. 9, 16 *tit.*, 112

GROMATICI LATINI
Grom. 262, 11, 104
Grom. 276, 10–11, 17
Grom. 318, 22–23, 60
Grom. 319, 31–32, 60
Grom. 342, 25–28, 59

H

HORATIUS POETA
Hor. *epist.*. 1, 1, 107, 64

HYGINUS
Hyg. *mun. castr.* 18, 4, 56
Hyg. *mun. castr.* 56, 4, 56

HYGINUS MAIOR
Hyg. *grom.* 90, 21, 33

I

ISIDORUS EPISCOPUS
Isid. *orig.* 15, 7, 7, 52
Isid. *orig.* 15, 14, 53

P

PLAUTUS COMOEDUS
Plaut. *Bacch.* 981, 62

PLINIUS SECUNDUS
Plin. *nat.* 2, 59, 58
Plin. *nat.* 2, 68, 58
Plin. *nat.* 2, 82, 112
Plin. *nat.* 17, 227, 33

PLUTARCHUS
Plut. *Moralia* 2, 235d, 106

S

SERVIUS
Serv. *Aen.* 1, 449, 52

SICULUS FLACCUS
Sic. Flacc. *grom.* 116, 22–24, 55, 57
Sic. Flacc. *grom.* 117, 9–16, 56
Sic. Flacc. *grom.* 117, 16–17, 104
Sic. Flacc. *grom.* 117, 26–118, 3, 55

V

VARRO
Varro *ling.* 7, 8, 65
Varro *rust.* 1,40,1, 112

VITRUVIUS
Vitr. 3, 1, 3, 28
Vitr. 9, 1, 2, 52

Index selectorvm verborum Latinorvm

A

ab, 32
- a foris =ἔξωθεν, 33
- ab solo, 33
- ab...ad (in), 33

actus, 55
ad, 33
- = κατά, 33

adfinis, 42
ager
- a. arcifinius, 20, 100
- a. assignatus, 57, 104
- a. Campanus, 90, 93, 102
- a. divisus, 57, 96, 104
- a. immunis, 20
- a. provincialis, 20
- a. triumviralis, 91
- a. Uritanus, 90, 104
- a. vectigalis, 20

amphora, 83
angulus, 42, 47, 83
antica, 89, 98
apud, 36
architectus, 89, 92, 101
ars gnomonice, 15, 37, 85
aut, 38
- aut...aut, 39
- sive «beziehungsweise», 39
- sive...sive, 39
- vel, 38

autem, 39
- =δέ, 39
- porro autem, 39
- vero statt autem, 40

C

casa, 12, 59, 60
castra, 14, 19, 23, 35
cathetus, 86, 96
centuria, 19, 36, 38, 43–45, 47, 53, 55, 83, 91, 122
centuriatio, 53, 78
circa, 36
circum
- statt circa, 36

clusaris, 33, 42, 83
colonia, 20, 30, 32–34, 42, 44, 45, 47, 55, 64, 84, 92, 93, 108, 113, 117, 119, 121

colonia ad mare, 36, 42, 50
coloniae ius, 45, 46, 108, 121
condicio, 14, 23
conditor, 34, 92
constitutio, 19, 21, 23, 27, 28, 89, 92, 103, 105
conternatio, 20, 32, 43, 48, 120
controversia, 12, 14, 18, 23, 62, 94, 112
convallis, 59
conversio, 92, 103
cultura, 55, 84

D

de, 33
statt gen. forensis, 33
decempeda, 91
decimanus, 19, 21, 22, 32, 34, 39, 40, 51–53, 55, 56, 59–61, 87, 88, 99, 102, 103
≠duocimanus, 19, 54, 59, 76, 87, 101, 102
d. maximus, 19, 20, 34, 46, 50, 52, 55, 60, 64, 87, 100–102, 105
delubrum, 89
designatio, 27, 28, 31
diagonus, 36
diastema, 36, 41, 74
dipundium, 89, 90
ducere
limitem d., *siehe auch* trahere
duopundium, 89
duoviginti, 89

E

embadum, 96
emeritus, 42
enim, 41, 42
kausales enim, 42
ergo, 42, 43
ergo affirmativ, 43
sit ergo, 43
et, 38
=etiam, 38
=quoque, 38
ac
statt atque, 37
atque, 37
deinde et, 38
et explicativum, 38
et hic, 38
et...et, 38
idem et, 38
nam et, 38
-que, 37
eisque statt et eis, 37
ideoque, 37
itemque, 37
sed et, 38
sic et, 38

ex, 34
    ex quo, 34
    ex...in, 34
    statt abl. materiae, 34
    statt gen. partitivus, 34
ex=ἀφ' οὗ, 35

F
ferramentum, 35, 38, 46, 47, 51, 85, 92, 114
forma, 20, 27, 30, 31, 44, 62–64, 119, 122

G
groma, 23, 92

H
hemitonion, 85
hora, 58, 86, 91, 105
    h. decima, 58
    h. duodecima, 54, 58, 60
    h. sexta, 54, 57, 58, 60, 93, 101, 103, 105, 110
horologium, 85

I
igitur, 43
in, 35
    in semel =εἰς ἅπαξ, 35
inde, 43
infra, 37
iniungere, 34
inter, 35
    nkl. statt in, 35
intra, 36
ita, 43
    i. ut, 44
    ita et, 43
itaque, 43
iter, 49
iugera, 19, 46, 55, 82, 91, 96, 122
iuxta, 36

K
kardo, 19, 21, 22, 27, 31, 32, 34, 35, 38, 39, 46, 52–54, 56, 59, 82–84, 101–103, 110, 118
    k. maximus, 20, 46, 50, 52, 60, 64, 88, 100–102, 105

L
limen, 88, 90
limes, 14, 18, 19, 22, 24, 25, 34, 35, 49, 53, 55, 56, 60, 83, 88, 100, 101, 103, 104
    actuarius l., 19, 32, 91, 104
    linearius l., 37, 91, 104
    maritimus l., 57, 91, 104
    matutinus l., 57
    montanus l., 57, 91, 104

prorsus l., 19, 32, 88, 90, 101, 103
quintarius l., 34, 75, 104
quintarius l.≠l.quintus, 16
quintarius l.≠quintus l., 31, 75
quintus l., 16, 75
sextaneus l., 59, 60
transversus l., 19, 82, 88, 90, 96, 101, 103
vespertinus l., 57
limus, 82, 88, 90

M

matutinus, 56
ortus, 58
mensura, 56, 89
mensuratio, 85, 98
meridianus, 33, 56, 89, 90
circulus m., 34, 35
meta, 34, 35, 40
modus, 19
m. centuriarum, 93
multiplicatio, 86
mundus, 63

N

nam, 41, 42
=δέ, 41
adversativ, 41
nam et =item, 41
nisi, 40
normalis, 85, 89

O

obscuritas, 17
obscurus sermo, 17
optimus,
wie ἄριστος, κάλλιστος, 62

P

pentagonus, 96
per, 35
peragratio, 98
pertica, 32, 45, 64, 84, 108
plethron, 91
porro, 39
post, 36
statt abl. abs., 36
postica, 89, 98
pro, 37
propter, 36
propugnaculum, 44
prorsus, 101, 103
pulcher, 27, 28, 31, 63–65

Q

qualitas, 12, 14, 23
quoniam =ἐπειδή, 45

R

ratio, 27, 30, 32, 34, 38, 40–42, 45, 46, 52
r. geometriae, 21
r. mensurae, 27, 29, 31, 47, 65, 89, 93
r. mundi, 27, 65
r. optima, 25

r. pulcherrima, 23, 51, 61, 63, 65, 105
r. tractabilis, 28, 31, 65
rationabiliter, 43
rectura, 27, 31, 43, 84, 91, 117
ritus, 19, 27, 70, 71, 108

S

sancire, 44
sane, 40
scamnum, 17, 21, 22, 36, 38
sciotherum, 86
secundum
= κατά, 33
sed, 39
non solum...sed et, 39
sed etiam, 39
septentrio, 33, 57, 89, 90
si
si...sive, 38
sive...sive, 38
similitudo, 22
statio
matutina, 58
strigae, 17, 21, 22, 36, 38
sub, 37
subruncivus, 91, 92
supra, 37

T

tamen, 40
terminatio, 12, 24
terminus, 19, 37, 48, 59, 83, 111
tetartemorion, 85
tetrans, 23, 85
tonon, 85
trahere
limitem t. statt l. ducere, 22
trans, 36
trapezeum, 96
trigonus, 96
trihemitonion, 85

U

umbra, 36
ut
finale, 44
konsekutive, 44

V

varatio, 12, 96
vel, *siehe* aut
vero
= autem, 40
si vero, 40
verum
statt sed et, 40
vespertinus, 56, 57
exortus, 58
occasus, 58
via, 49

Z

zodiacus, 36

Literatur

Alexandratos, Libera. «Studi sugli Agrimensori Romani: per un commento a Hyginus Maior». Diss. Bologna: Alma Mater Studiorum Università di Bologna, 2007.

Barthel, Christian. «Römische Limitation in der Provinz Afrika.» In: *Bonner Jahrbücher* 120 (1911), 39–126.

Beeson, Charles H. «The Archetype of the Roman Agrimensores». In: *Classical Philology* 23 (1928), 1–14.

Biedl, Artur. «Die Himmelsteilung nach der disciplina Etrusca». In: *Philologus* 86 (1931), 199–214.

Bischoff, Bernhard. *Katalog der festländischen Handschriften des neunten Jahrhunderts (mit Ausnahme der wisigotischen).* 3 Bde. aus dem Nachlaß bearbeitet von Birgit Ebersberger. Wiesbaden: Harrasowitz, 1998–2014.

— «Paläographie des römischen Altertums und des abendländischen Mittelalters». In: *Grundlagen der Germanistik.* Bd. 24. Berlin: Erich Schmidt Verlag, 1979.

Bohlin, Erik. «Notes on (Ps.?) Balbus Gromaticus pp. 107.10–108.8 ed. Lachmann». In: *Cambridge Classical Journal* 59 (2013), 1–28.

Bonet, Aldo. *L' arcaico DIAGRAMMA dei Gromatici veteres.* https://www.academia.edu/12006190/L_ARCAICO_DIAGRAMMA_DEI_GROMATICI_VETERES. 2015.

Bouma, Jelle. *Marcus Iunius Nipsus – Fluminis Varatio. Limitis Repositio.* Introduction. Text. Translation and Commentary. Hrsg. von Michael von Albrecht. Bd. 77. Frankfurt a.M./Berlin: Peter Lang, 1993.

Brodersen, Kai. «Terra cognita. Studien zur römischen Raumerfassung.» In: *Spudasmata. Studien zur klassischen Philologie und ihren Grenzgebieten.* Bd. 59. Hildesheim: Olms, 1995.

Bubnov, Nikolaj Michajlovič. *Gerberti, postea Silvestri II papae Opera mathematica: (972–1003); accedunt aliorum opera ad Gerberti libellos aestimandos intelligendosque necessaria per septem appendices distributa / collegit.* Unveränderter ND Hildesheim, Olms 1966. Berlin: Verlag Friedländer & Sohn, 1899.

Campbell, Brian. «The writings of the Roman land surveyors: introduction, text, translation and commentary». In: *The Journal of Roman Studies.* Bd. 9. London: Society for the Promotion of Roman Studies, 2000.

Cappelli, Adriano. *Lexicon Abbreviaturarum. Dizionario di Abbreviature latine ed italiane.* Hrsg. von Ulrico Hoepli. ND 2001. Milano, 1961.

Carder, James Nelson. «Art historical problems of a Roman land surveying manuscript: The codex Arcorianus Λ, Wolfenbüttel.» Diss. University of Pittsburgh, 1976.

Chouquer, Gérard und François Favory. *L'arpentage romain: histoire des textes, droit, techniques.* Paris: Editions Errance, 2001.

Classen, Carl Joachim. «On the training of the agrimensores in republican Rome and related problems: Some preliminary observations.» In: *Illinois Classical Studies* 19 (1994), 161–170.

Cranach, Philipp von. *Die opuscula agrimensorum veterum und die Entstehung der kaiserzeitlichen Limitationstheorie.* Schweizerische Beiträge zur Altertumswissenschaft 26. Basel: Friedrich Reinhardt, 1996.

Dilke, Oswald Ashton Wentworth. «Illustrations from Roman surveyors' manuals». In: *Imago mundi, A Review of Early Cartography* 21.1 (1967), 9–30.

— *The Roman land surveyors: an introduction to the agrimensores.* Exeter: David und Charles, 1971.

Expósito, Ricard Andreu. *La geometría de Gisemundo. Edición crítica bilingüe y estudio del Ars Gromatica Gisemundi.* Universitat Autònoma de Barcelona, Departament de Ciències de l'Antiguitat i de l'Edat Mitjana, 2015.

Folkerts, Menso. «‹Boethius› Geometrie II. Ein mathematisches Lehrbuch des Mittelalters.» In: Hrsg. von Joseph Ehrenfried Hofmann und Friedrich Klemm und Bernhard Sticker. Texte und Abhandlungen zur Geschichte der exakten Wissenschaften. 9. Wiesbaden: Felix Steiner, 1970.

— «Die Mathematik der Agrimensoren – Quellen und Nachwirkung.» In: *In den Gefilden der römischen Feldmesser, Juristische, wissenschaftsgeschichtliche, historische und sprachliche Aspekte.* Hrsg. von Eberhard Knobloch und Cosima Möller. Bd. 13. Topoi – Berliner Studien der Alten Welt. Berlin, Boston: Walter deGruyter, 2014, 131–148.

— «Zur Überlieferung der Agrimensoren: Schrijvers bisher verschollener ‹Codex Nansianus›». In: *Rheinisches Museum für Philologie* 112 (1969), 53–70.

Förster, Richard. «Mittheilungen aus handschriften.» 1. Handschriften in Holkham. In: *Philologus* 42 (1884), 158–170.

Fuhrmann, Manfred. *Das systematische Lehrbuch. Ein Beitrag zur Geschichte der Wissenschaften in der Antike.* Göttingen: Vandenhoeck & Ruprecht, 1960.

Gargola, Daniel J. «The ritual of centuriation.» In: *Augusto augurio. Rerum humanarum et divinarum commentationes in honorem Jerzy Linderski.* Hrsg. von C. F. Konrad. Stuttgart: Steiner Verlag, 2004, 123–149.

Gessner, Kerstin. «Stadt und Kosmos. Zur astronomischen Orientierung mittelalterlicher Stadtanlagen in Europa.» In: *«Maß und Mythos, Zahl und Zauber: Die Vermessung von Himmel und Erde.» Proceedings der Tagung der Gesellschaft für Archäoastronomie in Dortmund 2018.* Hrsg. von Gudrun Wolfschmidt. Bd. 48. Nuncius Hamburgensis. Hamburg: tredition, 2020, 371–390.

Ginovart, J. Lluis i, I. Ugalde-Blázquez und C. Lluis-Tervel. «Gisemundus and the orientation of the romanesque churches in the Spanish Pyrenees (11th–13th centuries).» In: *Mediterranean Archaeology and Archaeometry* 21 (2021), 205–214.

Giraud, Charles. *Rei agrariae scriptorum nobiliores reliquiae : accessit legum romanarum agrariarum delectus.* Ad usum scholarum ex optimorum librorum fide et mss. codd. ope recensuit, edidit, notulis instruxit. Paris: Videcoq et filii, 1843.

Goes, Willem van der. *Rei agrariae. Auctores legesque variae. Quaedam nunc primum, caetera emendatiora prodeunt cura Wilelmi Goessii cuius accedunt Indices, Antiquitates agrariae & Notae; una cum Nicolai Rigaltii notis & observationibus nec non glossario ejusdem.* Amsterdam: Johannes van Waesbergen, 1674.

González-García, A. C., A. Rodríguez-Antón und J. A. Belmonte. «The orientation of Roman towns in Hispania: Preliminary results.» In: *Mediterranean Archeology and Archaeometry* 14 (2014), 107–119.

Guillaumin, Jean-Yves. «Clusaris, angulus clusaris, latera clusaria et quarta portio clusaris chez Hygin le Gromatique.» In: *Dialogues d'histoire ancienne* 29 (2003), 109–125. URL: https://www.persee.fr/doc/dha_0755-7256_2003_num_29_1_1552.

— «L'erudition des gromatiques Romains». In: *Eruditio Antiqua* 1 (2009), 1–14.

— «Le tirage au sort dans l'attribution des lots de terre.» In: *Dialogues d'Histoire Ancienne* 24 (1998), 101–124.

— «Les arpenteurs romains. Agennius Urbicus. Marcus Junius Nypsus.» In: Hrsg. von Les belles lettres. Bd. 4. Collection des universités de France Série latine - Collection Budé. Paris, 2021.

— «Les arpenteurs romains. Hygin le gromatique, Frontin». In: Hrsg. von Les belles lettres. Bd. 1. Collection des universités de France Série latine - Collection Budé. Paris, 2005.

— «Sur quelques notices des arpenteurs romains.» In: Hrsg. von Institut des Sciences et Techniques de l'Antiquité. Bd. 1046. Collection «ISTA». Besançon, 2007. URL: https://www.persee.fr/doc/ista_0000-0000_2007_mon_1046_1.

Guzsik, Tamás. «Sol aequinoctialis – Zur Frage der äquinoktialen Ostung im Mittelalter.» In: *Periodica Polytechnica/Architecture* 22 (1978), 191–213. URL: https://pp.bme.hu/ar/article/view/2418/1523.

Heinemann, Otto von. *Die Augusteischen Handschriften 3. Cod. Guelf. 32.7 Aug. 2° - 77.3 Aug. 2°*. ND Frankfurt a.M. 1966. Wolfenbüttel, 1898.

Heumann, Hermann Gottlieb. *Handlexikon zu den Quellen des römischen Rechts. In neunter Auflage neu bearbeitet von Emil Seckel.* 9. Aufl. ND Frankfurt/M. 2012. Jena: Gustav Fischer, 1907.

Hinrichs, Fokke Tannen. *Die Geschichte der gromatischen Institutionen. Untersuchungen zu Landverteilung, Landvermessung, Bodenverwaltung und Bodenrecht im römischen Reich.* Wiesbaden: Franz Steiner, 1974.

Holford-Strevens, Leofranc. *Gelliana.* A Textual Companion to the Noctes Atticae of Aulus Gellius. Hrsg. von Oxford University Press. Oxford, 2020.

Josephson, Åke. *Casae litterarum. Studien zum Corpus Agrimensorum Romanorum.* Uppsala: Almquvist en Wiksells Boktrykeri, 1950.

Kaiser, Wolfgang. «Spätantike Rechtstexte in agrimensorischen Sammlungen.» In: *Zeitschrift der Savigny-Stiftung für Rechtsgeschichte. Romanistische Abteilung* 130 (2013), 273–347.

Kidson, Peter. «A Metrological Investigation.» In: *Journal of the Warburg and Courtauld Institutes* 53 (1990), 71–97.

Kirsch, Adam Friedrich. *Abundantissimum Cornu Copiae Linguae Latinae Et Germanicae Selectum:* Quo Continentur Vocabula Latina omnis aevi, antiqui, medii ac novi, pariter ac Graeca Latinitate donata, nec non formulae dicendi elegantiores et Constructiones Verborum; praeterea Deorum, Dearum, Gentium, Regnorum, Regionum, Urbium, Marium, Fluviorum, Insularum, Montium, Animalium, Arborum, Herbarum, Florum et Mineralium Nomina; nec non Theologorum, Iure Consultorum, Medicorum, Philosophorum, Philologorum, Poetarum, ac Mythicorum, Artibus liberalibus, alisque disciplinis, Rei quoque Militari ac Monetariae verba propria, eorumque Significationes et Explicationes, Syllabarum longitudine vel brevitate signis expressa : Cui Adiunguntur In Fine Calendarium Romanum, compendia scribendi olim in Latio usitatissima, sive Notae et Sigla antiquorum; deinde adiecta est Tabula alphabetica Charact. Latin. in Codicibus MStis pro Seculorum ratione occurrentium, tum specimen scripturae veteris, Appendix Regionum, Urbium, Montium Et Fluviorum ; Et ad Postremum Consanguinitatis pariter atque affinitatis Tabula, Nominaque Numeralia. Editio Novissima, A mendis non paucis studiose repurgata, Parte utraque aucta, in ordinem redacta ac denique tironum purioris Latinitatis studiosorum usui accomodata. 2. Aufl. Leipzig: Engelhard Benjamin Schwickert, 1774. URL: http://mateo.uni-mannheim.de/camenaref/kirsch/kirsch1/p1/jpg/s0403.html.

Kleine, Uta. «Die Rezeption der römischen Vermessungsliteratur im frühen Mittelalter: Der Gudische Agrimensorencodex (HAB, Cod. Guelf. 105 Gud. lat.) in seinem kodikologischen und historischen Umfeld.» In: *Retter der Antike. Marquard Gude (1635 –1689) auf der Suche nach den Klassikern.* Hrsg. von Patrizia Carmassi. Bd. 147. Wolfenbütteler Forschungen. Wiesbaden: Harrassowitz Verlag, 2016, 113–145.

— «Die römische Vermessungsliteratur und ihre mittelalterlichen Schreiber. Gebrauchsformen und Sinnhorizonte einer antiken Kompilation zwischen 500 und 900». Habilitationsschrift zur Erlangung der *venia legendi* im Fach Mittelalterliche Geschichte [Hagen 2018]. Im Erscheinen.

Knobloch, Eberhard. «Les écrits des arpenteurs romains et l'influence de la cosmologie». In: *Scienze e rappresentazioni, Saggi in onore di Pierre Souffrin. Atti del convegno internazionale Vinci Bibliotheca Leonardiana, 26-29 settembre 2012.* Hrsg. von Pier Daniele Napolitani Pierre Caye Romano Nanni. Firenze, 2015, 49–68.

— «Melanchthon und Mercator, Kosmographie im 16. Jahrhundert.» In: *Melanchthon und die Naturwissenschaften seiner Zeit.* Hrsg. von Stefan Rhein Günther Frank. Sigmaringen: Jan Thorbecke Verlag, 1998, 253–272.

Kubitschek, Joseph Wilhelm. «Die Erdtafel des Julius Honorius.» In: *Wiener Studien* 7 (1885), 1–24, 278–310.

Lachmann, Karl. *Gromatici veteres.* Bd. 1. Berlin: G. Reimer, 1848–1852.

— «Zu Varro de lingua Latina V, p. 35–40 Sp. über ager, actus, via etc.» In: *Rheinisches Museum* 2 (1843), 356–365.

Lechtermann, Christine. «Die geometrischen Diagramme der ‹Geometria Culmensis›». In: *Das Mittelalter. Perspektiven mediävistischer Forschung* 22 (2017), 314–331.

Lindermann, Jens-Olaf. «Der ordo mundi der römischen Feldmesser.» In: *Politische Räume in vormodernen Gesellschaften. Gestaltung – Wahrnehmung – Funktion. Internationale Tagung des DAI und des DFG-Exzellenzclusters TOPOI vom 18.–22. November 2009 in Berlin.* Hrsg. von Ortwin Dally und Friederike Fless und Rudolf Haensch und Felix Pirson und Susanne Sievers. Bd. 6. Menschen – Kulturen – Traditionen. Studien aus den Forschungsclustern des Deutschen Archäologischen Instituts. Rahden/Westf.: Verlag Marie Leidorf, 2013, 31–35.

Lindermann, Jens-Olaf. «Echt oder unecht? Frontin als gromatischer Autor aus der Sicht der Philologie». In: *eTopoi. Journal for ancient studies* 5 (2016), 18–45.

— *Hyginus. Das Feldmesserbuch. Ein Meisterwerk der spätantiken Buchkunst.* Hrsg. von Jens-Olaf Lindermann mit Eberhard Knobloch und Cosima Möller. wbg Academic. Darmstadt: Wissenschaftliche Buchgesellschaft Darmstadt, 2018.

— «Locus, ager, spatium. Wortuntersuchungen zum Raumbegriff der Gromatici veteres.» In: *In den Gefilden der römischen Feldmesser, Juristische, wissenschaftsgeschichtliche, historische und sprachliche Aspekte.* Hrsg. von Eberhard Knobloch und Cosima Möller. Bd. 13. Topoi – Berliner Studien der Alten Welt. Berlin, Boston: Walter deGruyter, 2014, 199–213.

— «Varro und Isidor in den Gromatici veteres.» In: *Philologus. Zeitschrift für antike Literatur und ihre Rezeption.* 157 (2013), 119–140.

Lindsay, Wallace Martin. *Notae Latinae. An account of abbreviation in Latin Mss. of the early Minuscule period (c. 700–850).* With a Supplement (Abbreviations in Latin MSS. of 850 to 1050) by D. Bains. ND Hildesheim 1963. Cambridge: Cambridge University Press, 1915.

— «The letters in early Latin minuscule.» In: *Paleographia Latina.* Hrsg. von Wallace Martin Lindsay. St. Andrews University Publications. ND Hildesheim 1989. Oxford: Oxford University Press, 1922–1929.

Löfstedt, Einar. *Philologischer Kommentar zur Peregrinatio Aetheriae.* Untersuchungen zur Geschichte der lateinischen Sprache. ND Darmstadt 1970. Uppsala: Almqvist & Wiksell, 1911.

Manitius, M. «Collationen aus der ars Geometrica». In: *Hermes* 41 (1906), 278–292.

Meißner, Burkhard. *Die technologische Fachliteratur der Antike.* Struktur, Überlieferung und Wirkung technischen Wissens in der Antike (ca. 400 v. Chr.-ca. 500 n. Chr.) Zugl. Halle, Univ., Habil.-Schr. 1996. Berlin: Akademie Verlag, 1999.

Millàs Vallicrosa, Josep Maria. *Assaig d'història de les idees físiques i matemàtiques a la Catalunya medieval.* ND 1983. Barcelona: Estudis Universitaris Catalans, 1931.

Modéran, Yves. *Les Maures et l'Afrique romaine, IVe–VIIe.* Rom: L'École Française de Rome, 2003.

Molhuysen, P. C. «Zur Geschichte des Codex Arcerianus der Agrimensoren.» In: *Zentralblatt für Bibliothekswesen* 19 (1902), 269–271.

Möller, Cosima. «Finis und via, iter und limes – die Sicht von Gromatikern und Juristen auf das Wegenetz». In: *In den Gefilden der römischen Feldmesser, Juristische, wissenschaftsgeschichtliche, historische und sprachliche Aspekte.* Hrsg. von Eberhard Knobloch und Cosima Möller. Bd. 13. Topoi – Berliner Studien der Alten Welt. Berlin, Boston: Walter deGruyter, 2014, 65–82.

Mommsen, Theodor. «Zum römischen Bodenrecht.» In: *Hermes. Zeitschrift für classische Philologie* 27 (1892), 81–117.

Mütherich, Florentine. «Der karolingische Agrimensoren-Kodex in Rom.» In: *Aachener Kunstblätter* 45 (1974), 59–71.

Neue, Friedrich und C. Wagener. *Formenlehre der lateinischen Sprache.* 3. Aufl. 4 Bde. Leipzig: O. R. Reisland, 1902.

Peterson, John W. M. «Map conventions in some diagrams of the Agrimensores». In: *Autour des Libri coloniarum : colonisation et colonies dans le monde romain. Actes du Colloque international (Besançon, 16–18 octobre 2003).* Hrsg. von Institut des Science et Techniques de l'Antiquité. Bd. 1028. Collection «ISTA». Besançon, 2006, 151–161.

Ratti, Stéphane. «À propos de quelques difficultés gromatiques: sur la datation d'Hygin le Gromatique, d'Hygin et sur les mots *decuria* et *pittacium* (Hygin 73 Th).» In: *Dialogues d'histoire ancienne* 24 (1998), 125–138.

Ratti, Stéphane und Monique Clavel-Lévêque. «Le substrat augustéen dans la *Constitutio limitum* d'Hygin le Gromatique et la datation du traité.» In: *Dialogues d'histoire ancienne* 22 (1996), 220–238.

Reeve, Michael D. «Agrimensores». In: *Texts and transmission. A survey of Latin classics.* Hrsg. von L.D. Reynolds. Oxford: Clarendon, 1983, 1–6.

Rigault, Nicolas. *Auctores Finium regundorum. Nicolai Rigaltii observationes et notae, item glossae agrimensoriae.* Paris: Johannes Libertus, 1614.

Roth Congès, Anne. «Nature et authenticité des Casae litterarum d'après l'analyse de leur vocabulaire.» In: Collection «ISTA» 993 (2006). Hrsg. von Institut des Sciences et Techniques de l'Antiquité, 71–124. URL: https://www.persee.fr/doc/ista_0000-0000_2006_act_993_1_2165.

Schindel, Ulrich. «Karl Lachmann und die Schriften der römischen Landvermesser». In: *Abhandlungen der Braunschweigischen Wissenschaftlichen Gesellschaft* 57 (2006), 35–53. URL: http://www.digibib.tu-bs.de/?docid=00048799.

Schrijver, Pieter. *V. Inl. Fl. Vegetii Renati comitis aliorvmqve aliqvot veterum De re militari libri. Accedunt Frontini Strategematibus eiusdem auctoris alia opuscula. Omnia emendatiùs, quaedam nunc primùm edita à Petro Scriverio. Cum Commentariis aut Notis God. Stewechii & Fr. Modii.* Leiden: Plantin, 1607.

Schulten, Adolf. «Gromatici». In: *Paulys Realencyclopädie der classischen Altertumswissenschaften.* Hrsg. von Georg Wissowa. VII 2. Stuttgart: Metzler, 1886, 1886–1896.

— «Römische Flurkarten». In: *Hermes. Zeitschrift für classische Philologie* 4 (1898), 534–565.

Sichard, Johann. *Codicis Theodosiani Libri XVI: Quibus Svnt Ipsorvm Principvm Avtoritate Adiectae Novellae. Theodosij. Valentiniani. Martiani. Maioriani. Seueri. Caij Institutionum lib. II. Iulij Pauli Receptarum sententiarum lib. V. Gregoriani Codicis lib. V. Hermogeniani lib. I. Papiniani Tit. I.* Basel: Henricus Petrus, 1528. URL: https://mdz-nbn-resolving.de/details:bsb00039768.

Steinmann, Martin. «Neue Fragmente aus der Basler Universitätsbibliothek.» In: *Archiv für Diplomatik, Schriftgeschichte, Siegel- und Wappenkunde* 38 (1992), 345–356.

Stückelberger, Alfred. *Bild und Wort – Das illustrierte Fachbuch in der antiken Naturwissenschaft, Medizin und Technik.* Mainz: Phillip von Zabern, 1994.

Thorson Hause, Melissa. «Konkurrierende Grenzen: Text, Bild und Raumvorstellung in De limitibus constituendis des Hyginus Gromaticus». In: *Die Grenze: Begriff und Inszenierung.* Hrsg. von Thoman Rahn und Markus Bauer. Berlin, Boston: Walter deGruyter, 1997, 279–300.

Thulin, Carl Olof. *Die Handschriften des Corpus Agrimensorum Romanorum.* aus dem Anhang zu den Abhandlungen der königl. preuss. Akademie der Wissenschaften vom Jahre 1911. Berlin: Verlag der Königl. Akademie der Wissenschaften. Reimer, 1911.

— *Corpus agrimensorum Romanorum. Opuscula agrimensorum veterum. Adiectae sunt 48 tabulae phototypicae.* Bd. 1. Bibliotheca scriptorum Graecorum et Romanorum Teubneriana. Leipzig, 1913.

— *Die etruskische Disciplin.* Göteborg: Wald. Zachrissons Bokthryckeri, 1906.

— «Humanistische Handschriften des Corpus Agrimensorum Romanorum.» In: *Rheinisches Museum* 66 (1911), 417–451.

— «Kritisches zu Iulius Frontinus.» In: *Eranos. Acta philologica Suecana* 11 (1911), 131–144.

Toneatto, Lucio. *Codices artis mensoriae. I manoscritti degli antichiopuscoli latini d'agrimensura (V-XIX sec.)* 3 Bde. Spoleto: Centro Italiano di Studi Sull'Alto Medioevo, 1994–1995.

— «Note sulla tradizione del Corpus agrimensorum Romanorum. I. Contenuti e struttura dell'Ars gromatia di Gisemundus (IX sec.)» In: *MEFRM* 94 (1982), 191–313.

Tucker, T. G. *A concise etymological dictionary of Latin*. Halle (Saale): Max Niemeyer Verlag, 1931.

Turnèbe, Adrien de. *De agrorum conditionibus & constitutionibus limitum, Siculi Flacci, lib. I. Ivlii Frontini lib. I. Aggeni Vrbici lib. II. Hygeni Gromatici lib. II. Variorvm Avctorvm Ordines finitionum. De iugeribus metiundis. Finium regundorum. Lex Mamilia. Coloniarum pop. Romani descriptio. Terminorum inscriptiones & formae. De generibus lineamentorum. De mensuris & ponderibus. Omnia figuris illustrata.* Paris: Adrien de Turnèbe, 1554.

Ullman, Berthold Louis. «Geometry in the medieval quadrivium.» In: *Studi di bibliografia e di storia in onore di Tammaro de Marinis.* 4 (1964), 263–285.

Usener, Hermann. *Kleine Schriften*. Bd. 1. Leipzig u. Berlin: Teubner, 1912.

Voigt, J. *Mittheilungen aus der Correspondenz des Herzogs Albrecht von Preußen mit Martin Luther, Philipp Melanchthon und Georg Sabinus*. Bd. 3. Königsberg: Preußisches Provinzial-Kirchenblatt, 1841.

Walde, Alois. *Lateinisches etymologisches Wörterbuch*. 2. Aufl. Heidelberg: Carl Winter's Universitätsbuchhandlung, 1910.

Westphal, Stefanie. *Beschreibung von Cod. Guelf. 36.23 Aug. 2°*. Die illuminierten Handschriften der Herzog August Bibliothek. Teil 1: 6. bis 12. Jahrhundert. In Bearbeitung. 2020. URL:

https://diglib.hab.de/?db=mss&list=ms&id=36-23-aug-2f&catalog=Westphal (besucht am 13. 10. 2022).

FSC
www.fsc.org
MIX
Papier | Fördert gute Waldnutzung
FSC® C083411

Kolibri 360 GmbH
Ferdinand-Jühlke-Straße 7
99095 Erfurt, Deutschland
produktsicherheit@kolibri360.de